本书受到全国教育科学规划一般项目"增值评价模型的本土化研究及应用"（BGA210060）的资助

教育增值评价的
理论与应用

The Theory and Application of Educational Value-added Evaluation

高椿雷 著

中国社会科学出版社

图书在版编目（CIP）数据

教育增值评价的理论与应用 / 高椿雷著. -- 北京：中国社会科学出版社，2025.5. -- ISBN 978-7-5227-4947-1

Ⅰ.G40-058.1

中国国家版本馆 CIP 数据核字第 2025LT8079 号

出 版 人	赵剑英
责任编辑	高　歌
责任校对	李　琳
责任印制	戴　宽

出　　版	中国社会科学出版社
社　　址	北京鼓楼西大街甲 158 号
邮　　编	100720
网　　址	http://www.csspw.cn
发 行 部	010-84083685
门 市 部	010-84029450
经　　销	新华书店及其他书店

印　　刷	北京明恒达印务有限公司
装　　订	廊坊市广阳区广增装订厂
版　　次	2025 年 5 月第 1 版
印　　次	2025 年 5 月第 1 次印刷

开　　本	710×1000　1/16
印　　张	18.5
插　　页	2
字　　数	277 千字
定　　价	99.00 元

凡购买中国社会科学出版社图书，如有质量问题请与本社营销中心联系调换
电话：010-84083683
版权所有　侵权必究

前 言

2020年，中共中央、国务院印发的《深化新时代教育评价改革总体方案》提出"改进结果评价，强化过程评价，探索增值评价，健全综合评价"。2024年教育部负责人就《深化新时代教育评价改革总体方案》答记者问中指出要改革学生评价。"'破'的是以分数给学生贴标签的不科学做法，'立'的是德智体美劳全面发展的育人要求，相应提出树立科学成才观念、完善德育评价、强化体育评价、改进美育评价、加强劳动教育评价、严格学业标准、深化考试招生制度改革7项任务"。改革的实施中增值评价是学生评价中实现"破"和"立"的可行性途径。增值评价主要是指通过追踪学生在一段时间内学业上的变化，使用相关的统计分析技术，考察学校或教师对学生学业成绩影响的净效应，进而实现对学生、教师和学校效能较为科学、客观的评价。它聚焦于学生个体的成长与发展，摒弃与他人的横向比较，专注于个体在多个维度上的自我提升，在欧美等发达国家已得到深入研究和广泛应用，是对结果评价的有益补充和完善。

本书是基于作者的全国教育科学规划课题"增值评价的本土化研究及应用"开展的一系列研究及应用，该课题已经获得良好结题。整本书包含十章内容。第一章是增值评价简述。简略介绍了当前的主要评价方式、增值评价的发展历程、优势与存在的问题。第二章从学校问责制、学校改进和择校三个角度阐述了增值评价的目的与用途。第三章从如何构建增值评价系统，试点项目的实施与验证和如何进行增值分析三个方面说明了增值评价实施的问题。第四章把现阶段的增值评价模型分成了三类：基于最小二乘法线性回归的增值评价模型、基于描述统计的增值评价模型和多水平线性模型的拓展，对增值评价模型进行了系统的介绍和解释。第五章采用具体案例对增值评价改进教学的实践应用进行了形象具体的描述。第六章则从三个角度系统综述了当前阶段对增值评价存在的质疑：增值评价的前提、增值评价的测量和增值评价的成果。第七章是基于增值评价模型对集团化办学实施效果进行了研究。现阶段国际上对集团化办学的实施效果大多采用质性和混合的方式进行研究，这一章从增值评价的角度采用量化方法使用六个队列的数据对某个地区的集团化办学从实施之初到逐渐成熟的学校表现进行了量化分析，阐明了当地集团化办学的效果。第八章是使用增值评价对学校效能的稳定性和一致性进行了研究。稳定性和一致性是学校效能研究的关键问题。为了实现在不同环境下公平地比较学生的学业进步，客观评价教师和学校效能，采用增值评价对学校效能的稳定性和一致性进行深入分析并获得结论，并就其中一些跟国际上其他研究存在差异的原因进行了分析。第九章采用多水平中介模型对班级不利因素和学业成绩之间的关系进行了研究。在教育和组织管理等领域的研究中，存在着大量的嵌套数据结构，例如学生嵌套在班级内，班级嵌套在学校内，学校嵌套在地区内等。每个层级都有其独特的特征和影响因素。为了分析学生在班级、学校或地区等多个层级上的表现，并考虑这些层级之间的相互影响，常常会使用增值评价中的多水平模型。在班级管理过程中，班级水平的课堂逆境就属于班级层面的信息，学生的学业表现属于个体水平的信息。本章使用多水平中介模型探讨班级水平的课堂逆境（自变量）如何影响学生的学业表现（因变量），以及这一影响是否受到班级水平的教学清晰度（中介变量）的中介作用。第十章是在当前中国高中采用的根据成绩录取的学生非随机分配模式下，探讨增值评价的适用性问题。增值评价在中国教育情景下是否适用是值得深入探讨的问题，尤其是在高中阶段学生非随机分配学校的情况下。本章首先从理论角度深入探讨了学生非随机分配的现象可能对增值评价造成的潜在偏差；随后采用真实数据进行了模拟研究，通过系统地比较随机分配与非随机分配两种学生分配机制下学校效能的显著差异，从实证的角度上分析了这种偏差情况。

中小学阶段评价以升学率、平均分等指标为主，既缺乏公平合理性，又易带来生源大战、师资分布不均等问题，受到越来越多的质疑和批判。将增值评价引入到我国学生、教师、学校评价体系中去，是解决传统评价弊端的一个重要途径。本书回答了当前阶段增值评价在我国本土化过程中面临的问题和可能的路径，既策应了当前国家教育改革评价的战略思想，也探索了学生、教师和学校评价的新路径。

书稿的撰写要感谢我的研究生邹佳欣、刘仁燕、林春华、傅欣、蔡贵群和夏雨慧，他们不辞辛苦查阅资料，深入研究，撰写论文，为书稿的完成作出了巨大贡献。经过扎实的科研训练，并在过程中树立了面对挫折的决心，相信他们以后在科研工作中会取得更大的成就。

目 录

第一章 增值评价简述 ……………………………………… (1)
  第一节 主要的评价方式 ……………………………… (1)
  第二节 什么是增值评价 ……………………………… (12)
  第三节 增值评价的优势与存在问题 ………………… (22)

第二章 增值评价的目的与用途 …………………………… (27)
  第一节 学校问责制 …………………………………… (27)
  第二节 学校改进 ……………………………………… (37)
  第三节 择校 …………………………………………… (44)

第三章 增值评价的实施 …………………………………… (54)
  第一节 构建增值评价系统 …………………………… (54)
  第二节 试点项目的实施与验证 ……………………… (68)
  第三节 增值分析 ……………………………………… (72)

第四章 增值评价模型的介绍和解释 ……………………… (79)
  第一节 增值评价模型概述 …………………………… (79)
  第二节 基于最小二乘法线性回归的增值模型 ……… (87)
  第三节 基于描述统计的增值评价模型 ……………… (95)
  第四节 多水平线性模型的拓展 ……………………… (100)

第五章　增值评价改进教学的实践应用 ………………………… (113)
　　第一节　进入增值评价 ………………………………………… (114)
　　第二节　评估区教育局级、学校级和教师级增值报告 ……… (126)
　　第三节　增值评价驱动的三级教育体系持续改进之路 ……… (147)

第六章　增值评价之辩：质疑与批判的视角 …………………… (166)
　　第一节　对增值评价前提的质疑 ……………………………… (167)
　　第二节　关于增值评价测量的质疑 …………………………… (175)
　　第三节　关于增值评价成果的质疑 …………………………… (187)

第七章　基于增值评价体系的集团化办学实施效果 …………… (192)
　　第一节　增值评价视角下集团化办学概述 …………………… (192)
　　第二节　增值评价视角下集团化办学实证研究 ……………… (199)

第八章　基于增值评价的学校效能的稳定性和一致性 ………… (211)
　　第一节　学校效能的稳定性与一致性概述 …………………… (211)
　　第二节　学校效能的稳定性与一致性实证研究 ……………… (217)

第九章　增值评价之多水平中介模型的应用 …………………… (234)
　　第一节　多水平中介模型各变量及其关系概述 ……………… (234)
　　第二节　多水平中介模型实证研究 …………………………… (241)

第十章　非随机学生分配导致的偏差：中国高中增值评价的
　　　　　　适用性 …………………………………………………… (254)
　　第一节　非随机学生分配导致的偏差概述 …………………… (254)
　　第二节　增值评价视角下非随机学生分配导致的偏差
　　　　　　实证研究 ………………………………………………… (263)

参考文献 …………………………………………………………… (279)

第一章 增值评价简述

教育评价是教育实践的重要组成部分。2020年，中共中央、国务院印发的《深化新时代教育评价改革总体方案》提出"改进结果评价，强化过程评价，探索增值评价，健全综合评价"，明确要"坚决克服唯分数、唯升学、唯文凭、唯帽子的'五唯'顽瘴痼疾"。2022年4月，教育部发布的《义务教育课程方案（2022年版）》指出，要"关注学生真实发生的进步，积极探索增值评价"[①]。

作为一种国际上前沿的教育评价方式，增值评价对于教育的变革和发展具有重要作用。它聚焦于学生个体的成长与发展，摒弃与他人的横向比较，专注于个体在多个维度上的自我提升，在欧美等发达国家已得到深入研究和广泛应用。其所蕴含的与教育变革逻辑相契合的教育理念，正受到越来越多学者的青睐与推崇。本章就对增值评价进行简述。

第一节 主要的评价方式

增值评价是一种重要的教育评价方式。《深化新时代教育评价改革总体方案》指出："教育评价事关教育发展方向，有什么样的评价指挥棒，

---

① 中华人民共和国教育部：《义务教育课程方案（2022年版）》，第15页。

就有什么样的办学导向。"评价是一定主体基于特定标准对客体价值进行衡量和判断的活动过程。教育评价是指在系统地、科学地、全面地收集、整理、处理和分析教育信息的基础上，对教育的价值作出判断的过程，目的在于促进教育改革，提高教育质量[①]。

一 教育评价发展简述

（一） 教育评价的历史演进

教育评价是教育发展的自然产物，其历史发展轨迹与教育研究的深化紧密相连，并随着教育研究的不断深入而得到发展与完善。在追溯教育评价的发展脉络时，可以将其分为科学测量时期、目标评价时期以及心理建构时期。

首先是科学测量时期。19世纪末至20世纪30年代，在西方国家里兴起的教育测量运动为教育评价理论与方法的形成奠定了基石。在这一背景下，教育评价主要依赖于测验的实施，众多教育测验被广泛应用于教学评价。近代自然科学的迅猛发展，促使实证主义科学范式备受推崇。19世纪后半叶，心理学研究的蓬勃发展推动了心理实验与心理测量的进步。以Alfred Binet和Theodore Simon为代表的心理学家开始投身于科学测量研究，旨在运用客观、量化的方法来精确测量社会事物，进而推动心理学领域朝着更加科学化的方向发展。他们编制的"比纳—西蒙智力量表"（Binet-Simon Intelligence Scale）是世界上第一份智力量表。Alfred Binet的智力测验思想广泛传播，在Edward Thorndike等人的推动下，测验运动兴起，在教育领域中，对学生学习能力的测试以及书写、算数等技能学习水平的测量工作也陆续开展。基于智力测验，Edward Thorndike创造了成绩测验量表。在《心理与社会测量导论》一书中，他提出"凡存在的东西都有数量，凡有数量的东西都可以测量"的观点。但对于教育活动成果的过度量化并不能全面反映客观事物的全部，它可以测量学生知识的掌握程度，但难以测

---

① 吴钢：《现代教育评价教程（第二版）》，北京大学出版社2015年版，第4页。

量学生的学习态度、能力和教师的教学效率。因此,需要拓展教育测量的范围,深入和全面地分析各种影响因素。教育测量的弊端也引发了进步主义教育运动者的批判,促成了教育测量向教育评价的转向。

目标评价时期是教育评价的起始和形成阶段。与测量时期相比,虽然教育评价依然强调对结果的评估,但认为单纯的测量手段无法全面展现教育的成果。它以1930年至1942年美国进步教育协会发起的"八年研究"为标志,其背景是美国社会对进步主义教育理念的质疑与不信任。此外,1929年美国经济危机的爆发引发了人们对学校教育目标的深刻反思,当时备受推崇的进步主义教育思潮成为批评的焦点,要求教育回归传统,而不是一味迁就学生兴趣和社会潮流。为此,美国特别成立了以 Ralph W. Tyler 为领导的评价委员会。"八年研究"的主要目的是对比接受进步主义教育和传统教育的毕业生在大学阶段的学习表现,以剖析两种不同教育模式的课程设置与教学方法的优劣,旨在论证大学入学考试科目对于大学学习重要与否,并探讨进步主义学校是否同样能有效地为学生进入大学做好准备,以及接受进步主义教育的学生在大学阶段是否能够顺利完成学业并取得卓越成就。1942年,评价委员会发表了"八年研究"报告中,指出美国中学教育"没有一个清晰的、明确的、核心的目的",导致了课程改革进程的缓慢以及教学效果的不尽如人意。Ralph W. Tyler 在该报告中提出并使用了"教育评价"这一术语,描述了一种从纸笔背诵考试转向致力于总体教学目标的证据收集过程的测试结构,开始对教育行动中的目标,以及这些目标背后所隐含的价值加以关注。对于教学评价的本质,他提出,这一过程实际上是衡量课程和教学大纲在教育目标实现程度上的实际成效。值得一提的是,Ralph W. Tyler 在此阶段率先对测验与评价作了区分,并阐释了评价的概念及其实践应用,从而在教育评价研究领域谱写了崭新的篇章。在此时期,教育评价以 Ralph W. Tyler 所开发的目标评价模式,即泰勒模式为主。针对"八年研究"报告的结论,美国教育改革第一步便是设定教育目标,以评价教育目标的实现程度作为教育评价的作用。在此理念的指引下,Benjamin Bloom 等人围绕教育目标分类进行研究,提出了教育目标分类学，将认知领域的教育目标从低到高划分为六级，极大地完善了泰勒模式，使这一模式的影响日益扩大。但对目标达成的追求难以克服结果导向，因而产生了是以目标达成还是过程改进为目标的观念分歧。针对泰勒模式所显现出的局限性，学者提出了批评，并在此基础上发展出诸如决策导向评价模式、目标游离模式等新型教育评价模式，在一定程度上弥补了泰勒模式的不足，进一步深化了关于教育评价模式的研究，但对于目标达成程度的考察仍然是教育评价的核心任务。

教育评价的心理建构时期兴起于20世纪80年代。在这一阶段，教育评价显著地展现出对个人需求多样性的关注。对于评价结果的接受度给予了高度重视，同时强调了评价流程的重要性，并在评价过程中积极寻求为个体提供更多获得认可的机会。基于哲学领域的建构主义理论，评价的本质在于对被评价对象进行价值赋予，其中，评价的理论依据和方法均源自"人的心理构建"。根据此种观念，埃贡·G. 古贝和伊冯娜·S. 林肯基于建构主义范式，提出了具有建构主义理论意蕴的"第四代评估（价）"，重新强调了价值多元性，主张评价过程要将与教育相关的所有价值主体的需要考虑进来，并通过沟通、协商达成共同建构。[①] 在多元主义价值观的支配下，评价过程致力于满足多样化的价值需求，它被视为一种民主协商、多元主体积极参与的互动，而非仅仅由评价者对评价对象进行的单向控制。这一转变突出了评价活动的包容性和参与性，进一步提升了评价过程的公正性和有效性。在教育评价的心理建构时期，教育评价充分体现了民主气息和人文关怀，将所有利益相关方都视为评价的主体，认为评价最终是为了人。同时，这一时期的评价也关注知识获得的过程，认为怎样建构知识的评价比对结果的评价更为重要。教育评价的重心由只关注结果向形成性评价、促进性评价兼容的方向移动。第四代评价理论以建构主义为内核，重视多元价值需要，对于教育评价认识的深化具有重大的价值。

---

① ［美］埃贡·G. 古贝、伊冯娜·S. 林肯：《第四代评估》，秦霖、蒋燕玲等译，中国人民大学出版社2008年版，第24页。

（二）教育评价在中国的发展

在我国古代教育史上蕴藏着深厚的教育评价智慧，诸如西周的选士制度、两汉时期的察举制，以及唐朝的科举制度，从中可以发现，古代的传统考试是教育评价的来源。进入近现代，随着西方教育思想的传入，我国开始尝试引入新的教育评价方法。特别是在民国时期，一些先进的教育家开始倡导综合素质评价，注重学生的全面发展。然而，由于当时的社会环境和教育资源有限，这些新的评价理念并未得到广泛实施。新中国成立后，教育评价进入了一个新的发展阶段。在改革开放前，我国的教育评价以政治表现为主要标准，学业成绩和综合素质评价相对被忽视。

随着改革开放的深入，教育评价开始逐渐走向科学化和多元化，教育评价理论和方法体系不断形成。首先，在改革开放初期，1983年，邓小平同志提出"教育要面向现代化，面向世界，面向未来"的战略思路，为开辟中国特色社会主义教育发展道路定下了重要基调。1985年，党中央召开改革开放以来第一次全国教育工作会议，颁布《中共中央关于教育体制改革的决定》，确定了"教育必须为社会主义建设服务，社会主义建设必须依靠教育"的定位，反映了党对教育事业发展的全面领导和对教育事业的高度重视和深远规划，标志着教育体制改革已纳入改革开放和社会主义现代化建设的总体设计。此后，教育评价改革不断深化。2018年，党中央召开新时代首次全国教育大会（改革开放以来第五次全国教育会议），习近平总书记指出，要"从根本上解决教育评价指挥棒问题，扭转教育功利化倾向"，为教育评价改革指明了方向。2020年，中共中央、国务院印发《深化新时代教育评价改革总体方案》，为指导教育评价改革的具体落实提供纲领性文件，强调扭转不科学的教育评价导向。

从初期的简单评价到探索阶段的尝试新方法，再到改革开放后的正规化开展，以及近年来的创新和体制完善，教育评价在中国的发展始终与教育改革和社会发展紧密相连。

二 主要的教育评价方式

《深化新时代教育评价改革总体方案》的颁布，为新时代教育评价改革开启了新篇章。它对结果评价、过程评价、增值评价和综合评价四个评价作了体系化部署,无论是在理论探讨还是在实践应用上均具有重要意义。

(一) 结果评价

在学校教育中,结果评价也被称为终结性评价,是教育教学实践中运用最为广泛的一种评价方式。结果评价是在学习任务或者教育活动结束以后,对学生学习结果进行的一种评价,包括对分数和作品的评议[1],其焦点在于对教育目标实现程度的判定。根据评价参照标准的差异,结果评价可细分为相对评价和绝对评价两类。相对评价是基于比较的评价方法,其参照点是学生所属群体(总体)的一般水平。相对评价的核心在于确定学生的知识和能力水平在群体中的相对排位,其主要是为了人才选拔服务。它利用群体内部的比较来评价学生的表现,可以帮助学生了解他们自己在班级或群体中的相对位置,但也可能会因为过于强调排名而忽略学生的个体差异和全面发展。绝对评价则是以要求学生所掌握的知识和能力等内容为参照点,它旨在确定学生对所学知识和能力的掌握程度。绝对评价的目的是发现学生的强项和弱势,为改进教与学提供反馈信息。通过绝对评价,教师可以更准确地了解学生对知识点的掌握情况,从而调整教学策略,帮助学生克服学习中的难点。

在教育评价中,结果评价具有诸多优势。第一,结果评价的评价依据通常是具体的成绩、数据或表现,使得评价较为客观与准确。相较于其他形式的评价,它能直接反映学生的学习成果和能力水平,减少主观偏见的影响。第二,结果评价通常与预设的教育目标或学习标准密切相关,以确定目标达成与否,使教育活动更具针对性和有效性。第三,在标准化的考试中,结果评价确保所有学生能够在相同的条件下接受评价,对于评价的公正性与公平性的实现具有重要作用。

随着教育理念的不断更新与发展,结果评价所存在的困境也是亟须改

---

[1] 谢维和:《结果评价及其改进思路》,《基础教育参考》2022年第5期。

变的。首先，结果评价过于注重量化，主要依赖量化指标评估学生的学习效果，追求评价的效率。但是学生的创造力、批判性思维等能力难以通过简单的量化指标来评估，导致对学生非智力因素评价的忽视和对学生全方位素养培养的忽视，易偏离"育人"本位。其次，对结果的过度重视。在我国，结果评价通常以考试作为评价形式，单次考试的成绩对于学生"能力"的高低具有较强的解释力，形成"一考定终生"的评判思想，过度看重对学生的相对评价。最后，忽视教学过程。结果评价主要关注学生的学习成果和最终表现，忽视学生的努力过程。教学过程对于学生的学习效果和全面发展具有重要影响，结果评价往往无法全面反映这些因素。同时，在教育公平问题上，虽然结果评价在一定程度上有助于促进教育公平，但也可能加剧教育资源的不平等分配。在教育资源有限的情况下，结果评价可能导致教育资源的集中分配，使得一些学校和班级获得更多的教育资源，而其他学校和班级则处于劣势地位。学校和教师在过度关注结果导向的教育模式下，往往将主要精力聚焦于取得高分的学生，从而忽视了那些在低分段学生的成长与发展。这种不公平的资源分配可能导致学生之间的不公平竞争和学习机会的不平等，一些学生可能因为缺乏必要的学习资源和支持而无法达到预设的教育目标，从而影响他们的评价结果。"改进结果评价"不是对结果评价的抛弃，而是要破除传统的单一结果评价方式，不能仅以考试结果评判学生的所有。而要对其进行改进，使"结果"能够更全面更真实地反映学生、学校的真实状态[①]。

（二）过程评价

与结果评价关注学生最终学习结果不同，过程评价，也称为"形成性评价"，是对结果评价的纠正和补充，它以动态的视角追踪评价对象在整个发展过程中的变化与成长。

过程评价强调对学生学习过程的关注，包括学生在学习过程中的表现、学习策略、学习态度、合作精神等方面。它注重收集学生在学习过程

---

① 关丹丹、韩宁、章建石：《立足"四个评价"、服务"五类主体" 进一步深化高考评价改革》，《中国考试》2021年第3期。

中的各种信息，以便及时调整教学策略，满足学生的学习需求，帮助他们更好地掌握知识和技能。它与结果评价、增值评价及综合评价相互关联，既是对结果评价的深入拓展，又融合了增值评价与综合评价。过程评价的主要功能是促进学生的学习和发展，而不是简单地给出学生的分数或等级。它强调评价的诊断性和发展性，旨在帮助学生发现他们自己的优点和不足，提供有针对性的指导和建议，促进他们的全面发展和进步。在教育评价中，过程评价与结果评价相辅相成，构成了一个完整的评价体系。两者相互补充，共同促进学生的全面发展和提高教育质量。

过程评价具有全面、及时、灵活、互动，促进学习与发展以及增强评价的公正性和客观性等优点。第一，过程评价强调对学生学习过程的全面关注。不仅关注学生的学习成果，还关注学生在学习过程中所展现出的能力、态度、情感和价值观等方面。这种全面的评价方式能够更深入地了解学生的学习状态和需求，为教学提供更全面、更准确的反馈。第二，过程评价能够及时反馈学生在学习过程中的问题和困难，使得教师能够及时调整教学策略，帮助学生解决问题。同时，过程评价还能够针对学生的个体差异提供个性化的评价和指导，更好地满足学生的个性化需求。第三，过程评价不易受时间和地点的限制，可以在教学过程中随时进行，具有很大的灵活性。在评价过程中，鼓励学生的参与，增强学生的主体性和互动性。第四，过程评价在关注学生的学习成果的同时，更关注学生的学习过程和学习方法，对于学生的自主学习能力和创新精神的培养都有重要作用。

在实际操作中，过程评价也存在一定的缺陷。第一，过程评价往往依赖于评价者的主观判断，容易受到个人经验、偏好和观点的影响。这种主观性可能导致评价结果的可靠性和公正性受到质疑。第二，过程评价通常涉及对学生学习过程、教师教学方法等方面的观察和分析，这些方面往往难以用具体的量化指标来衡量。因此，评价结果可能缺乏客观性和准确性。第三，时间成本，过程评价需要评价者投入大量的时间和精力来观察、记录和分析学生的学习过程。这对于评价者来说可能是一项繁重的任务，特别是在大规模的教育评价中难以实现。第四，评价标准的不一致性，不同的评价者可能采用不同的评价标准和方法来评估学生的学习过程，导致评价结果的不一致性和不可比性。这种不一致性可能影响评价的准确性和有效性。第五，过程评价难以推广到不同学科和领域。由于学科特性的差异，不同的学科具有其独特的特点和评价差异。因此，过程评价通常适用于特定的学科和领域，这也限制了过程评价在教育评价中的广泛应用。

过程评价强调对学生发展的促进作用，正如 Cronbach Lee Joseph 所认为的，"评价能完成的最大贡献是确定教程需要改进的方面"。强化过程评价突出了评价的诊断功能，强调在评价中关注问题并及时进行调控和改进，重视教育过程的改进。

（三）综合评价

"健全综合评价"理念的提出，旨在纠正并改进以往过度关注分数、排名和升学率等片面化评价指标的偏颇。这一理念强调对教育活动及其所有相关要素进行全面而系统的价值评估与判断，从而实现更为准确、客观和全面的教育评价[①]，它是一种多元化、全方位的教育评价方式。在评价内容上，综合评价强调全面性，学生的知识、技能、情感、态度、价值观等多个方面都应得到关注，以全面反映学生的综合素质。在评价方法上，强调多样性，包括自我评价、互评、师评、家长评等多种方式，以获取更加全面、客观的评价信息。在评价主体上，强调多元性，包括教师、学生、家长、社会等多个方面，以体现教育的多元性和开放性。

综合评价的核心在于整合各种资源和观点，着重于整体的效能和全局的特点。它采用多种方法和角度，对评价对象进行全面的评估，在这一过程中展现出系统性、多元性、复杂性和全面性的特点。具体来说，系统性指的是综合评价结构的层次分明，其内部包括评价对象、评价活动和评价结果等各个子系统，构成了一个复杂的系统工程；多元性则体现在评价的

---

① 朱立明、宋乃庆、罗琳等：《新时代教育评价改革的思考》，《中国考试》2020年第9期。

主体、手段和内容上,如政府、学校、教师、学生等都可以作为评价的主体,问卷、分数、自评和互评等方法并存,评价的内容也覆盖教育质量、个人素质等多个方面;复杂性是因为评价对象常常受到各种因素的交互影响,这些因素难以精确量化和确定,增加了评价的复杂性;而全面性则要求从各个角度收集和分析数据,确保对评价对象有一个全面、深入的了解。在现代教育中,综合评价在教育评价中具有重要作用。首先,健全的综合评价关注学生的全面发展,有利于学生综合素质的培养,提高学生的综合竞争力,促进学生的全面发展。其次,全面而客观的评价能够帮助教师更好地了解学生的学习情况和需求以调整教学策略,提高教学效果。同时,单一评价所带来的教育不公平现象也能够减少,推动教育公平,让每个学生都有机会展示他们自己的才华和潜力。最后,随社会的快速发展而来的是不断变化的人才需求。健全的综合评价可以更好地适应社会对人才的需求,培养出更多具有创新精神和实践能力的人才。

在实践中,健全综合评价也面临着一些挑战和问题。首先,如何科学、合理地确定评价内容和标准是一个难题。评价内容的全面性并不意味着可以随意堆砌各种指标,而需要根据教育目标和学生发展的实际需求进行筛选和确定。这需要教育者深入研究教育目标和学生发展需求,确保评价内容与教育目标相一致,既能反映学生的知识掌握情况,又能体现其综合素质。其次,如何保证评价的公正性和客观性也是一个挑战。在多元化的评价方式和多个评价主体参与的情况下,如何避免主观性和偏见,确保评价的公正性和客观性是一个亟待解决的问题。最后,在健全综合评价中,评价主体不仅包括教师,还包括学生、家长、社会等多个方面。如何协调这些不同的评价主体,确保他们之间的有效沟通和合作,是健全综合评价所面临的一个重要问题。健全综合评价的最终目的是促进学生的全面发展,因此,如何有效地利用评价结果,为学生提供有针对性的指导和帮助,是健全综合评价必须解决的问题。

(四)增值评价

教育评价的核心价值在于推动个体的全面发展,其本质是对学生获取知识及提升能力的认知过程的评估。"探索增值评价"是指在发展性教育评价理念的指导下，通过探索有效的评估方式来判定评价对象的发展水平，以改变传统结果评价中忽视改进与发展的问题。在教育评价领域，研究者普遍认为，评价不仅是知识的建构过程，而且是激发和提升个人潜能的关键环节。随着政策改革的持续深入与聚焦，增值评价成为教育评价发展的重要趋势之一。首先，它符合时代发展的需求。在当今社会，知识更新速度加快，终身学习成为必然要求。增值评价关注学生的进步和发展，不仅关注学生的学业成绩，还关注学生在学习过程中所展现出的能力、态度、情感和价值观等方面，更契合个体与社会的发展需要。其次，增值评价有助于推动教育公平。传统的教育评价方式往往过于注重学生的学业成绩，容易导致"唯分数论"的现象，使得一些学生因为家庭背景、经济条件等因素而受到不公平的评价。而增值评价关注学生的进步和发展，能够减少因学生背景、能力等因素对评价结果的影响，更加公平地评价每个学生的学习成果和发展状况。再次，增值评价对于学生的学习和发展具有重要促进作用。增值评价不仅关注学生的学业成绩，还关注学生在学习过程中所展现出的能力、态度、情感和价值观等方面，能够为学生提供更加全面、准确的评价反馈。这种反馈能够帮助学生更好地认识他们自己的学习状况和发展需求，激发学生的学习动力和自信心，促进学生的全面发展。最后，增值评价也是教育评价改革的重要方向之一。在学校内部自我评价的背景下，增值评价是教师为学生提供有意义、有效、准确的相对进步的证据，教师可以使用这些测量结果来了解和反思他们的专业教育实践活动。随着教育改革的深入，传统的以考试成绩为主的评价方式已经无法满足现代教育的需求。增值评价作为一种新的评价方式，能够更加全面、准确地评价学生的学习成果和发展状况，为教育改革提供更加科学、有效的评价依据。未来，随着教育改革的深入和发展，增值评价将会在教育评价中发挥更加重要的作用。

在教育评价改革中，结果评价、过程评价、增值评价和综合评价是相互关联、相互补充的四个重要方面。首先，这四种评价方式在目的和功能上各有侧重，但又相互补充。结果评价主要关注学生的最终表现，以评价学生的学习效果和质量；过程评价则更加关注学生在学习过程中的表现和发展，旨在提供及时的反馈和指导，促进学生的学习进步；增值评价关注学生的进步和发展，衡量教育质量和效能；综合评价则是对学生的学习进行全面、系统的考察和评价，旨在全面了解学生的发展状况和需求。这四种评价方式共同构成了完整的教育评价体系，全面、准确地评价学生的学习和发展状况。其次，这四种评价方式在时间和空间上具有连续性和关联性。结果评价通常发生在学习周期的结束阶段，是对学生学习成果的最终评价；过程评价则贯穿于整个学习过程，是对学生学习过程的持续关注和评价；增值评价则关注学生在学习过程中的进步和发展，是对教育质量和效果的动态评价，它并不能取代传统的成就衡量标准而是对它们的补充；综合评价则是对学生在学习周期内的全面发展进行整体评价。这四种评价方式在时间和空间上相互衔接，共同构成了学生的学习轨迹和发展蓝图。在教育评价中，增值评价通过尊重差异、重视起点、关注过程、强调发展等思路与方法，彰显了以人为本的教育评价的理念。在教育评价的新兴发展阶段，评价的重点从传统的以分数为中心，转向更加注重学生综合素质和核心能力的培养；从注重结果转向注重过程，从注重分数转向注重能力的全面发展，以及从单一的评价方式转向多元化、个性化的评价方式。这些转变旨在建立一个更加科学、合理、人本的教育评价体系，以促进教育回归其核心本质。从单纯的学生发展结果评价转向增值评价，则代表着教育理念的深刻变革，这是关注每一位学生的全面发展、推动教育公平性的重要飞跃。

第二节 什么是增值评价

一 增值评价的提出与发展

增值评价的思想源于 James S. Coleman 的调查报告——《科尔曼报

告》。它是在特定的国际和美国国内环境及实际需求下应运而生的。从国际教育的演变来看，自20世纪初起，教育机会均等问题逐渐成为多国关注的焦点。尤其是在第二次世界大战之后，教育平等或教育民主化的理念在全球范围内广泛传播。1946年3月，国际教育局第九届大会上首次明确将"中等教育入学机会均等"列入议程中。随后，1948年通过的《世界人权宣言》明确了"受教育权"是一项基本人权，这标志着教育平等和教育民主化得到了国际社会的广泛认可。此外，1959年第14届联合国大会通过的《儿童权利宣言》进一步确认了儿童的平等受教育权。这些国际文件和宣言的出台，为《科尔曼报告》的产生提供了国际背景和理论基础。从美国国内的社会演变来看，第二次世界大战后，教育机会均等问题受到了前所未有的重视。随着民权运动的兴起，黑人和少数族裔群体开始积极争取平等的教育权利。与此同时，美国社会也面临着贫富差距加大、教育资源分配不均等问题。这些问题促使人们反思教育体制中的不平等现象，并寻求改革。正是在这样的背景和目标下，James S. Coleman 承担了这一调查任务。他带领了一个研究小组，于1964年开始收集美国各地4000所学校60万名学生的数据，进行了美国教育领域规模最大的调研。他们通过大量分析调研材料，深入探讨了美国教育体制中的机会均等问题，并最终完成了《科尔曼报告》。

《科尔曼报告》的创新之处在于他们将学生的学业成就作为研究教育机会平等的重要维度。不同于以往仅通过对学校投入、师资水平、设备设施的调查来揭示不平等性问题，James S. Coleman 等人更加深入地探讨了教育投入与产出之间的关系，提供了一个更加综合和全面的分析框架。这种研究方法不仅丰富了我们对教育机会平等的理解，也为后续的教育改革和政策制定提供了重要的参考依据。同时，《科尔曼报告》的一个显著贡献在于对教育机会均等的内涵进行了重新界定。James S. Coleman 强调，教育机会均等不应仅仅通过平等的投入来评估。相反，他认为应更加关注学生在学业上的成就，特别是独立于家庭背景的学生表现。这种转变将焦点从资源分配转向了实际的教育成果，为评估教育公平提供了新的视角。正如

James S. Coleman 所认为的，学校的成功只能从它减少学生对他们社会出身的机会依赖上来评价。因此，教育机会均等并非仅仅指资源分配均等的学校，而是指学校能够提供均等的教育效益。这意味着无论学生的社会背景如何，他们都能获得相同的教育机会，从而克服他们的起点差异。这种均等的效益将为学生创造更加公平的教育环境，有助于实现教育机会的真正平等。

虽然《科尔曼报告》并未直接提出增值评价的概念，但其研究成果却为增值评价概念的出现奠定了重要基础。以《科尔曼报告》为起点，增值评价的理念逐渐渗透并开始应用于学校效能的研究中[1]。20 世纪 80 年代，William L. Sanders 等人提出通过学生成绩的变化来评价教师效能的增值评价法，这一实践探索为增值评价的实际应用开辟了道路。随着多元统计技术的快速发展，增值评价的发展也逐渐被广泛接受和应用，逐渐得到教育工作者的认可和政策制定者的青睐，成为在教育评价领域积极探索实践的主要方式之一。1992 年，为衡量美国高等院校的效能，田纳西州率先将增值评价纳入教育评价系统之中。20 世纪 90 年代，英国政府开始接纳增值评价，并在 2006 年全面推广学校效能的增值评价，将其作为教育评价指标体系中的一个重要指标。2001 年，布什总统签署了具有里程碑意义的《不让一个孩子掉队》（*No Child Left Behind Act*）教育改革法案，此举标志着美国各州开始试行以学生考试成绩为核心的教育评价体系。其中，增值评价作为改革的重要方向之一，得到了广泛的关注。随后，2009 年，美国教育部推出了《力争上游》（*Race to the Top*）教育改进计划，该计划旨在通过确立标准化的学业评价标准，并结合学生学业追踪数据库的构建，为各州实施增值评价改革提供了有力的支持和指导。这一计划的出台进一步推动了增值评价在美国的普及和发展。2015 年，奥巴马总统签署了《让每个学生成功法案》（*Every Student Succeeds Act*）。该法案不再将教育的成功标准局限于标准化考试成绩，而是首次在评价标准中加入了"大学入学和职

---

[1] James S. Coleman, et al., *Equality of Educational Opportunity*, Washington, D.C.: U.S. Government Printing Office, 1966.

业准备"的概念。这一变革体现了对增值评价多元化、面向发展方向的认可和支持。

随着技术的发展和完善，增值评价已成为国际上多个国家或地区在教育领域广泛应用的一种评价方式。在我国，增值评价的研究起步较晚。20世纪80年代，张厚粲先生提出了未来教育测评科学化四个方面的任务，增值评估便是其一。她认为，达标评估固然不可或缺，但更为重要的是引入增值评估或成长评估，以全面衡量发展的动态性和潜力。1996年香港教育统筹委员会在其发布的《优质学校教育》报告中提出了对学校教育质量的增值评价，引起了我国教育界的广泛关注。20世纪末，增值评价被引进我国，教育界开始了对增值评价的初步探索[1]。起初，对其的研究主要集中对增值评价的概念、方法及应用进行介绍。在现阶段，借鉴国外增值评价工具的一些全国性、地区性调查正在推进。

二 增值的内涵

"增值"或"附加值"概念源于经济学领域，指在生产过程中通过加工和处理为原材料所增加的价值量。这种价值量是通过计算生产过程中"产出量"与"投入量"之间的差额来衡量的，从而得出经济利润的具体数值。1971年，Eric A. Hanushek首次将"增值"引入教育领域。在教育领域中，增值评价以进步程度作为量化指标，通过衡量增加的价值，估计教师、学校及其所在区域随着时间的推移对学生表现的影响。增值的基本价值在于提供教育主体对学生进步的贡献的最公平信息。有观点认为，"增值"是指学生在结果测量中的实际得分与入学时预期结果之间的差额。简单来说，增值是指学生的基线表现（前几年的测试）及其当前所观察到的表现（现在的测试）之间的差异。事实上，随着时间的推移，关注学生的成长、衡量学生的表现已经有许多正式与非正式的方法。例如，为了跟踪学生阅读理解的表现情况，教师在每个学期的开始、中期和结束时都使

---

[1] 马晓强：《增值评价：学校评价的新视角》，北京师范大学出版社2012年版，第1页。

用课堂诊断测试来跟踪学生的阅读理解情况,据此绘制了学生的成长图并利用这些信息与学生一起设定成长目标;或是对区域内学生在一段时期内的成绩数据进行对比,以确定学生的成绩是否增长。这些都是观察学生进步的简单方法,虽然它们在某些方面提供了帮助,但也存在局限性。需要明确的是,增值评价所分析的不仅仅是一个测试和下一个测试之间的区别,它还通过复杂统计模型的应用来生成有效和可靠的增长指标。增值建立在学校为学生成就增加"价值"的假设上,基于衡量学生进步的想法,通常是指在特定时期内的认知结果,比如阅读或数学成绩;它也可以被应用于非认知结果。在对增值情况进行测试时,为确立学生的起始能力水平以及学校的基准线,需要在一个时间段(例如一个学期)的开始和结束时刻测量起始水平和结果,以为后续评价提供参考。对教育中的增值,可以界定为在特定时间范围内,学校教育对学生个体成长与发展所产生的正向效应或附加价值。其核心预设在于,学生在入学初期与毕业之际在学业水平、技能掌握、综合素质等方面的差异,以及学生在校期间所展现出的各类发展变化,可以主要归因于学校所开展的一系列教育活动。这一增值概念不仅体现了学校教育在学生个体成长过程中的重要作用,同时也为衡量和评估学校教育教学质量提供了重要的参考依据。目前,从学生视角来看,关于增值评价中的"增值"主要有两种观点。一种观点认为,学生的增值主要体现在其成绩的提升上,并以此作为学生进步的依据来评估其学习效能。另一种观点认为,若将教育的价值单纯聚焦于学生学业成绩的提升,则教育的深远意义将受到局限。相反,教育的增值应根植于促进学生全面且个性化的发展,这涵盖了学生多元智能的全方位展现与提升,以及学生在学术进阶、生活与职业技能的掌握、情感成熟、社交能力的增强以及身体健康水平等多维度的成长与转化幅度[①]。虽然两者关于增值的视角有所差异,但其核心均是以学生在一段时间学习后的进步程度为指标。在考察这一指标时,与学生学习进步相关的各种因素都应得到全面的考虑,

---

① 张亮:《美国学校效能增值模型研究的进展与趋势》,《教育研究》2015 年第 11 期。

而不仅仅局限于学生的单次考试成绩。其所蕴含的内在要求是，教育应致力于在整个学习过程中为学生提供尽可能多的增值机会，以全面促进学生的发展。

三 增值评价的内涵

对于传统的学校教育评价，更多采用标准化的成绩数据来得到教师、学校以及区域是否传授给了学生他们所需要学习的内容，是否让学生得到了一个良好的学习结果，但这样的做法易脱离"育人"这一实质性的教育任务。只看成绩数据又有什么问题呢？成绩数据能够衡量学生在某个固定时间点的学业表现，让教师了解到他们的学生知道什么、能够做什么。相应地，通过对学生长时段成绩的记录，能够了解到学生成绩的增长趋势。但是，由于每个群体都具有其自身不同的背景信息，例如，来自家庭、教师或其自身先前的知识经验等各种外部无法为学校所改变的因素，因此单一的成绩数据对于衡量当前学生及教育的质量并不是特别有用。例如，一门课程对于处于当前水平的学生可能非常有效，但对于未掌握的先前技能、低于当前水平的学生来说，其掌握效果可能会比较低。James S. Coleman 发现，学生的家庭背景和学校的社会经济构成对于学生的成就是最好的预测因素[1]。这也是仅仅依靠成绩来判定学生学习结果的不利之处。一般而言，学校的经济贫困指数与学生的学习成绩分数之间呈现负相关关系。当然，这也存在例外，但总的来说，学生的家庭社会经济地位及其他背景因素和成就之间有着密切的关系。《科尔曼报告》出台后，社会经济因素有助于学生成功或有碍于学生成功的观点，导致了广泛的公共政策决策。但其所引发的另一个重要的结果是，部分教育工作者对其传达的理念产生了误解，认为学生在课堂上的学习努力以及教师在教学过程中的投入变得不再重要。一些教师甚至认为，学生不学习不应归咎于他们自身。显然，这种对于该报告中观点的错误理解对于学生的发展不太可能带

---

[1] James S. Coleman, et al., *Equality of Educational Opportunity*, Washington, D.C.: U.S. Government Printing Office, 1966.

来过多的改变。以统计技术为支撑的增值评价将影响学生学习的难以改变的外部因素剥离开来，仅仅关注教师教学及学校教育对于学生成长的影响，专注于评价学校教育对学生成长的真实贡献，这为教育工作者提供了强大的诊断数据，促进教学改进，支持学校发展。

  按照评价的作用来划分，增值评价是一种发展性评价。发展性评价强调"以人为本"，重点关注学生的发展、教师素质的提高和教学实践的改进，旨在促进教师发展、学生进步和教学改进。将评价结果与原有的基础或起始水平相比，而不单单以结果论英雄。在我国目前的教育评价实践中，对于学校和教师的评价侧重于终结性评估，通常以学生的测验或考试成绩作为核心标准。但是，这些成绩并不能全面体现学校在提升学生学业表现方面所付出的努力。它们更多地反映了学生在某一时刻的成绩水平，而非学校在促进学生学业进步方面所取得的效益，即学生的增值情况。这种以单一结果的评价方法无法反映客观准确的信息，同时也缺乏一定的公平性。因此，教育评价领域迫切需要一种新的评价方法，以更全面地评估学校和教师在提升学生成绩等素养方面所做出的贡献。在过去的几十年里，统计学家开发了复杂的统计建模技术来确定学业成长。技术的进步使得增值信息在统计数据上变得稳健，也使得增值评价成为描述和检验学生进步的重要手段。增值评价的核心在于关注进步而非绝对水平，避免了简单的横向比较。例如，从学校视角上看，一所原本基础薄弱的学校若展现出显著进步，应得到肯定与鼓励；而原本条件优越的学校若停滞不前甚至出现倒退，即便其相对地位仍高于其他学校，也应受到适当的批评与督促。增值评价的目的在于评估在特定时间段内某些学校的学生是否相较于其他学校取得了更为显著的进步。那些能够使学生实现超出预期进步的学校，便被视为在教育成果上表现最为出色的学校。增值评价能够有效揭示学校在学生发展方面所付出的努力与投入，进而以科学、合理的方式衡量各校的工作成效。这种评价方式不仅为学校提供了公平、合理的评估标准，还确保了评价的科学性和全面性，从而激励学校注重特色建设，推动教育的均衡发展。

增值评价充分体现了发展性评价的价值理念，它的目的在于尽可能地挖掘量化信息，分析评价对象在一定时期内教育成果的变化。与传统评价相比，首先，增值评价在关注学生表现最终结果的基础上，更加关注其先前基础与最终结果的联系，以分析学生学习表现的变化情况，即"增加值"。其次，在评价中会应用相关的统计技术，分离出在教育过程中学生、教师和学校无法改变的背景因素，仅对学校或教师等教育主体在学生可改变方面做出的努力进行评价，强调学生在接受教育后"增加值"的"净效应"；激励学生"不比背景比努力、不比起点比发展"。简单来讲，比如，一位学生的成绩从50分进步到70分，另一位学生一直维持着80分的成绩。应用以往的结果评价方法，这两位学生在学习上表现的好坏只能单单依靠成绩来说明，学生个体的努力没有得到认可与激励。另外，尽管一些学校事实上在推动学生进步方面发挥了重要的推动作用，但由于受到生源质量、学生自身条件等不可控因素的影响，这些学校在各项横向评比中往往处于不利地位。可以看出，对于基础薄弱的学生和学校而言，横向比较无疑是不公平的。相反，增值评价是一种纵向比较，它关注的是评价对象个体从原有水平到现有水平的进步与提升，体现了真正的绝对增值，是一种衡量学生成长更加合理与公平的教育评价方法，成为描述和检查学生进步的重要手段，同时也代表了一种衡量教学影响学习的新方式。

利用增值评价的结果，可以获取准确的信息，不仅能够确定学生个人所取得的进展，还能够确定教师、学校和地区对这一进展的贡献程度。增值信息使教师能够检查他们提供的教育计划对每个学生的学术成长的贡献程度。基于此，教师可以确定他们的教学计划的效果如何，他们的教学策略最适合谁，以及应该在哪里做出改变。同样，那些创造了学习环境，让所有学生都能进步的老师，无论学生的起点如何，他们的成功都会得到认可。对于学校来说，增值信息可以提供学校进步的证据。目前，对于学校的教育水平，家长所能看到的只是通过标准化考试决定的学校升学率。一些学校尽管未能达到成绩标准，但在检查学生的增值信息时，就可能会发现它们对学生的学业进步所做出的重大贡献。

教育增值评价的理论与应用

关于增值评价的概念，一般来说，增值评价的概念往往基于一个核心假设，即学校通过其教育活动能够为学生的学习成就增加"价值"。这一评价模式侧重于量化学生在特定时间段内，特别是在认知层面上的学习进步[①]。但对于"培养全面发展的人"这一点来说，增值评价对于学生成绩的单一关注是不够的。从学校视角出发，增值评价旨在评估学校教育教学的效能，这具体体现在对比学生个体经过一段时间学习后，在学业成绩或其他能力发展测试上所表现出的增值净效应。通过此种方式，可以有效衡量学校教育对学生发展的实际影响。而从教师维度来看，增值评价注重以教师为主导、学生为主体的教育理念，聚焦学生核心素养的变化与形成。在此基础上，通过对比分析教师教学投入与教学输出的变化，增值评价成为一种衡量教学效能的发展性教师评价方式。从学生评价的角度来讲，增值评价则致力于精准掌握学生的成长状态，科学计算其发展水平，并详尽记录学生的增值轨迹，从而为我们提供全面而深入的学生评价。具体来说，可以将增值评价定义为：在坚持学生本位和教育公平的理念下，按照尊重差异、重视起点、关注过程、强调发展等原则，重新定位评价的核心，将教育评价聚焦于学生个体的成长与进步，致力于推动学生综合素质的全面发展。通过对学生在一段时间内综合素质发展表现的评价证据进行考察，并运用统计技术，精准地剥离教师、学校等因素对学生成长的影响，从而明确他们对学生进步所产生的"净效应"。最终，以"学生综合素质的发展进步"为基准，对学生德智体美劳方面的能力进步、教师的教育教学效能、学校甚至更高级别的宏观单位的效能进行评价，为后续实施更加精准、有效的干预措施提供宝贵的参考依据。这种基于过程并在过程中进行的发展性评价思路和方法，对于我国现有的教育评价体系具有补充和优化的作用，更能凸显评价在教育改进、教学提升、体系建设和学习促进等方面的功能。

---

① ［英］萨丽·托马斯、彭文蓉：《运用"增值"评量指标评估学校表现》，《教育研究》2005年第9期。

四 增值评价的内容

要有效实施增值评价，首要任务是明确其具体内容和评估指标。增值评价并不能取代传统的以学生成就为评判标准的评价方式，相反，它是它们的补充。综合来看，成绩或其他表现结果和增值信息告诉我们学生在学习方面的水平以及学校和教师在推动学生达到更高水平方面所做努力的有效性。增值评价所得到的信息是一个重要的数据源，它能够告诉我们谁从当前的教育教学中受益最多，是低成就者、平均成就者还是高成就者？有了增值信息，教育工作者可以更加深入地研究他们的实践，并做出相应的改变，以使教育教学更能助力低水平学生的发展。它提供了一个更完整、准确的学生逐年成长的画面，包括一个学生或一群学生随着时间的推移所获得的成长。增值评价指向学生的进步信息，成就评价指向结果信息，两者共同提供了一对强有力的衡量标准，帮助学校和教师确定其优势及改进机会。成绩或其他素养表现结果是通过学生在某一时间点或标准下的表现来衡量的。相比之下，进步是通过学生随着时间的推移所获得的收益或成长来衡量的，为了充分衡量、鼓励和校准努力，必须衡量和评估进展和成就。但学生成就数据和进步信息的结合可以更加全面地了解地区、学校以及教师对学生的影响。但是，如果对增值评价的实践应用仅仅停留在对学生成绩的评判上，那么，它与传统成就评价结合下所培养出的只可能是"应试"人才，而非全面发展的人。增值评价的开展需要基于一定的数据统计模型，因此，将成绩数据作为评价分析的内容可能会相对容易。但与此同时，关注学生学业成绩的增值评价所获得的增值信息也只是一种分数增值，评价对于学生和教师发展方向的指向仍然是分数的提高。正如 Paul Lengrand 所说，"教育的真正对象是全面的人，是处在各种环境里的人，是担负着各种责任的人，简言之，是具体的人"。增值评价的目的在于贯彻育人为本的评价理念，为学生核心素养的培养与全面发展服务。因此在增值评价背景下，对于学生的评价不应当仅仅关注学生学业成绩的进步，对于学校、教师以及区域的评价也不应仅仅依靠对于学生成绩提高方面的贡献，对于学生德智体美劳等各方面的发展进步同样应得到更多的关注。

第三节 增值评价的优势与存在问题

一 优势

增值评价作为一种新兴的评价模式，凭借其诸多优势，正逐渐成为衡量成长与进步的新标杆。首先，从其分析的评价技术来看，借助适宜的评价模型，增值评价能够有效地将除学校教育外的学生相关背景等难以控制或改变的因素隔离开来，对学生成就表现进行精确量化。这种方法能够消除学生背景因素中的偏差，从而更准确地反映学生的真实学习成果，进而更准确地评估学生的学业进步和发展、更公平地比较不同背景学生的学业发展，减少背景因素对评价结果的干扰。并且在人工智能和大数据技术的支持下，增值评价能够更加高效地收集、分析和处理数据，进一步提高了评价的科学性和准确性。

在具体实施中，增值评价拥有清晰与规范的流程。它的评价程序非常明确，它通常包括：第一，在评价前期，需要对评价目标，包括评价的对象（如学生、教师或学校）、评价的侧重点（学业成绩、非认知技能、个人发展等）以及评价的具体用途进行明晰；同时建立基线数据，包括对评价对象在教育过程开始时的初始水平，其中涵盖对学业成绩、能力倾向、背景信息等内容的收集与记录，作为评价的基线；依据教育目标和评价目的，制定评价的具体标准和指标，包括学业成绩的测量指标、非认知能力的评估方法等。第二，在评价过程中实施过程监控，以定期收集学生的学习表现、行为习惯、参与度等数据，监控学习过程和教育干预的效果。第三，在教育过程结束时，收集相关的终结性测评数据，并利用统计模型进行增值分析，即在控制个体差异、家庭背景等因素的影响下，分析学生从基线到终结测评期间的变化，计算增值效果。第四，在评价结束后，将增值评价结果用于教育发展环节的多方面，以促进教育质量的提升。

第一章 增值评价简述

从其评价过程所反映的教育理念来看，教育最终要服务于教学质量的提高。以往的评价关注学生某一时刻的学习成果，侧重于通过学生学业表现的结果来评判学生的学习，通过学校的升学率或平均成绩来界定一所学校在区域内的教育水平。不管是对于学生还是学校，这样的评价均在一定程度上缺乏对学生的关注，未重视质量核心即学生的内在发展究竟如何这一方面。而增值评价作为一种发展性评价，将教学评价的关注点转移到了学生的发展上，关注每一个学生的增值幅度和学校对学生发展所产生的"净效应"；强调一种动态、持续性的评价过程，关注学生在整个学习过程中的成长和变化。每位学生都是独一无二的个体，增值评价正是基于这一点，尊重学生的多元化需求，重视学生在智力、情感、知识等多方面的差异，以学生潜能的激发为目的；强调从每位学生的个性化需求出发，不断挖掘和提升他们的智力，从而对他们不断发展、终身发展和创造与享受美好生活等方面产生积极影响，推动学生的全面发展。这种评价理念与我国当前倡导的素质教育理念高度契合，都旨在促进学生的全面发展，让他们能够在各个方面得到提升和成长。

从其评价结果来看，增值评价追求比较的公平性，它被普遍视为一种更为精确和公平的评价方法。第一，增值评价关注每位学生的进步和成长，而不仅仅是他们的起点或当前表现。它强调的是学生个人在一段时间内的增值，即他们在知识、技能、态度等方面的提升，而非简单的成绩排名或比较。这种方式避免了传统评价中可能存在的对特定学生群体的偏见或歧视，使得每个学生都有机会展现他们自己的努力和成就。传统评价方式过于倚重单次考试的结果，导致人们过分关注考试成绩，进而在培养过程中倾向于集中资源于少数高分学生，即所谓的"尖子生"，从而忽视了更为广泛的学生群体的培养。这种做法不仅忽略了教育的全面性和普及性，也损害了教育过程中的公平性。同时，在评估教师和学校效能时，增值的评价标准主要聚焦于学生的进步或增值，这在一定程度上促进了教育评价中比较的公平，确保每位教师和学校的贡献都能够得到公正、客观的衡量，激活教师和学校对学生发展促进的积极性，实现对每位学生的关注。第二，增值评价还关注教育资源的公平分配。它主张教育者依据每位学生的需求和特点，提供个性化的教育资源和支持，以确保每个学生都能在平等的机会下得到发展。这种公平分配资源的做法，有助于消除教育中的不平等现象，使每个学生都能享受到优质的教育。

  从评价的作用来看，增值评价拥有广泛的应用价值。基于一段时间内对学生学业表现的追踪研究，增值评价能够深入剖析学生在学习过程中以及学校发展的问题所在。通过对评价结果的深入剖析，能够清晰地识别出增值表现较低学校、教师和学生所面临的问题。同时依据增值表现优秀的学生、教师和学校的成功经验，我们可以理解当前教育状况中的不足，可以为学生学习、教师教学及学习管理提供更为有效的策略。对学生来说，可以鼓励其持续努力，追求更高的目标。对于教师来说，根据增值评价所呈现的学生增值表现，教师可以更加清晰地认识到哪些教学方法和策略在促进学生增值方面更为有效。这一认识有助于教师调整和优化他们的教学方式，更好地满足学生的学习需求，从而调整和优化他们的教学方式。同时对学生发展不足的学科或是其他成长方面提供个性化的建议，帮助学生更好地发挥他们自己的潜能。例如，如果学生的增值评价结果显示其在某一学科上进步缓慢甚至停滞不前，那么教育者就可以据此推断出学生在该学科上可能存在学习方法不当、基础知识薄弱或兴趣缺乏等问题。在此基础上，为进一步细化增值评价所展现的诊断结果，教育者可以通过问卷调查、访谈等方式，了解学生在学习过程中的具体困惑和需求，从而更准确地判断学生成绩不佳的原因；从学校方面来讲，通过深入分析学校学生的增值情况，学校能够全面把握整体教学质量以及学生的学习状况。在区域内学校与学校间的对比中，得出导致学校表现差异的影响因素，从而依据发展缺陷，为学校提供对应的政策、设施或人才支持，促进学校的进步与转型。这种深入的了解和针对性问题的解决行动为教学资源的优化配置和课程设置的科学决策提供了有力的支持，进而有助于提升学校的教育质量和声誉。从社会层面来看，在原有的教育评价环境中，无论是教师、家长、学校、社会还是政府，多沉浸在"唯结果论"的评价环境中。政府以学校的成绩来规划资源的分配，在一定程度上拉大了教育差距，从而催生了更为激烈的竞争环境。实施增值评价，能够逐步引导人们转变对教育的聚焦点，由过度强调结果的得失，转向更为注重教育过程中的成长与对人本身全面发展的培养，确立起健康的教育发展观念。

二　存在的问题

在教育增值评价这一领域，它作为一种创新的教育质量评估手段，存在诸多优势。但正如任何评估工具和方法都存在局限性一样，教育增值评价在实际应用中也不可避免地面临着一些问题和挑战。

从其评价的内容来看，增值评价过度依赖成绩数据，局限于教育服务中的部分信息上。增值评价的核心在于全面、准确地反映学生的成长与进步。但当前的增值评价在内容上往往存在不全面的问题，更多的只是理论上的全面。比如，比利时、丹麦等欧洲多国多以母语、第二语言、数学等学科成绩作为数据支撑进行增值评价[①]。首先，以成绩为数据支撑的评价方式过于单一。学生的学业成绩只是其学习成果的一部分，无法全面反映他们在学习过程中的努力、进步与变化。仅仅以成绩来评价学生的增值情况，忽视了学生在其他方面的发展，如学习兴趣、学习习惯、学习方法等，这些同样是衡量学生学习进步的重要方面。其次，过度依赖成绩数据还可能导致评价的片面性。学生的学业成绩受到多种因素的影响，包括个人天赋、家庭背景、学习环境等。因此，仅仅以成绩来评价学生的增值情况，可能无法真实地反映学生的实际情况，也无法公正地评价学生的进步。此外，以成绩为数据支撑的评价方式还可能导致应试教育的问题。在这种评价方式下，学校和教师可能过于注重学生的考试成绩，学生也可能为了追求高分而牺牲他们自己的兴趣和特长，导致学习变得单调乏味，缺乏创造性和实践性。

在增值评价的实施过程中同样存在诸多问题，缺乏科学性和规范性。

---

① OECD, *Measuring Improvements in Learning Outcomes: Best Practices to Assess the Value-added of Schools*, Organization for Economic Co-operation and Development, October 27, 2008.

这主要体现在以下几个方面：首先，评价标准的制定缺乏科学性和客观性。当前的增值评价往往缺乏统一、明确的评价标准，不同学校、不同教师可能采用不同的评价标准和方法，导致评价结果的不一致性和可比性差。同时，评价标准的制定往往缺乏充分的科学依据和实证研究支持，导致评价结果的可靠性和有效性受到质疑。其次，增值评价在数据收集和处理方面存在难度，数据收集和处理过程存在不规范之处。增值评价需要大量的数据做支撑，包括学生的发展数据及个体具体背景信息。但在实际操作中，数据收集的范围、频率和方式可能不够科学和规范，导致数据的准确性和可靠性受到影响。同时，数据处理和分析的方法也可能不够科学，无法有效地提取和利用数据中的有用信息，不能选择适宜的增值模型，从而影响评价结果的准确性和客观性。此外，评价实施过程还可能受到人为因素的干扰。评价者的主观偏见、情感倾向等因素可能影响评价结果的公正性和客观性。

从评价结果反馈上看，目前增值评价在结果反馈方面缺乏针对性和实用性。首先，反馈的内容过于笼统和模糊。当前的增值评价往往只提供学生的整体增值情况，缺乏对学生个体在各方面发展情况的详细分析。这使得学生无法从反馈结果中了解他们自己的优势和不足，也无法制订有效的学习计划。同时，对反馈结果缺乏具体的改进建议和指导，无法为学生提供有针对性的帮助。其次，反馈的方式和时机也存在一些问题。当前的增值评价往往采用单一的反馈方式，如书面报告或口头通知，缺乏多样化的沟通渠道和方式。这使得学生可能无法充分理解和接受反馈结果，也无法及时与教师和家长进行沟通和交流。此外，评价者可能缺乏足够的专业知识和经验，无法提供有效的反馈和建议。

对于这些不足，我们应该清晰地认识到增值评价并非全能的，它不能解决所有的评价问题，也不存在能够达成所有评价目标的某一个评价方法。在综合考虑其在应用中所存在的多种因素和潜在的挑战下，正确应用这一方法可以为教育决策提供有价值的见解，但需要加以谨慎处理以避免产生可能的负面影响。

第二章 增值评价的目的与用途

《深化新时代教育评价改革总体方案》对教育评价改革进行了系统部署，其中增值评价备受关注。作为一种统计分析方法，它不仅提供衡量学校绩效的标准，而且关注学生在学业上随时间推移所取得的进步，注重他们的学习成长，成为发展性评价的重要工具，旨在全面、客观地评估学生学业进步和学校对学生成就的净增值影响，以促进教育公平和质量提升。

本章主要探讨增值评价的三大核心目的与用途：为学校问责提供精确、实质的量化依据，促进学校问责制的建立与完善；激发学校持续改进的动力，以及帮助家长和学生更全面地了解学校的实际表现，为他们提供科学的择校参考。增值评价不仅为教育改革注入了新的活力，也为我们完善教育评价体系提供了重要视角。我们期望通过这一评价体系，持续推动教育公平与质量的提升，确保每个学生都能在教育的沃土上茁壮成长。

第一节 学校问责制

一 学校问责制的起源与发展

学校问责制作为教育问责制不可或缺的一环，其历史起源可追溯至更广泛的教育问责制形成与发展过程。自20世纪50年代起，美国社会各界对教育质量的忧虑和批评声此起彼伏，普遍认为与当前世界超级大国的地位形成了强烈的反差。1957年，苏联成功发射了世界上第一颗人造卫星，这令美国朝野一片震惊。美国民众深感现有国际竞争优势正在逐渐削弱，对于教育改革的呼声也随之日渐高涨。为应对这一严峻形势，美国于1958年迅速出台了《国防教育法》，这是问责制演进的关键节点。该法案强调加强自然科学、数学、外语的教学，提高教育质量，同时增拨大量教育经费，加大对地方教育的财政援助。该法案还规定，地方政府获得教育拨款后，为确保拨款的有效使用并真正落实到位，必须在一定时间内向联邦政府提交详细报告，对经费使用情况及所取得的效果进行全面说明。这样一来，学府纷纷展开教学质量评估，并初步显现出问责制的端倪。

自此，"问责制"这个词在教育讨论中频繁出现，成为一种潮流。从20世纪60年代起，美国各州逐渐引入问责制。例如，密歇根州、佛罗里达州和纽约州等建立了全州问责制度。民众对问责制出现的必要性、意义、利弊乃至实施过程中存在的问题等展开了激烈地讨论。在这样的时代背景下，政府、家长纷纷要求就学校对儿童的学业成绩等进行问责，对于无法完成预定目标的学校进行责任追究。20世纪80年代后，政府开始将关注重点转向对学校绩效的问责。到了90年代，问责制的发展更是达到了高峰，各种法案和文件在国会、州立法机构以及美国学校中不断涌现，并逐渐上升至法律层面。如1994年生效的《美国2000年教育目标法》和《改进美国学校法》；1998年通过的《公立学校绩效责任法》等。2001年的《不让一个孩子掉队法案》将问责制和评估系统作为提高学生成绩的关键机制制度化。到了2015年，《每一个学生成功法案》取代已施行十多年的《不让一个孩子掉队法案》。该法案重启了州主导教育问责的"全新尝试"，重新为地方教育赋权。毫无疑问，作为一种全新的教育管理手段，问责制改变了学校的运作方式。与美国历史上任何一次讨论相比，从某种程度上讲，对于问责制的探讨要更加深入。

美国并不是唯一一个引入学校问责制的国家，随着美国各州纷纷启动并实施问责制，这一制度也引起了其他国家的广泛关注与借鉴。大多数西欧和拉丁美洲国家早已建立起国家评估系统。英国《1944年教育法》提及家长有择校的权利，并确立了基础教育的经费政策，这可以看作问责制的萌芽，随后它又借鉴美国国家教育进展评估体系，以监控教育系统的效能。英国的学校问责制概念可以追溯到20世纪80年代。这一时期，英国通过法律手段正式启动教育问责制。如1988年的《教育改革法》引发了教育领域的深刻变革，并确立了至今仍在运作的公共问责框架。政府会基于全国测试和考试结果公布学校绩效表进行问责。

挪威政府在2004年采纳了政府委员会的建议，建立全国性的学校问责制度，其核心是建立一个公开访问网站，该网站详尽地展示了挪威所有学校的各类信息。除提供学校基本信息外，它还涵盖了教育资源的使用情况、学习环境质量以及教育成果的评估等多方面的数据和指标，旨在为政府及其他利益攸关方提供参考信息完善制度并促进学校改进和发展。通过这些数据和指标，可以全面地了解学校的优势和成功的做法，同时识别出需要改进的领域。这样的系统有助于中央政府对全国范围内教育质量的整体监控，同时也使得地方政府和教育工作者能够通过比较不同学校的数据，发现并学习其他学校的好的做法，进而提升他们所在学校的教育水平。此外，这个系统还为家长、学生和公众提供了一个获取学校信息的官方渠道。他们可以通过这个网站获取准确、全面且标准化的学校信息，而不再需要依赖不确切的传闻和流言。这不仅提高了信息的透明度，也使得家长和学生在选择学校时能够做出更加明智的决策。

随着当前社会对增值评价的关注与日俱增，人们再次强调学校和教师必须深刻认识到对其自身行为表现负责的重要性。问责制为学校提供了明确的责任界定和追责机制。这一制度要求学校各级领导和管理人员对其决策和行为负责，确保教育资源得到合理利用，教学质量得到有效保障。在全球范围内，问责制已经成为学校改进和提升教育质量的重要手段，并持续推进与发展完善，其重要性和突出性不容忽视。

二 学校问责制的内涵

问责制最初在公共管理领域被引入，它可被视为在国际趋势中建立以效力和效率为标准衡量公共部门业绩的一部分。这类体系旨在便于比较卫生和行政等部门的资源利用情况、成果和生产力以及确保对特定行为或事件追究相关人员的责任。问责制需要承担"解释和证明行为合理性的义务"。在实施特定目标时，采取行动一方需向另一方提供解释，从而构建双方间关系。在教育领域，问责制是一个宽泛的概念，可以通过多种方式得以实现。例如利用政治手段确保民主问责制的实施。政府通过制定明确的政策框架和法规，确保教育资源的合理分配。同时，通过选举、民意调查等方式，鼓励公众参与和监督教育事务。基于市场的改革则为教育领域注入了新的活力，特别是在强化父母和儿童问责制方面取得了显著成效。通过引入竞争机制，学校需要不断提升教育质量以满足家长和孩子多样化的需求。这种改革赋予了家长更多选择学校的自主权，并使其承担起对学校教育的监督职责，形成有效的双向问责机制。此外，同伴评价机制的引入为教师专业问责制提供了有力支持。在这一机制下，教师之间可以相互评价、相互学习，共同提升他们的专业素养和教学水平。

在长期的教育发展历程中，学校问责制一直被视为教育改革的关键特征之一。早期学校问责制主要被视为一种内部监督和管理机制。鉴于学校培养的学生在诸多方面无法充分满足社会的实际需求，民众逐渐将关注点聚焦于如何让学校对学生的表现负起更为重要的责任。具体来说，学校问责制是国家或地方教育部门在学校系统中执行监测和管理职能的重要组成部分。除其他事项外，该制度还规定了学校各组成部分的运作方式、对不同专业人员的具体要求以及对不同层次课程和评估的要求。其中，监测职能主要指地方教育部门用于监测学校教育系统运作的各种机制，包括向教育领域各利益攸关方和公众报告调查结果。它涵盖了教育活动中责任与权利的确立、评估和奖惩机制。根据 Leon Lessinger 的观点，学校问责制主要体现为对学生教育成就进行评估的一种学校系统内机制，将学生取得成就的水平与州、社区的教育目标相衔接，并与家长、教师及民众的期望相协调。学校问责制不仅关注学校内部的管理和运作，还强调学校需回应社会的期望和需求，以及如何对外部环境和变化做出适应和调整。Cohen David

K. 强调问责制是基于一定的标准制订问责计划，设立明确的评估指标，以衡量学生的表现，并运用这些评估标准来评价学校的有效性。其最终目标是取得更高水平的学生成绩，以符合相关标准要求。同样，Figlio David 和 Susanna Loeb 认为学校问责制是以学生表现为衡量标准评估学校绩效和旨在基于数据提高学生成绩的行政机制。人们普遍认为是基于学生表现而对教育结果进行评价或批评，且一般通过标准化测试来衡量。

随着公众对教育的深入理解，公众舆论越来越倾向于采用考试成绩以外的更为广泛和多元的指标来全面评估学生的学习情况。它涵盖了课堂资源、学校领导、家长参与、社区关系等多个方面，以及支持学生学习的其他各个领域。因此学校问责制的定义正逐步得到拓展和深化，日益强调问责制在促进学校改进和发展方面的积极作用，并将其视为一种推动教育创新和提升教育质量的重要机制。问责的衡量标准更加多元化，关注学生学习发展的多个维度，问责结果正从与表现挂钩的处罚转变为对学校持续改进的支持。问责制在学校管理中一直起着至关重要的作用，其最初的关注点集中在学校是否遵循了关于其运作的各个方面的规定。这包括了课程的实施时长、班级的学生人数、教师的专业资质、选用的教材以及财务管理等相关事项。简而言之，早期的问责制更侧重于学校的投入和执行过程。随着时间的推移，问责制的焦点逐渐转向了学校的产出，即教育成果。关于"学校应对其绩效负责"的要求已不仅限于简单描述学校在指定时期内的情况，而是更强调对其教育成果进行深入分析和合理解释。其中一个关键方面是评价学生在教学过程中的进步是否令人满意，另一个方面则是考核学生是否达到了教育部门设定的标准。为了全面评估学校的绩效，必须将产出与投入相结合。这样不仅有助于学校识别其自身的优势和不足，还为改进教育实践提供了可靠依据。

同时，问责制在追求公平性和效率性方面也不断加强。公平性目标要求学校关注不同学生群体是否能够以相似的比例实现教育质量，确保每个学生教育机会平等，无论其背景如何，他们都能够获得高质量的教育。而效率目标则涉及在不同环境下运作的学校的效率差异，通过比较可以识别出那些在资源有限或条件艰苦的情况下仍能取得良好教育成果的学校，为其他学校提供可资借鉴的经验，寻求教育教学效率的提升。

此外，随着信息技术的迅猛发展，学校问责制正逐渐向数字化、智能化方向转变。通过运用大数据、人工智能等先进技术，学校得以更加精确地收集和分析教育数据，为问责制提供更为科学、客观的依据。同时，学校问责制也不断吸收借鉴着国际先进经验，并形成适应其自身特点和发展需求的问责体系。这种国际化趋势有助于提升学校问责制水平和质量，推动学校教育的持续改进和发展。

三　学校问责制的激励机制

一般而言，学校问责制会基于学生在标准化考试中的总体表现对学校进行显性或隐性的奖励和惩罚，这种影响不仅涉及学校层面，还包括学校系统中的校长和教师。对于超出规定期望的学校或表现卓越的学校工作人员给予经济上或其他方面的奖励，而对那些表现不佳的学校则采取相应的制裁措施，情况严重的话学校会面临重组或关闭。这促使学校工作人员将更多的关注投入学生的学习之中，并成为推动整个学校系统发生积极变革的重要催化剂。

学校问责激励机制的实施，既可以由政府直接出手推动，也可以通过信息的公开与共享来进行。政府通过公开成绩单，披露学校绩效信息，为教育决策者和广大公众提供有关学生在校学习情况的具体信息，反映学校及教师相较于其他学校或外部标准的实际表现，有助于了解学校在教育质量上的优势和不足。通过衡量和报告学校绩效，对达到或未达到成绩目标的情况进行正面和负面的评估，政策制定者得以精准判断一所学校在达成国家教育成就目标方面的效果；并将奖励与绩效挂钩，可以促使教师和其他管理人员采取行动加大力度提高绩效。有研究指出，对教师的绩效激励有助于学生成绩的提高。

在学校系统中形成的增值模式作为激励措施需要从教师和校长层面进行分析。学校可以被视为一个学习组织，承担着对学生学习与发展负责的角色。但必须认识到学校教育影响主要通过教师课堂教学来实现。教师的努力不仅是一种具有生产性的投入，而且是一种在激励机制变化下做出的系统性回应。这种努力不仅着眼于当下的教学效果，而且致力于为学生带来更为长远和深远的益处。针对教师和校长的激励措施具有两个主要作用：一是激发他们的积极性；二是在劳动力市场上面临各种激励效应时进行分类或选择，这也同样重要。

激励机制的架构设计对于公共部门和私人组织及其员工行为会产生重要影响，这在教育领域同样适用。最直接有效的激励措施是确定教师个人的增值，并给予相应奖励，基于团队表现进行奖励的激励体系可能面临"搭便车"问题，因此将奖金定位于个人层面更有望改善绩效。货币或非货币形式均可采用，并可能引发各种影响。在美国北卡罗来纳州的问责计划中，如果一所学校学生成绩的提升程度超过了该学校的预期，学校的所有教师都会获得财务奖金，实现"预期增长"的学校教师可以获得750美元的奖金，而实现"高增长"学校的教师可以获得1500美元的奖金。实验研究也表明，向教师提供经济激励具有改善学习成果的巨大潜力。Muralidharan Karthik 和 Venkatesh Sundararaman 在印度安得拉邦的农村小学里进行的一项实验发现，当教师因学生考试成绩的提高而获得奖金时，学生的成绩有了显著的提升。同时，Loyalka Prashant 等人的研究也表明，在中国西部216所学校的实验中，通过将教师工资与学生表现挂钩，采用多种激励设计，成功地促进了学生的收益。Duflo Esther 等人在印度进行的一项随机研究进一步证实了这一点。在这项研究中，一些教师获得了数码相机和其他经济奖励。这些激励措施不仅降低了教师的缺勤率，还显著提升了学生的学业成绩。

学校层面的增值虽然侧重点有所不同，但同样可以为教师和校长提供各种激励措施。其激励措施能够提高教师努力程度和改进教学实践，更有效地利用现有资源。学校层面的增值分数能够持续鼓舞全体教师取得进步，在详尽分析增值结果并进行分类总结后，还能确定特定群体教师的改进方向等。需要注意的是，由于衡量单位（学校）与激励对象（教师）可能存在差异，因此针对学校层面的增值结果来确定激励措施会更加复杂一些。这就要求学校领导承担更大的责任，确保所有教职工合作以实现学校目标。

如上所述，基于增值结果对教师和校长的激励可以采取多种形式，并随着具体情况的变化而有所改变。一般来说，利用增值模式获得的成果主要有四类：(1)直接货币结果：其形式是通过奖惩来改变教师和校长获得的经济补偿。例如，教师因学校增值绩效优异而获得奖金或加薪。(2)非货币结果：主要包括额外的专业发展机会、工作职责调整或与学校工作相关带来的个人回报。这可能伴随着工作满意度的提升或因在团体中地位的提高所带来的声望。(3)工作场所和学校层面的成果：可以对学校进行各种奖惩措施，对教师和校长产生重大影响。常见例子是表现良好的学校能够获得更大的自主权，而表现较差的学校则会接受检查和干预。(4)职业成果：可以以货币或非货币的形式加以体现。这是指教师和校长在职业生涯中由于出色表现和绩效提升而获取的报酬。它在一定程度上取决于劳动力市场对学校增值信息的解读和利用情况，这些将有益于那些与高绩效学校相关的教育工作者提高未来薪酬水平和增大晋升前景。

尽管人们主要关注直接激励效应，但研究表明，教师和校长或其他教育工作人员在劳动力市场上的分类和选择效应可能会产生同等甚至更大的影响。基于问责制的激励措施会给教师和校长的工作生活带来深刻的变革。它意味着课堂将会面临着更为严格的审查，要求教师对学生表现予以更密切的关注和投入。同时，也会直接触及学校资金的管理与运用，使得每一项支出都需经过严格的考量。这些变革不仅会影响个体教师或校长是否选择加入这一职业，还会影响他们选择在哪里工作，以及在职业生涯中是否选择转校或转行。这种运作方式与直接激励效应略有不同。基于增值绩效衡量标准产生的直接激励效应主要集中在现有教师工作和教学方面的变化上，而分类和选择效应则主要关注那些选择成为教师以及离开教师职业的人对劳动力市场所造成的影响。

基于问责制的激励效应可能会对教师劳动力市场产生重大影响，从而深刻改变教师流动情况，并对即将加入教师队伍的人才产生深远影响。具体而言，问责制为学校提供了关于学生表现的详细数据，这些数据成为教师和学校领导者评估教学效果的重要依据。一方面，当教师意识到他们自己的教学方法对学生有益，能够获得相应的奖励时，他们可能会更加坚定地选择继续留在教育岗位上；另一方面，学校领导者在掌握了这些数据后，可能会更加积极地采取措施，留住那些表现优秀的教师，同时鼓励那些教学效果不佳的教师寻求其他职业发展方向。这无疑会影响留校和离校教师的质量分布（就增值指标而言）。因此，在分析增值结果时，需要同时考虑到直接激励效应以及劳动力市场中的分类和选择效应。在对激励效应进行分析时，不可忽视提高学生和学校增值分数而采取的激励措施。接近奖励门槛的教师对激励性薪酬制度反应最大。设立激励机制旨在推动教师改善教学行为、提升学生成绩，并促进学生发展。由于这些激励措施会吸引那些相信自己能够提高学校增值分数的人加入教师队伍，因此可能产生分类和选择效应。简而言之，这将影响新进入教师劳动力市场的人员构成，并对现有教师的留任以及新教师的加入产生影响。

增值结果能够更准确地评估学校绩效，从而改善劳动力市场信息流动。因此可能形成激励机制，促使其成为实现预期成果的推动因素。一个典型的例子是，在制定激励措施时应更加关注处境不利或表现较差的学生。例如，可以制定激励措施来吸引优秀教师和校长到社会经济地位较低的学校工作，因为在这些学校中提升增值效应将获得更大回报。通过这种方式，或许能够抵消教育系统中一种趋势——有经验的教师更倾向于在社会经济地位较高的学校就职。应当指出的是，劳动力市场的分类和选择效应可能与直接激励同样重要。这种效应影响的时间范围也可能比直接激励更大。例如，在职业生涯相对早期阶段就任于一所社会经济地位较低学校的校长，现在考虑建立一个基于该校三年级、五年级和七年级学生外语、科学和数学测试成绩的增值模型系统。即使该系统并未直接关联到校长薪酬，但由于校长职业生涯还有相当长的一段时间，因此提高这些测试成绩显然具备职业激励作用。如果校长成功提升了学校的增值分数，此信息则可供就业市场参考。因为增值分数反映了社会经济地位较低学校提高学生成绩的能力，从而可能提高该学校的就业竞争力。在这种情况下，校长期望得到相应回报，倘若劳动力市场能够提供此类回报，则管理者将会合理配置资源以奖励教育工作人员并进一步加强激励效果。倘若学校绩效衡量标准不明确或者激励机制结构不恰当，则可能导致逆转现象发生，教师流向社会经济地位更高的学校。

这些激励效应的规模受到教师和校长劳动力市场结构的影响，而各国的劳动力市场结构存在显著差异。例如，对于具备较高灵活性的劳动力市场以及学校自主权相对较大的教育体制而言它们可能会产生更为显著的职业激励。另一个关键因素是能够在多大程度上获取并利用增值信息，从而为劳动市场上的招聘、解雇以及学校间的一般流动提供信息支持。

需明确的是，无论采取何种激励措施，绩效衡量都是至关重要的。激励效应的强度直接关联于绩效衡量所触发的行动力度。当学校和教师受到的影响如经济上的奖励与惩罚措施更为显著时，其所产生的激励效果也将更为显著。绩效衡量为学校激励措施提供了明确的标准和方向，通过对学生、教师以及学校整体绩效的衡量，学校能够清晰地了解各方面的发展状况和存在的问题，从而制定出更具针对性的激励方案。因此，建立恰当的绩效衡量标准，对于推动问责制下激励措施的有效实施具有举足轻重的作用。而增值评价作为一种更为精准、公正的评估方式，为学校绩效的衡量提供了有力支持。与现有评价体系相比，增值评价试图排除学校无法控制的一切因素，将关注重点集中于学生的学习进步和变化上，涵盖学生各方面的发展，并非单纯追求学习成绩的提高。增值评价结果（即学校的增值分数）可以衡量其在多大程度上促进了学生成绩的提升。通过采用更为客观的评价标准，使得激励措施在公正性和透明度方面得到进一步提升。它有助于激发教师的工作热情和积极性，这种正向激励也有助于形成积极向上的工作氛围，提高教师的工作效率和质量。

第二节 学校改进

一 学校改进的发展与内涵

学校改进的思想背景深远且丰富，其源头可追溯至著名学者 Kurt Lewin。他关注学校教育的现状，更着眼于未来的发展和创新，为学校改进提供了坚实的理论基础和丰富的启示。直到 20 世纪 70 年代末 80 年代初，该领域才形成了独特的方法体系。这一阶段的缩影是经济合作与发展组织（Organization for Economic Co-operation and Development）所推行的国际学校改善项目（International School Improvement Project）。在此阶段，多数研究聚焦于学校改革理论和课堂改进方面，深入剖析了教育教学理念的更新和教学方式的创新。与此同时，也有一部分研究关注教育效能理论，探讨了如何提高学校教育的质量和效益。值得注意的是，这一阶段的研究相对忽视了教师、学生和社区与家长等关键因素的作用，可能限制了学校改进的实际效果和长远影响。到了 20 世纪 90 年代初，学校改进进入了新的阶段，这一时期学校改进领域与学校效能研究走向深度融合，共同构成推动教育领域深入变革的强大动力，催生了一系列学校改进方案的出台，如校本管理改革、"标准化教育"改革运动等。1990 年，第一本专注于探讨学校效能与改进的国际性权威杂志 *School Effectiveness and School Improvement* 正式创立，为教育领域的研究与实践提供了重要的交流平台。随着教育领域的不断发展和深化，民众逐渐认识到单纯的效能评估并不能全面反映学校的真实情况和潜力。研究的重点逐渐转向"学校改进"，更加关注如何通过系统性的改进措施来提升学校的整体教育质量和学生的学习成果。以"实践的认知兴趣"为导向，更加注重通过深入实践和情境理解来探讨教育问题。这一时期，美国的学校重构运动是一场涉及学校组织、管理、教学等多个方面的全面改革，旨在实现学校的有效改进。

而 90 年代中后期至今是提供学校持续改进能量的关键阶段，这一阶段专注于培育和增强学校持续改进的动力,并致力于构建一种长期有效、持续性的改进机制。学校本位的改进策略逐渐受到人们的关注,学校改进并非仅仅聚焦于教师的专业能力提升,而是更为广泛地关注如何通过推动整所学校的全方位变革来实现教育目标的达成[1]。学校尤为注重增加持续改进的能力。目前学校改进研究更加重视不同参与者之间的深度沟通与协作,认识到学校改进不仅仅是单一方面的改变,而是一个涉及多方面利益的相关者,包括教师、学生、家长以及学校管理层的集体努力;试图通过点面结合的方法营造一种持续改进和成长的氛围,从而推动学校文化向更加积极和包容的方向发展。

学校改进是教育领域一个广为人知的话题。尽管如此,学者对于这一概念的界定却持有不同的观点,至今尚未达成统一的共识。这显示出学校改进这一主题的复杂性和多元性,同时也反映出教育领域对于持续改进和优化教育质量的不断追求和探索。OECD 在其所推行的国际学校改善项目中,将学校改进定义为致力于系统性地、持续性地改善一所或多所学校的内部及学习条件,通过不断优化教育环境,更加有效地达成教育目标。Hopkins David 认为,学校改进是一个综合性的战略,有机地将学校组织和组织内的个人联系起来,通过自我审查、制订行动计划提高学生的学习成效并激发学校应对变革的活力。哈佛大学教授 Richard Elmore 认为学校改进,究其本质是个人与组织不断深化的学习历程。这一过程并非一蹴而就,而是持续且不断发展的,在每一个发展阶段,都需要汲取新的知识与技能。沈玉顺认为,学校改进是一个综合性的系统化项目,它要求我们采取目标明确、规划周详、执行有序的改革措施,以促进学校整体向既定的理想目标稳步前进。陈丽从实践过程的角度深入剖析了学校改进的内涵,她将其视为一个针对学校在发展过程中遇到的问题,通过有序的规划和实施,对学校的内在机制、运作模式和核心理念进行系统的革新,推动学校逐步迈向理想目标的一种渐进性、持续性的努力过程。梁歆和黄显华则认

---

[1] 孙素英:《学校改进视角的考察与思考》,《中国教育学刊》2007 年第 12 期。

为，学校改进要不断采取战略性措施，从学校自身的运作机制和外部的支持系统两个关键维度出发，进行系统性、持续性以及有计划的改进工作。尽管各位学者对学校改进的观点各有侧重，但存在普遍共识，比如学校改进最终指向教育质量的提高；它是一个长期持续的、不断发展的过程；需对学校进行系统改革等。综上所述，学校改进是一个系统性、持续性和计划性的变革过程，涉及对学校内部运作和外部支持的全面考量，旨在实现教学质量的显著提升，进而推动学生学业成就的跨越式发展。

二 有效数据：学校改进的科学决策基石

在推进学校改进的过程中，有关数据扮演着举足轻重的角色，是进行决策的重要依据。学校需要依赖精准的数据来指导决策，确保教育资源的高效利用，提升教学质量，进而实现学校的全面进步。有效数据的收集是优化决策过程的基础。增值评价提供了一种更全面的评价方式，通过对比学生在不同时间点的学业成绩和综合素质，揭示出学生在学校教育中的实际增值情况，能够为学校和教师提供更加准确和全面的绩效指标与相关信息，从而成为推动学校改进目标的行动基础。其核心价值不仅在于反映学校教育现状，而且在于揭示潜在的问题和改进空间，提供了促进持续改进所需的有效信息。增值结果为学校做出明智决策提供了有力的数据支持。通过深入分析数据，学校能够更加精确地评估学生、教师和整个教育系统的进展，从而有针对性地制订改进计划。这有助于提升学校的教育质量和管理水平，推动学校的持续改进和发展。

此外，增值信息还为学校管理者提供了关于计划实施情况的实时反馈。这样一来，学校能够更加精准地把握改进的重点和方向，确保资源得到最有效的利用。以数据为基础的管理和决策模式为学校改进工作带来了革命性的变化。传统的评估方式往往依赖于主观判断和经验，难以准确衡量学校的真实绩效。基于数据的决策更具客观性和科学性，克服了评估资源是否得到有效利用方面的许多困难。通过对学生的学习数据进行深入分析，学校能够发现学生在不同学科和领域的优势和不足，进而为他们提供更有针对性的教学支持和辅导。同时，学校还可以根据教师的教学数据来评估他们的教学效果，为他们提供必要的培训和指导，以帮助他们不断提升教学水平，因此能不断促进学校教育质量的提高，并持续推动学校改进工作的开展。由此可见，必须充分重视基于数据的决策在学校及其教育系统内部所扮演的角色。过去，许多国家的教育政策制定者已经认识到基于数据的决策在推动学校改进工作中的重要性，并纷纷提出相关倡议和措施，以建立可扩展模式和平台来支持学校改进。在这一决策背景下，明确侧重于通过数据比较来识别潜在改进领域并制定有意义的目标显得尤为重要。收集、分析和利用相关数据在目标实现和策略实施等方面发挥着关键作用。学校应该充分利用手中的数据资源，对其自身的各个方面进行深入剖析和比较，以找出存在的问题和不足。同时，学校还应该根据其自身的实际情况和发展需求，制定具有可操作性和可衡量性的改进目标，并制订相应的实施计划和措施。

  以数据为基础的决策不应仅由决策者独自承担，学校教育系统内各个层面的工作人员都可以基于数据提出建议。增值信息无疑能够推动学校改进，但其前提是这些信息必须被影响过程或结果的参与者所利用。为了有效地利用这些信息来改进学校，必须鼓励教育工作者重视这些信息。可以采取如下措施：发展数据驱动的文化，提供有效的专业发展，确保教育工作者有适当的机会获取其增值信息，使其系统探索增值信息并在审查数据时采取从宏观到微观的方法。换言之，首先探讨高级别地区结果，然后再考虑学校、年级和个人教师层面的结果。从宏观到微观层面进行分析，有助于教育工作者正确理解增值信息，并允许多层次上的成功与挑战共存。在学校教育系统中，最关键的参与者是教师和校长。除非校长和教师接受并理解增值信息的概念，否则它对学校改进的价值不大。因此，确保他们能够有效解读增值信息并采取行动至关重要。

  在学校一级上，作为一个学习组织单位，校长应当明确而坦率地阐述增值信息的预期用途，以及如何利用这些信息来改进学校工作。这些信息应该在尽可能多的场合和背景下与教师和领导分享。在校长领导下洞察并有效运用信息来实施问责和制定发展措施将给学校带来更大的好处。教师则是学校重要的人力资源，会直接对学生施加影响，并且该影响可能会一直持续至他们成年。因此，必须将基于增值信息的发展措施落实到教师及课堂教学活动中去。在教师层面，通过对增值信息进行分析，可以发现其自身的缺点和不足，并适时调整其教学行为，改进其教学方式方法，加强其专业知识和专业技能的培训，以促进其专业发展并提升其教育教学水平。这有利于激励教师进行自我评价，并调动其积极性和主动性。通过对教育过程中教学行为的分析，教师可以主动反思他们自己在教育环节中的表现，并找出问题根源，明确改进和发展方向；利用增值数据来确定优势和挑战；与其他教师进行积极的合作与交流，讨论增值信息和可行的策略；寻找高效教师，观察他们在推动学生学业发展方面所采取的措施；在教学过程中，运用形成性数据监测学生学习成长并指导实践活动，在未来的教育活动中取得更好的成果。

此外，理解和利用增值数据在一定程度上可用于评估教师效能、识别潜力并针对教师的不同特点指导其职业方向选择以充分发挥其个人发展潜力。另外还可以提高工作效率，这主要表现在以下方面：一是设定工作目标。目标本身具有很大的激励作用，能将需求转化为动力，并使行为朝着特定方向发展，最终实现目标。二是绩效工资制度。将薪酬与增值结果挂钩可以激发起教师的工作动力。一方面，增值评价能够为管理人员和教师提供极具价值的信息，当有效的诊断信息被提供给经过训练的校长和教师时，这将成为提高学生成绩并促进学校持续改进的动力。另一方面，校长和教师可以利用相关投入、过程和产出数据来分析资源配置情况以及各种政策计划和实施措施是否有效。然而，需要注意的是，仅依赖基于数据做决策并不能始终取得成功，而是需要采用更系统化的方法再结合建立准确的绩效衡量标准来提高绩效，使各项工作与既定目标相一致，促进学校的改进和完善。无论如何，投入时间与精力去深入关注增值信息，是极具价值和很有必要的。

三 绩效导向：学校改进的核心驱动力

衡量学校和教师的绩效并非易事。要让人们对其自身的表现负责，认识到其自身的不足并及时做出调整，更是困难重重。改善教学方式是其中的一个方面。正如前文所言，绩效衡量标准在个人和外部问责、策略制定与实施以及向外界传递正确信息等方面都具有极其重要的作用。准确评估绩效对于任何组织，包括银行、其他企业、政府机构、慈善机构以及学校等在内都具有重要意义。优秀表现应该得到及时的认可和奖励，以激发人们的积极性和创造力；而糟糕表现则应受到适当的反馈和惩罚，以促使其进行必要的调整和改进。在学校改进的道路上，准确评估绩效无疑是核心驱动力，更是推动教育质量持续提升的关键所在。

教育系统结构的不断变化使人们更加关注资源的合理分配和有效利用以及学校绩效的评估。随着教育权力逐步下放，学校自主权日益扩大，需要建立一个系统来衡量学校绩效并进行反馈。比如，捷克共和国在1990年之前的学校系统长期受到集中管理模式的深刻影响。在这一模式下，教师行为受到严格监督。学校层面的检查成为监督的主要手段，在学生层面上，教师评估是主要方式，侧重于评估学生在规定课程下掌握知识的情况。整个评价体系缺乏监督和评估标准以及绩效考核机制。随着时间的推移，捷克共和国逐渐意识到原有教育体系的不足，着手进行教育改革。它着重强调了绩效衡量和资源有效利用的重要性，这促使学校意识到有必要进行结构化和系统化的评估，以便为教育系统各个层面提供"有效措施"的反馈。在此背景下，学校逐步引入更加灵活的管理机制，赋予学校更大的自主权，建立绩效评估机制。

目前，越来越多的国家关注教育产出而非仅仅是投入。这种转变的背后是对教育质量和效率的重视，以及对教育资源最佳利用的追求。在传统的教育评估体系中，政策制定者通常能够获得关于教育系统投入的详尽数据，如学校的财政支出、基础设施建设、教师工资等。这些数据有助于了解教育资源的分配情况，但它们并不直接反映教育成果和学生的学习成效。为了最大限度地提高基于数据的整体决策效益，需要将投入数据与学校的教育过程和产出数据相结合。仅依赖于某一种数据可能会导致具有误导性的结论和行动。这意味着除了关注学校的财政和物质资源投入外，还需要关注教学方法、课程内容、学生参与度以及最终的学习成果。通过这种综合分析，可以更准确地评估教育活动的效果，从而为资源分配和学校管理提供更有价值的见解。

随着对学校绩效分析需求的不断增长，确实需要一种更全面和公正的衡量标准。传统标准以单一时间点的学生成绩为依据，忽略了教育成果受多种因素，包括学生的先天能力、家庭背景、社会经济状况以及师生关系等影响的现实。这些都是教育工作者难以控制的外部变量。且未考虑学生起点，无法评估学校对其学业成就的实际贡献。此外，如果绩效评估体系缺乏对增值因素的考量，就可能会导致对学校和教师的不公正问责。事实上，学生的发展不仅受到其先前学习经验的影响，还受到诸如其校外经历以及家庭教育等因素的影响。让学校对结果全面负责既站不住脚也缺乏公平性。例如，大量研究显示学生学业成绩与家庭特征密切相关。这一结论进一步削弱了仅以学生成绩数据作为学校问责依据的可信度。社会经济因素同样会对个体的成绩产生影响。有研究表明，家庭社会经济地位正向预测初中生的学业成绩。学生心理素质也能显著影响其学业成绩。在分析增值指标时应考虑相关社会经济背景及其他因素，评估个体进步情况不能简单地依赖其在某一时间点上所取得的成绩数据，基于个人发展指标相较于成绩指标具有更广泛的接受度。

增值评价旨在基于学生在校期间所获得的发展进行评估，而非在无意中测量的他们入学前已掌握的知识。增值信息是对学生在一段时间内学习进步程度的度量，为教育决策提供了关键的视角。这种信息有助于识别哪些教育实践和资源配置较能提高学生的学习成效。例如，通过分析学生的考试成绩和进步情况，可以发现哪些教学方法较有效，哪些领域需要额外的支持。这样，决策者可以更有针对性地调整教育资源，优化教学策略，以促进学生的全面发展和提高教育质量。此外，将增值信息纳入考虑范围，学校可以根据学生的学习进步程度来调整教学计划和课程设置，确保教学内容与学生的学习需求相匹配。这不仅能够提高学生的学习动机和参与度，还能够促进学校内部的持续改进和创新。这一方法被认为更加公正，并可用于比较不同学生群体和水平各异的学校。

将增值评价应用于学校改进的目标，有助于激发学校内部的积极性和创新精神。通过设立增值目标和奖励机制，有助于推动学校内部的持续改进和创新发展。增值评价是一种将教师实践与学生成长联系起来的增长衡量标准，可以被用来识别和奖励表现优异的学校和教师，并告知他们如何改进教育实践。通过公布学校增值结果，可以激励学校管理者、教师和其他利益相关者提升绩效。学生进步超出预期的教师和校长能够获得奖金或其他奖励。不少学校使用增值评价作为绩效衡量标准之一，确定哪些教师有资格获得额外的奖励，对其进行差异化补偿。心理学中存在一个被称为"社会性懈怠"的现象，在团队环境中人们往往没有个体行动时的高效率，这可能是由于责任分摊所致。如果只考虑集体绩效，某些员工就可能会依赖付出更多努力的员工来获益。越来越多的研究表明，基于大群体的奖励降低了绩效工资的实效性。因此，进行差异化补偿很有必要。同时对增值信息加以分析有助于优化学校教育资源分配，并帮助决策者制订有效的学校计划与决策。在增值评价下，可以比较特定背景下学生增值分数变化与原始分数之间的差异，并分析具体情况下学校所取得的增值进展与学生原始成绩之间的关系。通过对比不同时间段或不同参照对象的数据，学校可以清晰地了解其自身在哪些方面存在差距，进而设定有针对性的改进目标。这有助于学校将有限的资源投入最需要改进的领域，实现资源的优化配置，极大地促进学校改进目标的实现。

第三节 择校

一 择校的内涵与全球视野

择校，又被称为教育选择或家长选择。它是指家长或学生选择接受教育学校的过程。其核心思想是家长和学生有权根据他们自己的需求、偏好和学校教育质量等因素来选择最合适的学校。这种现象不仅反映了家长对优质教育资源的渴望,也体现了教育市场的多元化和竞争的加剧。许多国家政府已采纳择校计划,旨在将学校推向市场,以提供更多的选择给家长。他们可以根据其自己的需求、孩子的特点和兴趣,选择更适合的学校,有助于满足家长和孩子的个性化需求,促进教育的多元化发展。学校为吸引更多的优质生源必须不断提高其自身的教学质量、完善设施、提升师资水平,不断增强竞争力,以更好地满足学生和家长的需求。

作为一项全球性的社会运动,各国的择校改革呈现出多种形式。例如,自20世纪80年代起,英国便进行了一系列教育改革,赋予了家长在地方教育当局的管理范围内自主选择子女就读学校的权利,确保家长择校权的实现。其择校制度被视为基于市场机制实施问责制的方式。1989年4月,美国总统布什正式签署了《教育优秀奖励法》(The Educational Excellence Act),其目的之一便是鼓励家长为其子女自主选择学校,进而推动开放式招生的实践。《不让一个孩子掉队法案》要求公布学校的绩效评估标准,要求学校对学生表现负责,父母可以利用这些指标来确定最适合他们孩子的学校。

在中国,中小学"择校热"现象最早出现于20世纪80年代末90年代初开始形成。中国的择校现象和政策深深植根于本土的经济、政治、社会和文化背景之中,并呈现出与西方不同的面貌。其显著特点如下:(1)中国的择校通常是一种"自下而上"的现象,主要涉及家长通过各种渠道竞争所谓的重点学校或示范学校的有限名额。尽管择校现象在中国广泛存在,但其合法性却长期未得到正式承认。这是中国特色择校现象的显著特点之一。(2)中国家长为子女选择学校的途径和方式多种多样,包括金钱(学费、赞助费)、权力、关系以及学业成绩(考试成绩、各类竞赛证书和荣誉奖励)等。(3)择校对教育和社会产生负面影响,公众对家长的择校策略持有较为复杂的态度。盲目择校很可能导致恶性且不断加剧的教育竞争。这些问题较为敏感,往往会触犯公众对社会公正观念的看法,引发社会普遍不满和焦虑。(4)政府积极采取措施改善择校现象,但是效果有限。比如,我国各地区在社会经济与教育事业发展方面存在显著的差异和不均衡现象。尽管国家明文规定禁止招收择校生,但仍有部分地区暗中采用"以钱择校"的方式,使得各地的政策执行标准并不统一,这极大地削弱了治理的成效①。目前,民办择校热现象屡见不鲜,其背后资金、技术、信息等商品化要素的持续参与,使得民办学校的办学过程愈发复杂,导致义务教育资源的失衡。

二 择校的影响因素

关于择校以及如何通过让学生和家庭选择最符合他们需求的学校来改善教育系统的问题,历来都有不少阐述。择校并不仅仅是做出选择的简单过程,它更是一种对教育资源的深度优化和合理配置方式。通过市场机制,择校能够有效地调配教育资源,提升教育的公平性和效率。通过健全的择校机制,能够更好地满足学生的学习需求。每个学生的成长背景、兴趣爱好和学习能力都不尽相同,因此他们对于学校的需求也是多样化的。通过择校,学生和家长可以根据其自身情况选择最适合他们的学校,从而确保学生能够在一个与其自身特点相匹配的教育环境中成长。这对于推动教育事业的持续发展具有重要意义。

在进行择校时,家长会受到多种因素的影响,并基于一定的标准选择心仪的学校。其中之一是社会经济背景,包括职业、收入水平和受教育程度等方面。在通常情况下,收入较高或受教育程度较高的父母对学校或整个教育体系有着更深入的了解。他们通过各种渠道获取不同学校的最新信息,并进行比较以选出最佳学校。同样,为了确保孩子接受优质教育,家长愿意承担较高的学费压力,倾向于选择教学质量高、设施完备的学校。相反,收入较低的家庭往往难以做到这一点。这些弱势群体并非缺乏择校的意愿,然而,由于经济能力有限、社会关系不足等多重因素的制约,他

---

① 陆韵:《我国义务教育入学政策与择校行动的互构:历程、规律与启示》,《当代教育科学》2022年第16期。

们在择校的激烈竞争中往往显得力不从心，流露出深深的无奈与无力感。

除了父母的社会经济背景外，学校的声誉及教育质量似乎是大多数家长在选择学校时十分重要的考虑因素之一，良好的学校声誉通常意味着更高的教育质量和更好的学习环境。声誉具有自我延续性：能力较强的学生选择就读于过去表现更优秀的学校，因为这些学校拥有更出色的学生群体，从而使其在未来也能够取得更好的成绩。其中包括师资力量、教学设备、课程设置和学校氛围等方面。如果一所学校师资素质较低、教育理念陈旧且学习环境恶劣，家长主动选择该校的可能性极低。学校教育质量是家长首要关注的因素，对于选择合适的学校会产生至关重要的影响。

升学率也是家长参考的一个重要指标。在中国，学校的质量在很大程度上通过学生进入更好的下一级学校的转化率来评估。升学率在一定程度上反映了学校的教育水平和实力，优秀的升学率与出色的生源息息相关，对于家长选择学校而言具有重要影响。此外，地理位置和交通便利也是大多数父母在选择孩子就读学校时需要考虑的其他重要因素之一。研究表明，绝大多数家长更倾向于选择离家近的学校就读，以便更好地照顾和监督孩子。可以避免为接送孩子上下学而担忧，并且能够节省孩子上下学所需时间和精力，并方便家长与学校进行沟通和交流。同样，家长的教育观念对孩子的择校决策也有重要影响。有些家长可能更看重学校的学业成绩，而有些家长则可能更注重学校的综合素质教育和特色课程。在选择期望学校时，学校的增值结果在家庭和个人择校决策中扮演着重要角色。学校的增值结果通常指向学生在学校教育过程中所取得的进步和成长，这种增值能力反映了学校的教育质量，即学校对学生能力提升的贡献。增值评价提供了一个衡量学校绩效的重要指标，有助于他们做出更为明智的择校决策。

三 择校的本土化发展

改革开放之初，为了早出人才，出好人才，我们国家采取了重点学校制度，建设了一批重点中小学。在教育发展过程中，政府倾向于将资源投入那些重点学校,重点学校占据着"天时地利"的优势,如大量资金投入、高质量师资配备以及硬件建设加强等。同时,择校费也被用于学校当前支出和未来发展。随着资源的不断倾斜,到了21世纪初,政府逐渐意识到不同学校之间的差距已经拉大。教育资源的紧缺加之家长的一味追捧,使得"重点学校"成为稀缺资源。这种质量差距引发了一系列社会矛盾,其中就包括与择校相关的矛盾。如何"缩小差距""均衡发展"和促进"教育公平"成为教育发展过程中不容忽视的问题。2006年,新修订的《中华人民共和国义务教育法》重申了"教育公平"的法律地位,并强调公办学校实行免试就近入学政策。同时,不再保留重点学校制度,旨在解决择校问题并促进学校质量的均等化。然而,尽管正式废除了重点学校制度,但仍以其他名称或名义存在。官方也明确禁止择校行为,但择校现象仍普遍存在。众多家长甚至一些学生普遍认为选择并就读于一所优质学校对于提升学业成绩和推动未来发展具有显著优势。在我国现实语境下的择校现象逐渐异化成为部分家长利用权力和财富来优先获取优质教育资源的手段。尽管面临着重重困难,家长仍不得不采取各种"地下"手段,为子女争取进入理想学府的机会。

经过多年的发展,义务教育免试就近入学政策在法律地位上得到了进一步加强。尤其是2013年党的十八届三中全会通过《中共中央关于全面深化改革若干重大问题的决定》,再次强调了这一政策的根本重要性。自2014年起,教育部会定期发布关于如何实施免试就近入学的指导意见。政府开始在中小学推行"学区管理"制度和"生源对口"制度。2019年6月,《中共中央 国务院关于深化教育教学改革 全面提高义务教育质量的意见》要求"推进义务教育学校免试就近入学全覆盖"。根据就近入学政策的规定,每所公立学校都设有一个施教区,在该区域内具备户籍条件且适龄儿童享有入读权利。然而,家长试图突破指定学校的入学限制,选择将子女送至非施教区范围内他们心仪的学校。他们可以通过购买学区房进行搬迁,以使孩子进入理想的学校。由于"重点"学校数量有限,并且随着教育质量等指标的提高,这些学校所在地区的房价也相应上涨。这恰恰表明为了让孩子就读当地优质学校而搬到该地区的父母需求增加。为了进入更好的学校，家长对于购买特定区域学区房越来越狂热，导致重点学校所在地区的房价较其他同等品质的住宅高出不少，并且可能持续上涨。基于2015年至2018年2765个小区的房屋买卖与租赁动态面板数据，有学者深入分析后发现，北京市小学的教育质量对周边住房价格产生了明显的学区溢价效应。

这一发现也印证了学校质量并非仅由其所拥有的教育资源如教学水平和教师资源所决定，也深受在校学生质量的影响。这背后反映了一个普遍的社会现象，即父母倾向于让他们的孩子与能力和积极性较高的同龄人共同学习。家长普遍认为，与优秀的同龄人一起学习能够激发孩子的学习热情和竞争意识。在这种环境中，孩子可能会受到正面的影响，从而提高他们的学习动力和成绩，称之为"同伴效应"。同伴之间的相互影响对个体的行为和态度有重要的作用。同伴效应的强度也是学校质量的一个重要参考因素。如果同伴效应显著，就将提升部分学生的教育质量。而失去高素质学生的学校的教育质量则会下降，这会对留存学生产生不利影响。

学校教育质量的优越性能够吸引高素质生源，因为家长和学生倾向于选择那些拥有良好声誉和高教学水平的学校。同时，这些优秀生源也会对学校教育水平产生积极影响，他们可以促进形成良好的学习氛围。有研究表明家长将学校质量和学生质量视为补充，两者相互促进。学校教育质量确实会吸引更多的优秀学生和教师前来就读和工作，从而进一步推动区域教育的发展。同时，高质量生源聚集也会对学校质量和声誉产生显著影响，有利于形成良好的学习氛围和同伴效应。这导致学校进入更高级别教育机构的人数和比例显著超过其他同类学校，这种卓越表现既与教师的教学质量有关，也与优秀学生的聚集效应密切相关。因此，我们难以将优秀学校产生的原因简单地归结为教师教学质量和学校管理水平等因素。

四 增值评价：择校过程中的关键指引

在进行择校决策时，家长面临着一个关键的挑战：如何精确评估一所学校的优劣程度，确保教育投资的价值最大化。正如前文所述，学校教育质量通常是家长的首选考量，但要准确衡量学校的绩效并非易事。在这一过程中，增值评价信息扮演着至关重要的角色，它不仅为家长和学生提供了一个全面而深入的视角来了解学校，而且成为择校决策中的关键指引。需要注意的是，选择合适的学校需要家长具备一定的辨别能力和信息筛选能力，从多个渠道获取关于目标学校的相关信息，准确掌握增值信息，在与各个学校建立良好沟通方面做出努力。由于信息缺乏或获取信息有误，绝大多数家庭希望将孩子送入高附加值学校，但却无法确定哪些学校具备高附加值。在选择学校时往往会遇到不尽如人意的情况。因此学生和家长具有接收理想学校所传递信号的能力，是教育系统内促进良好择校的关键因素。随着学生和家庭转向更能满足其教育需求的学校，这将为学校管理者和政策制定者提供明确的信息，使他们了解家长及家庭认为哪些学校具有最大的教育潜力和最适合入学。同时，这也可以为资源分配和学校改进计划提供有用的信息。在进行择校时让利益攸关方了解学校的具体情况是很有必要的。这不仅有助于他们全面把握学校的实际状况，而且能激发他们积极参与提升学校绩效的热情。当利益攸关方掌握了可靠的信息和准确的衡量标准用以评估学校绩效时，他们便具备了与学校携手合作、共同推动绩效提升的能力。因此，正确解读增值评价相关信息对于利益攸关方而言至关重要，这将为他们在择校决策和合作中提供有力的支持。一旦他们获取可靠信息和准确的衡量标准来评估学校绩效，他们就有能力与学校合作共同努力提升绩效水平。因此，利益攸关方必须正确解读增值信息。

在不同国家，学校评估和绩效信息的公布方式及程度存在着差异，经历了一个逐步演进的过程。在某些国家，关于学生在全国考试或评估中的表现信息相对有限，这在一定程度上限制了公众对学校实际教育质量的了解。有部分国家会向公众提供学校检查和评估的信息，但只有不到一半的国家这样做是为了改善择校制度。自2001年以来，瑞典国家教育局在全国范围内公布了个别学校的绩效和其他相关信息，旨在推动对影响学校绩效因素的确定，并作为讨论和分析学校差异的背景资料。学校和教育委员会的网站提供关于学校绩效和质量的指标，例如考试成绩和检查报告。这些信息可用于支持明智的择校行为，协助家长和学生选择符合其期望的学校，并避免或离开不满意的学校，同时监测学校发展与表现状况。此外，这些数据还能够追究未达标准、表现不佳的学校所应承担的责任。学校的预期成绩可通过运用线性回归分析进行估算得出。基于学校成绩（按平均绩点计算）与预期成绩之间的差异，再将各学校的学生构成情况作为学校绩效的评估指标。然而，这些指标并非增值措施，因此无法准确衡量个别学校在一段时间内对学生进步所做出的贡献。

在英国广泛开发增值分析系统之前，原始考试成绩被用作择校的参考。自1992年以来，英国推出了学校成绩表。每年都会发布所谓的"学校排行榜"，其中汇总了每所国家资助中学学生的平均成绩。该举措旨在为家长提供择校信息，并激励学校提高教育质量。公布的第一批表格数据是16岁学生参加普通中等教育证书考试（以及18岁学生参加高考）的成绩，这构成了政府对各个学校实施问责制度的基本组成部分。随着时间的推移，这些评估指标正变得越来越全面，可以从更多维度来衡量以完善评估体系。英国政府在2016年实施Progress 8项目，它标志着对学校绩效评价方法的一种重要回归——基于学生增值的评估方法。用于衡量学生从小学结束（Key Stage 2，KS2）到中学结束（Key Stage 4，KS4）期间的学业进步。这个项目充分考虑了学生的起始点，避免了单一成绩标准的局限，使得不同起点的学生都能得到合理的评价，确保了评价的公平性。与初始成绩相比较而言，增值评价提供了全新视角，能够反映学校在多大程度上促进了学生发展，并可能促使人们更客观地看待学校的教学成果。对于家长和学生来说，Progress 8的评估结果为他们选择学校提供了重要的参考依据。他们可以通过比较不同学校的增值成绩，了解学校在教学质量、师资力量、教育资源等方面的实际情况，从而选择最适合他们孩子的学校。这不仅有助于家长和学生做出明智的决策，也能够促进学校之间的公平竞争，推动整个教育系统的优化和升级。

由此可见，增值评价指标提供了一种更为全面和动态的视角来衡量学校的教育成效，能够更好地反映各学校的实际表现，使用学校增值结果可以在择校决策中建立更准确的衡量标准，从而提高择校制度的有效性。家长可以通过深入了解学校表现来改进他们的决策能力。如果能够提供不同学生群体的增值信息数据，那么将进一步促进有效的择校过程，使家长和学生能够更好地选择满足其教育需求的学校。由此，教育行政部门同样可以依据所观察到的详尽信息选出最符合各个家庭教育需求的学校，以确保教育资源的优化配置和学生个性化发展的最大化。利用增值评价结果进行择校，家庭可以在充分了解的情况下做出决策，因此这些决策也会更加有针对性。这样做不仅提高了教育教学效率，让家庭能够将孩子送到最满足他们教育需求的学校，同时也使得学校系统能够吸取经验教训并制定出有效提升学生成绩的教学策略。在一个缺乏有意义学校绩效指标的教育系统中，择校的积极影响将会削弱。由于缺乏准确的评估标准，家长和家庭难以做出基于事实的明智决策，选择最适合孩子发展的学校。同样，学校和政策制定者无法依据准确的学校绩效衡量标准来满足不断变化的需求模式以达到提高成绩的目标。此外，那些表现优异的学校也难以获得应有的奖励和认可。

要改善这一状况，提供增值信息至关重要。这种信息的引入能够培养一种基于数据的决策文化，不断推动学校持续进步和改进。通过利用增值数据，学校和政策制定者也可以更加精准地识别学校教育需求的动态变化，并采取相应的措施来应对。此外，提供多样化的绩效衡量指标对于指导家长和家庭进行择校同样有益。除了原始考试成绩数据外，还应该涵盖增值数据，更客观、更翔实地反映学校的教育质量和学生的进步情况，从而为家长提供更全面的参考信息，以助家长全面了解学校的实际情况，做出更加明智的择校决策。家长在确定最满足他们需求的学校时，不光关注孩子在学校的整体表现，也会关注不同学校之间增值指标上所存在的差异。因此，如何向家庭和公众清晰地解释增值评价措施及其与原始成绩之间的关系，对于完善择校制度具有重大意义。这需要通过各种渠道和方式，提高家长和公众对增值评价的认识和理解。许多国家已经认识到及时公布学校增值信息的重要性,并选择建立一个将增值模型应用于改善择校问题的系统。在这种情况下,学校增值结果可以通过官方网站等渠道向家长和公众发布,以便他们更加全面地了解每所学校的具体情况,有助于他们做出更加合理的择校决策,也有利于促进教育资源的合理分配和教育公平的实现。

以上三节详细介绍了学校问责、学校改进和学校选择这三个增值评价指标的主要用途。它们之间有怎样的联系呢,通常认为,它们是相辅相成、相互促进的。尤其是在教育领域强调充分发挥学校自主权的趋势下,随着权力的下放,学校获得更大程度的自主决策权;将增值信息作为决策依据,有助于学校更有效地分配资源并适当调整所提供的教育内容,从而推动学校不断改进。基于增值结果制定的更准确的绩效衡量标准也能够加强问责机制。问责措施还能够激励教师树立科学教育理念、提高教育教学水平以及努力改进教学实践,从而促进学生全面发展。同时,通过提升学校绩效表现意味着可以获得更多的资源支持,有助于改善教育条件并提高教育质量。同样地,在学生和家庭选择合适的学校时,增值评价能够提供更准确的衡量指标,并促进择校效率的提升,从而优化整个教育系统中的资源分配。

第三章 增值评价的实施

在当今教育环境中,增值评价作为一种科学、系统的教育评价方式,受到越来越多的关注,它强调通过评价教育活动的增值效果来优化教育资源配置,提升教育质量,促进学生全面发展。增值评价不仅是一种工具,而且是一种教育理念和教育实践方式的转变,促使教育工作者从传统的结果导向的评价模式转向过程导向、以增值为核心的评价模式,它通过对教育活动各环节的深入分析,识别出教育过程中可能存在的增值点,并通过一系列改进措施来实现教育价值最大化。

本章内容聚焦于增值评价的实施。通过剖析增值评价的内涵以及阐述实施增值评价的关键步骤和要素,为读者提供了一套系统、全面的指导方案,以期帮助教育工作者和政策制定者更好地理解增值评价的理念和方法,进而推动其在教育实践中的广泛应用,以实现教育质量的提升。

第一节 构建增值评价系统

增值评价不同于以往基于学生学业横断面数据的评价,而是采用纵向数据,连续追踪学生在不同时间内的学业进步程度,以此作为学校绩效的衡量依据。也就是说,传统评价主要关注学生的终点成绩,而增值评价则更注重学生在学习过程中的进步情况，即在相同的起点条件下，学生获得了多少额外的价值或者成长。作为一种先进的评价理念，增值评价将衡量重点从学生当前的绝对成绩转移至反映学生进步程度的相对成绩，成功实现了从定点成绩的静态评价到成绩增长的动态评价的转变，打破了传统的以单次考试成绩来评定学生学业成绩和教师教学效能的评价模式[①]。增值评价的基本理念是学校和教师应该保证所有水平的学生都以相同的速率取得学习上的进步，即每个学生在一年内的学业增值幅度应当相同，这要求教育者在关注优秀学生的同时，必须同样重视其他学生的成长与发展，是一种相对公平的评价方式。在教育中进行增值评价可以帮助学校和教师更好地了解学生的学习状况和进步情况，从而制订更有效的教学计划和个性化教学方案，也可以帮助评估教学质量，促进教学改进和提高学生的学习成绩。增值评价用科学的评价观评价学校，以学校教育活动对学生预期成绩的增值为教育评价标准，它本质上是一种发展性评价，在促进学生综合全面发展、促进学校特色发展、促进区域教育均衡发展等方面发挥着关键作用，对我国现阶段教育评价改革具有重要价值和意义。

为了有效地实施增值评价，需要解决许多问题：制定目标和学校绩效衡量标准、选择合适的增值模型、开发有效的数据库、实施有效的试点计划、监测增值分析的结果、制定沟通和利益相关者参与战略以及相应的培训计划。

一　制定目标与绩效衡量标准

增值评价的首要步骤是要明确评价目标，教育者需要明确通过增值评价达到什么样的目的。增值评价旨在评估学校在教育教学过程中所取得的进步和改善情况，帮助学校了解其在学生成长方面的贡献，发现不足之处并采取措施持续提升教育质量。增值评价重点关注三大目标：学校改进、学校问责和学校选择，这些目标为教育系统中增值模型的完善提供了动

---

① 王娟、胡钦晓：《美国教师增值评价的实践经验及启示》，《中国考试》2024年第2期。

力。虽然三大目标的侧重点和制订实现它们的计划有所不同，但总体目标都是改进学校教育系统的标准。与仅基于原始分数的衡量标准相比，它提供了更准确的学校或教师绩效衡量标准，允许确定学校内需要改进的领域和最佳实践领域、促进了基于数据的决策和资源分配、有助于设定绩效目标和评估学校改进计划的有效性。

需要注意的是，三大目标相互并不矛盾，也不局限于其中的某一个。对于大多数教育系统来说，增值评价的实施有多个目标，例如，英国使用增值评价模型实现的目标包含：在学校成绩表中向家长提供信息，并向学校问责；在学校改进系统中，利用数据进行自我评估和制定目标；为学校检查提供信息，并将其纳入更广泛的学校改进过程；帮助选择学校开展特定活动；提供有关特定类型学校或政策举措有效性的信息。多重目标说明了在教育系统的许多领域获得准确绩效衡量的重要性。

在确定政策目标时，需要考虑以下几个方面：(1)明确定义增值分数的分类。确定增值分数将如何分类以评估学校绩效。例如，确定增值分数将被用于将学校分类为高绩效学校或低绩效学校，需要明确这些分类是如何确定的，以及与特定的统计或有效概念标准的关系。这有助于明确学校在特定分类中的表现，并为学校分类后可能采取的行动提供指导。(2)内部使用增值信息。确定增值信息将如何在学校内部广泛使用，作为发展学校改进计划的工具，这将影响其他决策，如数据和模型选择，因此需要提前规划、配置资源并设计试点项目，以评估这些目标。(3)增值信息的发布形式。如果增值信息将被发布，需要确定将以何种形式发布，以及发布参数应在试点阶段建立，以便在试点过程中进行审查，这有助于确保增值信息的透明度和可比性。(4)增值信息在现有评估结构中的使用。确定增值信息将如何在现有的评估结构和机制中使用，这有助于将增值信息整合到现有评估体系中，以提升学校绩效评估的全面性和准确性。(5)确定增值度量的性质。考虑将用于评估学校绩效的增值度量的性质，包括是否使用连续、分类或二元变量进行增值建模，这应与学校增值分数所引发的行动以及学校内部的激励措施相联系，需要确保增值度量的性质与政策目标和行动计划相一致。通过明确定义增值分数的政策目标，可以为增值评价系统的实施提供清晰的指导，确保增值信息的有效使用和解释，以实现政策目标并提升学校绩效评估的质量[①]。

鉴于上文提到的获得准确绩效衡量对于增值评价系统的重要性，有必要构建准确的学校绩效衡量标准。增值评价通过学生在学校就读期间所学到的知识来评估学校，学校增值分数是学生个人表现轨迹的总和，除了学校本身的影响之外，还可能受到许多因素的影响。因此，增值方法试图将学校对学生学习的贡献和统计意义上与学生学习相关的其他因素（例如学生的社会经济背景）分离。无论推动增值评价系统发展的目标是什么，都需要构建准确的学校绩效衡量标准，反映学校真实表现的衡量标准，而不是或多或少超出学校控制范围的因素。增值模型可以提供学校绩效的衡量标准，对于大多数教育系统来说，这将大大改善目前用于决策的数据和信息。重要的是，增值衡量标准可以准确衡量学校对学生表现的贡献，解决了当前学校绩效衡量标准的许多问题，有关学校和学生表现的更准确信息有助于制定更有针对性和更明确的举措，从而实现持续改进。在确定学校绩效指标时，可以考虑使用增值模型来提供准确的绩效指标和信息，以支持学校改进目标。增值模型可以用于识别高绩效和低绩效学校，并将关注和资金引导到最需要的地方。在荷兰，学校绩效指标的制定包括关注学校输出指标和学校过程指标。学校输出指标包括学校平均成绩、学生表现、学生留级、转入特殊教育或专业中心的学生比例以及学校暴力事件发生频率等，同时，还需要关注教学过程、课程设置、教学时间和教学适应性等方面，这些指标的综合使用可以提供更全面的学校绩效评估，并为学校改进提供更有效的支持。此外，学校绩效指标的发布可以为家长、学生和公众提供关于学校表现的信息，促进学校问责和提高透明度。英国和挪威等国家已经建立了学校问责系统，通过公开透明的方式向各利益相关方提供学校绩效信息，以促进学校发展和提高信息透明度。政府可能通过公布

---

① OECD, *Measuring Improvements in Learning Outcomes: Best Practices to Assess the Value-added of Schools*, Organization for Economic Co-operation and Development, October 27, 2008.

学校绩效信息并与绩效挂钩，激励教师和管理人员提高绩效，从而推动学校改进和提高学生学习成果。

此外，政策制定者还需要考虑如何设置目标，以鼓励学生、学校和地方教育机构制定具有挑战性的目标，同时避免对来自不同社会经济背景的学生设置低期望值，以确保公平性。因此，政策目标和学校绩效指标的制定和实施需要考虑多方面因素，包括政治、文化、教育体制和社会背景等，以确保有效推动学校改进、提高学生学习成果和促进教育公平。

二 确定衡量增值的变量

确定衡量增值的变量是实施学校增值评价的关键步骤。这一过程涉及选择合适的评估工具和定义相关的因变量，该变量的构建应与开发增值评价系统的目标直接相关，比如提升学生的识字率、算术能力或其他特定的学习成果标准。在基于这些目标的基础上，需要选择出恰当的学生评价工具（如标准化测试），以及在增值建模中使用的因变量。在增值模型中，因变量是指用于衡量学校对学生成绩影响的指标，它通常基于学生个体在一段时间内学习表现的变化，比如从入学到毕业时的知识增长、技能提升或其他学术成果的改善，具体而言，可以选取一个或多个具体的学科领域（如阅读、数学），以及对应的测验分数作为增值分析的基础数据。因变量应直接与建立增值模型系统的目标相联系，例如，如果政策目标是确保学生达到最低水平的读写能力和计算能力，则应当选用能够测量学生从低于标准到超过标准的进步程度的评估手段和相应的变量来构建价值增值指标。

此外，在决定如何衡量学校的增值表现时，还需要考虑以下几个方面：(1)变量分类。确定绩效衡量是否应该采用连续变量（反映不断变化的过程）、分类变量（将结果划分为不同的等级或类别）还是二元变量（如达标与否），连续性变量能反映出学生细小的进步，而分类变量和二元变量则侧重于实现关键节点上的转变。(2)学科、年级或学年阶段的选择。需明确指出将在哪些学科领域及哪个年级或学习阶段进行学生评估，以便准确地界定学校增值成绩所关注的教学内容和阶段。(3)学生评估的关注点。确认评估的重点是在特定基准上的达标情况，还是对学生整体学业进步的持续性衡量。(4)现有评估结构的审查与调整。审视现有的学生评估体系，以判断是否需要开发新的评估方法或调整既有结构，使其符合增值模型设计的目标要求。(5)评估框架的确立。为价值增值分析搭建一个清晰的框架，该框架能够指导如何在当前学生评估结构内选取适合的评估工具，并规定了具体的科目、年级范围以及学生能力提升关注的核心方向。总之，要有效衡量学校在提高学生学习成果方面的贡献，关键在于根据教育政策目标精心挑选和构造用于增值模型中的变量，同时确保相关评估工具和数据收集策略紧密围绕这些目标展开，从而实现对学校增值贡献的科学评价。

三　分类和连续测量

在选择特定学科领域的评估时，需要解决的另一个问题是如何衡量或分类成绩。对学生成绩的衡量可以是连续性的，以确定学生在不同分数范围内的表现（尽管学生评估工具可能存在天花板效应），也可以是分类或二分法衡量。

分类测量适用于描述个体或对象属于某一类别或组别的属性，这类测量通常涉及非数值型数据，结果表现为类别标签或离散的类别选项。常见的分类测量包括性别、科目、年级、种族等。分类测量数据的分析通常采用描述性统计（如频数、百分比、交叉表等）以及非参数检验（如卡方检验），用于比较不同类别间的分布差异或关联性。

连续测量适用于记录和分析可以在某个连续范围内变化的数值型数据，这类测量通常具有无限多个可能的取值，并且相邻值之间存在明确的顺序和距离关系。常见的连续测量包括学生成绩、年龄、身高、教师教学年限等。连续测量数据的分析通常采用描述性统计（如均值、中位数、标准差、四分位数等）以及参数检验（如 t 检验、ANOVA、回归分析等），用于探讨数据的集中趋势、离散程度、组间差异、相关关系或因果关系。

用分类或二分法衡量学生成绩,即将学生成绩按照一定的标准划分为若干等级或类别,如优、良、中、差,或者达标、未达标等,这种衡量方式通常与特定的教育目标或标准紧密关联,如特定年级的最低识字和计算能力标准。如果目标是衡量学校在使学生达到或超过单一能力或绩效衡量标准方面的表现,那么二分法的衡量方法可能更有吸引力。

关注特定的绩效水平,可以激励校长和教师达到这些特定的水平,也可以形成对特定学生或学科的关注。对于不想过分强调特定衡量标准的系统来说,采用连续变量来衡量学生成绩及通过这种方式计算学校增值可能是最合适的,这样一来,学校和其他管理者就能分析更大范围的数据,以制定和监测学校绩效以及具体的计划和政策。同时,这种方法还能使学校内部的激励措施分布更均匀,而非仅仅集中在某一特定技能水平上。在某些情况下,可以制定连续性衡量标准,然后将其归入预先确定的类别或最低标准,如果能开发出相应的学生评估工具就更好了①。

被解释变量的结构是影响模型选择的一个至关重要的因素,因为它直接决定了可选择的模型类型。如果增值模型中的被解释变量是二分变量(或将在特定应用中以这种方式重构),那么鉴于其对模型选择的影响,需要在模型构建的早期阶段就予以明确,因为二分因变量与连续因变量有不同的建模要求。

四 选择合适的增值模型

增值评价是一种以增值模型(value-added model,VAM)和统计方法为工具,对学生成长进步或教师发展程度进行测量的教育评价方式②。增值模型作为一种强大的统计工具,已经在全球范围内被广泛应用来衡量学校对学生学习成果的贡献。然而,选择一个适合特定的教育环境和政策目标的增值模型并非易事,它需要细致的分析、严谨的数据处理和对教育目

---

① OECD, *Measuring Improvements in Learning Outcomes: Best Practices to Assess the Value-added of Schools*, Organization for Economic Co-operation and Development, October 27, 2008.
② 王娟、胡钦晓:《美国教师增值评价的实践经验及启示》,《中国考试》2024年第2期。

标的深刻理解。选择适当的增值模型是一个系统工程，涵盖了数据质量管理、政策目标分析、统计方法论探索、模型比较结果、利益相关者协商等多个维度。只有通过全面综合的考量与实践验证，才能找到一个既能准确反映学校价值贡献，又能有力推动教育改革和提升教学质量的理想增值模型。

鉴于增值模型高度依赖可靠数据，故在模型选择之前务必确保数据的质量和完整性，这包括学生学业成绩数据的准确性和可比性，以及学生背景信息的全面性。开发高效的数据管理系统，加强数据采集、存储和分析能力，有利于提高增值模型的可信度和实用性。

政策目标是选择增值模型的根本出发点。例如，如果政策期望识别并改善落后学校的教学质量，那么模型应能够有效区分不同学校的效能差异，并对需要干预的学校提供明确指示。反之，如果政策目标旨在监测和奖励整体教育进步，模型则应能够客观评价学校对学生普遍进步的贡献。分析使用特定的社会经济背景特征在增值建模中的作用，这也取决于系统的整体目标和所采用的模型，同时也受到学生评估的次数和频率以及学校整体绩效分布的影响。

在选择增值模型时，首先需要明白不同模型的设计原理和适用范围，以及它们在处理连续性数据（如连续分数）和分类数据（如达标与否）时的异同。其次，必须考虑模型的统计有效性、稳健性和可解释性。统计标准如模型拟合度、方差稳定性和长期稳定性等都是评估模型性能的重要指标。在方法论方面，要考虑模型能否合理处理抽样误差、测量误差以及模型假设的合理性。确定统计和方法标准，以选择最合适的增值模型。此类标准可侧重于：（1）不同模型中存在的方差和偏差量。不同的模型会导致每所学校增值得分的估计标准误差不同，这对于能否基于统计学显著性对学校表现做出区分具有重要意义，而这可能是建模的关键政策目标之一。如果学校的增值分数被公布，并且基于统计学显著性差异对分数进行分类的话，这一点尤为重要。首选某一模型是因为较小的标准误差意味着能够更准确地区分出更多学校与平均水平的差异，或将其归类为达到某些预设目标。(2)在不同的增值模型中使用社会经济背景数据。一些增值模型包含很少的背景特征，而一些增值模型则包含大量的社会经济指标，当前和先前达到指标的数量和频率可能会影响这些特征的解释力，这可以在实施过程的试点阶段进行测试。还应考虑其对激励措施的影响，以及此类模型调整如何影响学校增值分数所引发的行动。社会经济特征的纳入也会影响与学校估计相关的标准误差以及模型与基本假设的对比情况。(3)缺失数据及其在建模中的处理方法。有些增值模型能够更好地考虑缺失数据，而在其他模型中，缺失数据会对模型的预测能力以及学校增值分数的方差和偏差水平产生明显影响，这就需要决定是否排除某些变量，但也可以在实施阶段制定程序，通过为（低）高学生参与度创造（非）激励措施来减少缺失数据的模式。如何科学处理缺失数据直接决定着整个数据库数据质量的高低[①]。(4)在不同的模型下，规模较小的学校评价结果将会如何变化。规模较小的学校的样本量较小，通常产生的测量结果不够精确和可靠，在随后的几年中也不太稳定。将规模较小的学校的增值结果"缩减"到平均值的模型可以得出更有用的结果，但对数据进行这一级别的干预显然存在问题。一般来说，学生人数少于20—30人的组群所产生的增值估算值可能会导致对结果的解释存在问题，应在试点期间对这一问题进行分析。(5)学校增值分数随时间的变化。可以分析学校得分随时间变化的稳定性，并衡量对特定学校的影响，这与模型中的方差大小和潜在偏差有关。如果认为学校分数的稳定性太低，则可以设定标准，以尽量减少负面影响。例如，如果不稳定性主要集中在某些学校，则可将这些学校从主要分析中剔除。对于这些学校可以进行额外的估算，并根据主要的政策目标，引入单独的问责或改进措施，也可以设定标准来剔除多年来变化异常大的学校，这可以根据所有学校或类似学校分数变化的比例来实施。使用连续三年的平均值来衡量增值可以平滑随时间的变化，它还可以对单年增值分值出现异常变化的学校进行进一步分析。田纳西州增值评价系统的评价结果是基于学

---

① 边玉芳、王烨晖：《增值评价：学校办学质量评估的一种有效途径》，《教育学报》2013年第1期。

生多学年多学科多次测验的数据计算而来的,因此测验结果能够经得起时间的检验,保证跨年比较结果的稳定可靠。

在使用增值模型时,建议比较不同模型规格的学校增值估计特征,以确定不同模型是否在实证上产生差异。如果简单模型的结果与复杂模型的结果没有显著差异,那么可能适合使用简单模型来向公众和其他利益相关者呈现结果。因为简单模型通常更易于解释和传达,而复杂模型虽然在消除混杂因素的影响方面可能做得更好,但也可能需要更多的数据和更多的人力成本。最后,需要进行持续的内部分析,以确保简单模型产生的估计是准确的,并且不会对特定学校或学校群体产生不公平影响。

在明确增值建模所需的主要特征之后,可以对现有的学生评估数据或在增值评价系统试点阶段获得的数据进行分析,这种分析可以评估不同的增值模型是否适合实现该系统的目标,是否符合预先确定的统计和方法标准。分析结果应说明不同增值模型的优缺点,并据此推荐首选模型,最重要的是,它应确定模型选择对学校增值分数的使用以及既定的政策和计划目标的影响,这将突出对特定类型学校的影响,也应确定不同模型可在多大程度上满足既定目标。为了实现这些目标,在评估不同增值模型的适用性时,不仅要分析整体模型(如拟合度),还要分析不同模型对个别学校的影响。

增值模型的选择与实施是一个多方参与的过程,需要征求教育专家、学校管理者、教师、家长等人员的意见,透明化的决策过程有助于确保模型选择的公正性和接受度,同时也为今后模型的更新和改进提供了宝贵的社会共识。此外,可以通过分析国内外教育系统的增值模型应用实例,深入了解不同模型在实际操作中的优劣,以及在不同文化和制度背景下如何因地制宜地选择和调整模型,帮助决策者避免重遇其他国家和地区曾经的问题,并汲取其成功的经验和教训。

五 数据库的建立与维护

开发有效的数据库是评估学校增值模型和提高教育决策质量的重要基

础，因此必须极其谨慎地构建和维护数据库，确保数据的准确性、一致性和完整性。考虑到增值模型对数据质量的高度敏感性，必须在开发阶段就关注数据质量的提升，需要考虑如何降低测量误差、消除数据录入错误，并建立数据清洗和验证机制。首先需要根据政策目标和增值模型的具体要求，明确所需的数据类型和范围，这包括但不限于学生个体的学业成绩数据、家庭背景信息、教育经历、学校行政记录等多维度数据，这些数据应通过一个统一的学生标识系统进行匹配和关联，确保个体学生的信息能够在整个教育体系中连贯一致，以此准确追踪学生的学习进步情况。如英国在1999年引入的独特学生标识符，有助于在系统内匹配和跟踪学生的全部数据记录，这样可以在整个学校系统内链接学生的连续评估数据，形成连续性和一致性更强的个体成长档案。在满足基本增值模型需求的同时，还可以考虑收集更多有关学校环境、师资力量、课程设置等相关背景信息，构建更为全面的数据系统，随后将这些数据合并到一个单一数据系统里，以支持更广泛和更深入的分析。

开发所需的高质量数据库的第一步是确定将用于增值建模的数据。对于希望开发增值评价系统以促进学校改进和政策制定的决策者来说，开发一个超出增值建模最低数据要求的综合数据库是有益的，这一步要做的一个关键决定是更全面的数据系统带来的好处是否超过其开发和维护成本，这样的系统可以包括各种来源的补充数据，但对于那些不希望补充其基本学生评估数据的系统，则可以将资源集中在开发和维护高质量的数据库上，从而实现高质量的增值估算。如果需要更全面的数据系统，那么就需要解决应该收集哪些信息的问题，如以下四种主要类型的数据：

学生评估数据，即所有用于增值建模的学生评估分数。它是一个多元化的信息集合，既包括了对学生学术成就的客观评价，也关注了个体的社会化发展、情感态度、价值观塑造等多个层面。在实际教学过程中，通过系统地收集、记录和分析学生评估数据，教育工作者能够准确把握每一位学生的学习状态和发展需求，从而做出精准的教学决策和个性化辅导。首先，从核心的学术成绩数据来看，这包括学生在各个学科的考试成绩、单元测验结果、日常作业完成质量、实验操作能力等具体指标。这些硬性数据直接反映了学生对于课程知识的掌握程度，有助于教师识别学生的优势和短板，调整教学进度和内容，确保每位学生在知识结构上达到应有的水平。其次，能力评估数据则更注重于考查学生的综合素质和潜在能力。例如，通过各类技能测试、语言能力认证、创新能力评测等手段，可以评估学生的批判思维能力、问题解决能力、沟通交流能力以及跨文化交际能力等，这些软性能力对未来职业发展和社会适应往往具有深远影响。再者，行为表现数据也是学生评估的重要组成部分。这不仅包含学生的出勤情况、课堂互动频率和质量，还涉及他们在集体活动中的角色担当、团队协作表现以及对校规校纪的遵守情况等。此类数据有助于塑造学生的良好行为规范，培养其社会责任感和公民素质。另外，来自教师的评价数据和学生的自我评价同样具有很高的参考价值。教师作为教育实施的主体，他们的观察和反馈往往能深入学生学习态度、意志品质、发展潜力等方面，这种专业的视角对学生的全面评估至关重要。同时，鼓励学生进行自我评价和反思，能够引导他们养成自我驱动学习的习惯，增强自我认知能力，进一步激发内在动力。此外，同伴互评也是一种有效的评估方式，通过同龄人的视角去审视彼此的学习进程和人际交往，既可促使学生相互学习、共同提高，又能让教师从中了解到学生在社交情境中的表现。最后，家长提供的反馈数据同样是构建完整学生评估体系不可或缺的一环。家长了解孩子在家中的学习习惯、兴趣爱好、情绪变化等细节，这些信息结合学校内的评估数据，将更加立体地勾勒出学生的整体风貌，促进家校协同育人，形成良好的教育合力。

学生层面的背景信息，包括所有个人、家庭和其他特征。学生的个人信息是构建学生背景的基础层，包含了诸如姓名、性别、年龄、出生日期、籍贯、民族等基本的身份标识信息。学生的家庭背景信息涵盖了家庭成员的组成结构、父母的教育背景和职业状况、家庭的经济基础、家庭教育理念和模式、亲子关系的亲密程度等诸多要素。家庭环境对学生的价值观形成、人格特质、学习动机和行为习惯具有深远的影响，例如，来自不同教育背景的家庭可能会赋予孩子迥异的学习态度和方法；家庭经济条件可能会影响学生所能接触到的教育资源以及他们的课外活动选择；良好的亲子关系和积极的家庭教育观念，则有助于培养学生稳定的情绪、自尊自信的性格以及积极向上的学习态度。再者，学生的身心健康状况也是背景信息中不容忽视的一部分，这包括生理健康层面，如视力、听力、身体健康状况，是否有特殊体质如过敏性疾病、慢性疾病等，也包括心理健康层面，是否存在焦虑、抑郁等情绪障碍，或是社交恐惧、自闭倾向等心理问题。除此之外，非认知能力方面的信息、语言和文化背景、学习经历等也是背景信息的重要组成部分。在增值模型中使用这些背景特征，可以捕捉学校无法控制的影响学生进步的因素以及研究特定学校或特定学生群体的增值情况，如社会经济背景较差的学生或留守儿童的增值情况。

教师层面的信息，它涵盖了教师个体的诸多方面，包括专业资质、教学经验、教学能力等。这些信息对于评估教师的教学质量、指导教师的专业发展、优化教育资源配置、提升教育服务质量具有重要意义。教师专业资质是评价教师教学能力的基本依据，主要包括教师的教育背景、专业资格证书、任职资格、职称等。教师的教育背景通常指其接受过的师范教育或相关专业的高等教育，包括学位层次、主修专业、辅修课程等；专业资格证书则是教师具备从事教育教学工作的法定凭证，如教师资格证、普通话等级证书、外语水平证书等；任职资格和职称则是教师在教育系统内部的职业晋升通道，如初级教师、中级教师、高级教师、特级教师等。

教学经验是教师在教育教学实践中积累的知识、技能和经验，是评价教师教学能力的重要指标，包括教师的教龄、任教年级、任教科目、班级管理经验等。教龄是教师从事教育教学工作的年限，通常与教师的教学熟练度、教学风格、教学策略等密切相关；任教年级和科目反映了教师在特定教育阶段和学科领域的专长和特长；班级管理经验则体现了教师在处理学生问题、组织班级活动、营造班级氛围等方面的能力。

教学能力是教师在教育教学过程中表现出的专业技能和素质，是评价教师教学质量的核心。教学能力包括教学设计能力、教学实施能力、教学评价能力、教学反思能力等。教学设计能力是指教师能够根据教学目标、学生特点、教学内容等因素，设计合理的教学方案，包括教学内容的选择、教学方法的选择、教学活动的设计等；教学实施能力是指教师能够有效地实施教学方案，包括教学语言的运用、教学手段的选择、教学情境的创设、教学节奏的掌控等；教学评价能力是指教师能够对教学效果进行客观、公正、科学的评价，包括学生学习效果的评价、教学过程的评价、教学策略的评价等；教学反思能力是指教师能够对他们自己的教学行为进行深入思考，发现问题、分析原因、提出改进措施，以提高教学效果。教师层面的信息是一个多元、复杂、动态的概念，涵盖了教师个体的诸多方面，因此，教师层面的信息应该得到充分的关注和重视，以便更好地服务于教师、学生、家长、社会等利益相关者。

学校层面的信息，包括学校的教育理念、发展目标、师资条件、教学设施、办学规模、地理位置、办学层次（小学、中学、高中、大学）、学校性质（公立、私立）、学校类别（普通学校、职业学校）等基本信息。此外，收集有关学校的特定项目和政策信息也是必要的，以便分析它们与增值分数之间的关系。这些信息可以在整个学校教育系统的整体质量控制中发挥关键作用，并有助于制定和监测旨在提高学校改进的具体计划和政策。在一些国家，对特定项目例如提供额外资金和扩展课程的专业学校项目进行内部分析，可以通过增值模型的设计和支持信息来开发这些项目的影响的绩效指标。

在大力发展教育数字化的背景下，依托教育新基建，充分运用通用人工智能大模型、大数据、区块链等前沿技术，可以构建支撑教育评价改革的"数字底座"。通用人工智能大模型，如深度学习和自然语言处理模型，能够处理和分析大量教育数据，为教育评价提供更为精准、个性化的分析工具。大数据技术的应用，能够整合和分析教育系统内海量的、多样化的数据，形成对学生和教师全面、动态的评价体系。区块链技术以其不可篡改、透明度高、安全性强的特点，为教育评价的公正性和透明度提供技术支持。通过这些关键技术的集成应用，可以构建一个集数据收集、处理、分析、应用于一体的教育评价数字化平台,为教育评价提供强大的技术支撑,实现评价过程的自动化、智能化,提高评价的效率和精确度。

各级教育管理机构或企业可搭建标准化的教育信息和数据共享平台或系统,消除各级各类部门间的数据壁垒,实现数据采集与存储的统一规划和管理。为了支持深层次和全面的分析,平台需要有能力收集并处理多种类型的数据,包括输入(学校投入的资金、师资配置等)、过程(教学活动、课程安排等)以及输出(学生成绩、升学率、就业情况等)。此外,还包括学生层面的背景信息,如家庭背景、健康状况、特殊教育需求等。在开发和维护这样一个数据集成与分析平台时,决策者需要评估其投资回报率,平衡所需的成本(如硬件、软件、人力资源投入等)与由此带来的教育质量提升、决策效率提高等潜在益处。同时,优秀的数据平台应具备前瞻性,能够随着教育政策和实践的发展而不断升级和扩展,例如,平台应能支持对学生长期教育和劳动力市场结果的追踪,从而全面评价学校教育的长期价值。

第二节 试点项目的实施与验证

在实施增值模型的过程中,试点项目是不可或缺的一部分。其主要目的在于通过有限规模的先行尝试,对整个增值模型的运作机制、技术实现、数据处理和政策影响进行全面而深入的验证和优化。通过试点,政策制定者可以直观地观察和评估增值模型在实际教育环境中是如何影响学校的决策和行动的,以及如何与既有政策和程序对接。在试点结束后,根据反馈和评估结果,适时调整相关政策目标和实施方案。

一 学校样本的选择与代表性

试点地区教育主管部门应联合高校专家,组建评价改革团队,指导并监管试点区的工作,采取先易后难、从局部到整体的推进思路开展多轮试点探索，不断迭代优化评价范式。选取的学校子集应尽可能具有代表性，能够反映整个教育系统的多样性，包括地域、经济状况、学生群体差异等因素，这样才能确保在模型测试期间所收集到的数据具有广泛的适用性，并能在更大范围推广时得出准确和可靠的结果。样本应包括拥有不同教育资源（如师资力量、设施配备、预算拨款等）的学校，以确保在各种资源条件下都能得到有效的增值模型测试结果。考虑到地域差异，样本应包括各个行政区划内的学校，甚至细化到城镇、乡村的不同区域，以体现地理因素对教育成果的影响。同时，样本应涵盖公立学校和私立学校，城市学校与乡村学校，以及各类特殊教育学校和职业学校等，以便能全面评估不同教育模式下的增值表现。此外，样本学校的学生群体应当在社会经济背景、留守儿童比例、性别比例、特殊教育需求等方面与整体学区或国家的平均水平相匹配，以正确评估学校在不同背景学生身上的增值效果。样本学校不仅要在上述各方面具有代表性，还需确保能提供可靠、完整且符合增值模型所需格式的数据，这样才能确保模型构建的准确性。通过以上策略选择的学校样本，可以更准确地反映整个教育系统内学校价值增值的实际情况，确保增值模型的有效性和推广价值。

选择具有代表性和可操作性的小规模区域进行试点，可以有效地测试和完善增值评价的实施方案。这些试点区域应具备一定的教育基础和改革意愿，能够为后续的大规模推广提供可行的经验和模式。增值评价可以从小规模的区域试点起步，在实践中积累经验教训，逐步推广到省市层面，通过由点到线、由线到面的探索，最终逐步建立适合我国实际情况的增值评价体系。在这一过程中需要考虑到不同地区的教育环境和需求，确保评价体系的适应性和灵活性。

二 模型验证与调整

预先决定在教育系统中实施哪种具体模型是不明智的，试点阶段应被视作评估并确定最适合实际应用的增值模型的关键时期，此过程应依据一套预先确定的标准进行。为了最大限度地发挥试点计划的效果，通常需要获取多年的数据，以便对比不同模型下学校得分的稳定性差异。在一些教育系统中，学生评估体系早在实施增值模型之前就已存在，这类历史评估数据可为模型选择提供重要参考。

在选择并构建了增值模型后，通过试点项目可以对模型的准确性、稳定性以及在实际应用场景中的适用性进行实地测试，试点数据有助于发现并纠正模型中存在的问题。如有必要，可对模型进行迭代调整或选择更适合的模型类型。

首先，可以利用试点项目中的真实数据，对照模型的预测结果与实际的学生成绩变化，评估模型在预测学生成绩增值方面的精确度。如果模型预测的增值得分与实际得分差距较大，说明模型可能存在预测偏差，需要进一步调整参数或改进模型结构。

其次，可以考察模型在不同时间点、不同年级、不同学科或不同学校群体中的表现是否稳定一致。如果模型在不同环境下表现不稳定，说明模型不能很好地概括一般规律，此时需要寻找原因并提升模型的稳健性。

最后，分析模型在实际教育管理、决策制定和政策实施中的适用性，看其是否能够有效指导学校改进教学实践、家长选择学校或政府制定教育政策。如果模型给出的增值信息难以转化为实际行动或政策指导，可能需要重新审视模型设计及其传递信息的方式。

通过试点会暴露出模型可能存在的缺陷和不足，如遗漏重要因素、过度简化复杂性、处理缺失数据或异常值不当等问题。针对这些问题，研究人员需要进行深入分析，调整模型参数、增加控制变量或尝试其他类型的增值模型。基于试点的反馈，模型开发者会反复调整模型结构和参数，直到模型在试点中表现出令人满意的性能。在这一过程中，可能需要尝试多种模型类型，比较不同模型在相同数据集上的表现，选择最契合当前数据特征和政策目标的增值模型。通过开展试点项目并进行模型验证与调整，教育研究人员和决策者可以确保所构建的增值模型既具有理论上的科学性，又具备实践中的可行性和有效性，从而为教育系统的改进和决策提供强有力的数据支持。

三 利益相关者的沟通与参与

试点阶段为教育领导者、学校管理人员、教师、家长等关键利益相关者创造了宝贵的参与机会。通过试点，可以听取各方意见和建议，改进沟通策略和参与机制，确保在正式推广时能够获得广泛的理解和支持。教育领导者负责制定和监督教育政策，通过参与试点，可以了解增值模型的实际效果，对模型的科学性和适用性做出判断，并基于试点反馈调整政策方向和资源分配。学校管理人员是增值模型在学校层面的直接执行者和受益者，通过试点能深入了解模型的操作流程和影响，进而优化教学管理和资源配置，并为模型的改进提供一线实践经验与建议。教师作为教学活动的主体，其参与有助于模型更贴近教学实际，确保模型的实施有助于改进教学方法和提高教学质量。通过沟通交流，教师可以明确他们自己的角色定位，了解如何利用增值模型数据来改进教学策略，同时也会对模型产生信任和认同感。家长作为孩子教育的重要参与者和支持者，他们的理解和接纳对增值模型的成功推广至关重要。家长通过试点可以了解学校是如何通过增值模型来评估学生进步和学校效能的，这有助于建立家长对教育质量评估的信任，推动家校合作的深化。

在增值模型的试点阶段，通过与各利益相关者的充分沟通和深度参与，能够确保模型的科学性、公平性和适用性得到充分验证，也为模型的正式推广铺平道路，赢得广泛的社会认同，从而有效地促进教育系统的改进和优化。

四 培训与技术支持

试点项目有助于教育工作者熟悉和掌握增值模型的使用方法，为其提供必要的培训和技术支持。同时，也可借此机会评估培训材料的有效性，以及在大规模推广时所需的资源和服务。也就是说，试点不仅让教育工作者深入理解并实践增值模型，而且能有效地检验并优化培训体系和技术支持服务，为后续大规模推广应用奠定坚实基础。

应针对学校管理层、教师及其他教育相关人员提供增值模型的概念讲解、操作演示和实操练习，确保他们理解模型背后的理论基础、数据采集要求、分析方法及结果解读等内容，从而使其能够准确、恰当地应用模型评估学生成绩进步和学校教育成效。除知识与技能的培训外，还应提供配套的软件工具、数据分析平台及技术指导，帮助教育工作者处理和分析数据，生成增值评价报告。同时，对于可能出现的数据导入、模型运算、结果可视化等技术难题，应提供及时有效的解决方案和技术支持。

借助试点项目，对培训教材、手册、视频教程等资料进行实际检验，收集反馈意见，评估培训材料的适用性、易懂性和实效性，据此对培训材料进行优化，确保大规模推广时能满足所有使用者的需求。试点为评估大规模推广应用增值模型时所需的人力、物力、财力和技术支持提供了真实的参照。通过试点，可以前瞻性地规划在全面推广时所需的软硬件设备采购、网络平台搭建、培训师队伍组建、服务团队建设等资源，确保推广过程的各环节无缝对接并高效运行。

在试点过程中，重要的是要建立一个反馈和调整机制，确保能够及时总结经验、识别问题，并根据实际情况进行调整，这种持续的学习和改进是确保增值评价成功推广的关键。试点结束后应提交相关报告和建议，将所获得的发现、经验教训以及应对策略提炼成一套可操作的指南，为正式实施增值评价系统提供关键的监控与调整依据。

第三节 增值分析

一 增值评价的核心要义

增值评价借助一定的统计模型和分析方法，将对学生学业成绩有影响但又不受学校或教师控制的因素（如性别、家庭背景、先天能力等）分离出来，追踪学生在一段时间内学业成绩的增幅，用以分析学校或教师给学生成绩增值所带来的"净效应"。如图3-1所示，预测成绩代表了在非教师特征上相似的学生的平均成绩，实际成绩与预测成绩之间的差值则是教师带来的增值，是在学生可预期的正常成长之外由教育所带来的额外价值。学生实际后测成绩显著高于预测成绩，为正增值，意味着该校与教师有效促进了学生的成长与发展；学生实际后测成绩显著低于预测成绩，为负增值，反映出该校与教师在教育教学上所采用的教学策略和方法尚有欠缺；学生实际后测成绩等于预测成绩，为平均增值，处于区域平均水平①。需要注意的是，实际成绩等于预测成绩的零增值学校，不意味着该校在提升学生学业成绩方面没有增值，而是代表着增值的提高达到了预期。

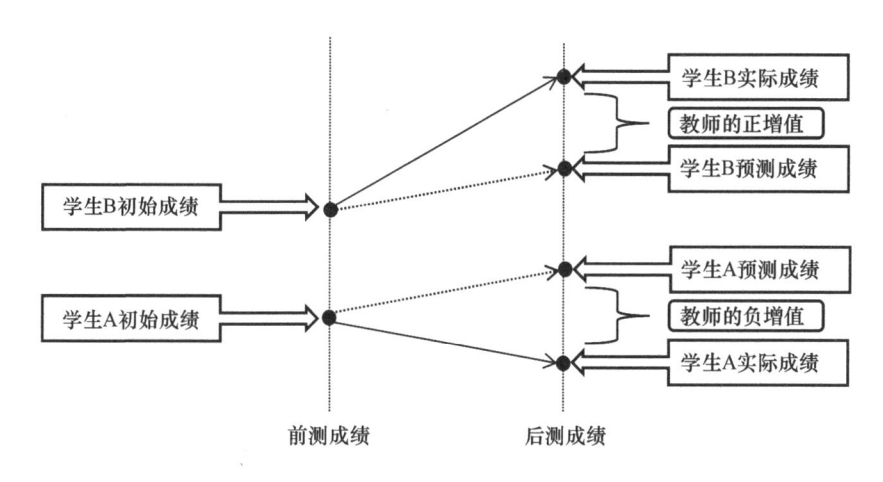

图 3-1 教师增值评价的概念图示

与传统结果评价相比，增值评价的要义在于"关注点"和"参照系"这两个根本变化点，其他则很可能都是附生价值。关注点的不同是指增值评价在于关注学生的进步，而不是他们的绝对成绩，这意味着评价的焦点是学生在一段时间内的表现变化，而不是他们在评价时的绝对水平。参照系的不同是指在进行增值评价时，可以选择不同的参照系进行比较，可以是全国性的常模，也可以是与学生起点水平相近的群体常模。基于低年级的考试成绩，将水平相近的学生归入同一群组，在高年级阶段评估学生成

---

① 朱丽华、王凯：《以增值评价助推区域教育高质量发展》，《中小学管理》2023 年第 7 期。

绩的增值时，参照的是同组标准，而不是全国统一标准。在实践中，可以通过以下方式进行：(1)根据学生入学时的水平将他们分成不同的等级或组别进行分组对比。(2)在一段时间内（如一个学期或一个学年）追踪每个学生的表现，并记录他们的进步。(3)在评价结束时，根据每个学生所属的起始等级，将他们的进步与同等级的其他学生进行比较，以评价学校或教师对学生教育增值的影响。

基于增值评价要义，可以发现增值分析的价值在于对学校教学效能形成客观公平的判断。它不仅以学生的考试成绩判定教学效能的高低，而且考虑了学生的"起点"与学习能力的提高。通过考虑学生的初始水平，增值评价提供了一种更为公平的评价方式，实现了"不比基础，比进步"的目标，特别是对于那些起点较低的学生来说，更具公正性。这一评价机制对于激励学生、教师以及学校持续努力具有积极意义。当学生看到他们的进步被认可时，其自我效能感会增强，这会激励他们继续努力并相信他们能够实现更大的成就。

二 增值分析的步骤

增值分析通过收集学生在特定教育干预之前的表现数据，基于此基线数据，使用统计模型来预测学生在没有特定教育干预的情况下预期的学习成绩，再收集学生在经过一段时间的教育干预后的实际学习成绩，通过比较学生的实际成绩与预期成绩，计算出增值分数。如果实际成绩高于预期成绩，则表明存在正向的增值；如果低于预期，则可能表明教育干预的效果不佳。

这涉及基线测试、成绩预测、终结测试、增值计算四个方面。基线测试是指学生入学时参加的基本学习能力的测试。它是增值评价系统的起点，提供了一个初始的、标准化的评估点，用于衡量学生在接受特定教育干预之前的水平，通过基线测试可以明确每个学生的起点水平。基线测试确保所有学生在接受评估时都使用相同的标准和方法，这有助于保证评估结果的公平性和一致性，使得增值分析的结果更加可靠。

成绩预测是指利用历史数据和算法模型预测学生未来的表现,有关模型的介绍和解释可参见第四章。在收集了学生的基线数据后,选择合适的算法模型,并在模型中控制其他可能影响学生成绩的变量,利用统计方法估计出学生在终结测试时自然发展所能得到的成绩,以此作为学生的预期表现。

终结测试是指在一个学习阶段结束后,用于评估学生的学习成果和进步程度的测试。通过与基线测试的结果进行比较,可以清晰地看到学生在该学习阶段中的成长和发展。例如,将学生的中考成绩和高考成绩分别作为增值分析的基线测试和终结测试。

增值计算是指根据基线测试成绩、人口统计和社会经济地位等各种因素将学生的终结测试成绩与预期成绩进行比较,终结测试成绩与预期成绩之间的差额被认为是学校或教师的增值。

从不同利益相关者的视角出发,增值分析为教育管理者、学校和家长提供了宝贵的信息。从教育管理者的角度来看,增值分析能够揭示学校在提升学生学习成绩方面的实际效果。通过分析结果,管理者可以识别出那些增值分数落后于平均水平的"薄弱"学校,并针对这些学校的弱势提供必要的帮助和资源,制定更加合理的资源分配方案,确保教育资源向更需要的地方倾斜。同时,还能帮助管理者总结和推广增值分数排名居前列的成功学校的模式,提升整个教育系统的表现。管理者还可以对现行教育政策的效果进行评估,为后续政策的改进与制定提供科学依据,从而实现教育政策的持续优化。

在学校层面,增值分析的结果为学校提供了自我检查和评估的机会。学校可以了解其自己在区域、地区乃至全国层面的具体位置,这有助于学校明确其自身的优势和不足,识别出影响学生学业成绩的关键因素,并据此制定改进措施。例如,如果发现某种教学模式未能有效促进学生的学业进步,那么可以引入新的教学策略,如项目式学习、混合式教学等。此外,还能帮助学校对自我改进的措施进行有效的追踪和评估,通过定期的增值分析,学校可以监测改进措施的效果,确保教育质量的持续提升。

对于家长而言，增值分析提供了一个清晰的视角，用以了解孩子所在学校能够给孩子带来的确切"增值"效应。增值分析结果能够让家长了解学校在整体教育质量中的状况，为家长选择学校提供重要的参考信息，还能激发家长参与到学校教育的监督中来。家长可以利用增值分析的结果与学校沟通，了解学校在提升教育质量方面的努力和成果，从而促进家校合作，共同推动学校教育的发展。

任何统计分析都可能存在偏差，增值评价也不例外，要结合其他评价方式谨慎使用增值评价的结果。任何单一评价都只能近似地反映被评价客体真实水平的侧面，增值评价对"净效应"的剥离和追求稳定性方面是比较理想化的。实际上，增值评价难以彻底排除被评价对象的所有不可控因素，因此无法完全获得一个纯净的"净"效应。过程评价关注教育过程中的动态变化，提供及时反馈；结果评价侧重于教育活动的最终成果，评估达成预定目标的程度；综合评价考虑多个方面，提供全面的教育质量评估；增值评价评估教育活动对学生进步的贡献，考虑学生的起点和发展。鉴于过程评价、结果评价、综合评价以及增值评价各有其独特的作用与局限性，打评价组合拳能够充分发挥各种评价方式的优势，实现评价的多元目标。

三 改进与监测

增值评价的核心并非让表现不佳的学生、教师和学校"翻身"，而是致力于借助科学测评，挖掘出真正高效的学习策略、教学方法和管理手段，从而有力地推动学生的全面发展、教师的持续改进以及学校的深度变革，因此要做好评价后的改进工作。持续的改进与监测是确保增值评价过程有效性和结果可靠性的关键步骤，要将评价结果应用于支持和改进教育实践，将增值评价系统获得的数据、分析结果转化为具体的教育实践措施，在理论成果转化为实践行动的过程中，通过系统性的反馈与调整机制，持续提升教育质量和效率。

根据数据分析结果，增值评价系统应为教师、学校或教育政策制订具体的改进计划，这可能包括：(1)教师专业发展。针对教师个体或群体的薄弱环节，提供有针对性的培训、指导和反馈，提升教师教学能力。(2)教学策略调整。根据学生学习需求和教学效果，优化课程设置、教学方法、评价方式等，提高教学效率。(3)教育资源配置。根据学校环境和学生需求，合理调配教学设施、师资力量、财政资金等资源。(4)政策修订与创新。根据增值评价结果，调整或出台新的教育政策，如绩效工资制度、学校问责制、特许学校政策等，推动教育系统改革。

对改进措施进行持续监测和评估是确保它们能够产生预期效果的重要步骤，要重点关注改进措施的效果是否显著，以及是否达到了预期目标。如果发现效果不佳或存在问题，需要及时分析原因，并制定相应的调整策略，这可能涉及对改进措施本身的优化，或者对实施过程中的某些环节进行调整。随着系统的逐步升级，定期验证模型的适用性，并考量数据变动的影响，也是极为必要的。

首先，我们需要定期确认模型是否仍适合当前的政策目标。政策目标往往会随着时间的推移而发生变化，因此增值分析模型也需要与之相适应。例如，如果政策重点从单一的学业成绩转向了更全面的学生发展，那么模型就必须进行相应的调整，以反映这种变化。通过定期评估模型与政策目标的契合度，我们可以确保增值分析始终能够为政策制定提供有力的支持。

其次，考虑现有数据变化的影响也是至关重要的。数据是增值分析的基础，而数据的质量和可用性往往会受到多种因素的影响。例如，数据收集方法的改变、样本规模的变化或新数据源的出现等，都可能对增值分析的结果产生影响。因此，我们需要密切关注数据的变化，并根据需要对模型进行调整，以确保分析结果的准确性和可靠性。尽管我们应尽量减少模型和数据的变化，以免过分影响不同时期结果的可比性，但在实际操作中，这往往是一个需要权衡的问题。一方面，过度的变化确实可能导致结果难以比较和解释；另一方面，如果不进行必要的修改，增值分析可能会失去其原有的价值和意义，我们需要在保持可比性和满足实际需求之间找到一个平衡点。

最后，需要将监测和评估结果及时反馈给相关人员。这有助于他们了解改进措施的实际效果，以便及时调整教学策略或管理决策。同时，也可以鼓励相关人员积极参与改进过程，提出宝贵的意见和建议。

增值评价并非一次性完成的任务，而是需要贯穿整个教育周期，进行持续性评价。如图3-2所示，在周期性评估的基础上，不断循环进行改进、监测、再改进，形成螺旋式上升的动态反馈和自我优化的机制。

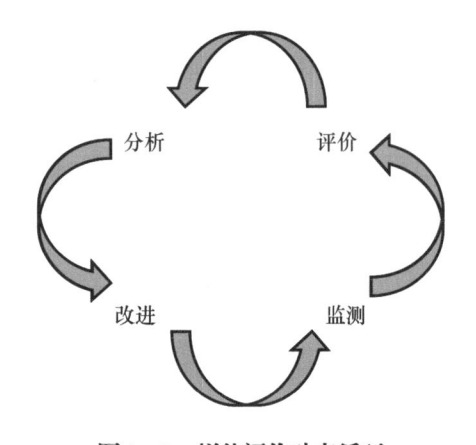

图3-2　增值评价动态循环

第四章 增值评价模型的介绍和解释

增值评价作为一种重要的评估手段，旨在衡量组织或项目在特定策略或干预下所取得的增值效果。在这个过程中，增值评价模型发挥着至关重要的作用。

增值评价模型为增值评价提供了科学的理论框架和方法指导。它是一种系统化、规范化的评估工具，它根据一定的理论假设和逻辑关系，构建了一套完整的评估指标体系和分析方法。这使得增值评价不再仅仅依赖于主观感受和经验判断，而是有了更加客观、准确的衡量标准。通过运用增值评价模型，我们可以更加科学地评估组织或项目的增值效果，从而为决策提供有力的支持。

第一节 增值评价模型概述

在增值评价过程中必不可少的就是增值评价模型，选择正确的增值评价模型可以帮助研究顺利进行，增值评价模型是增值评价的重要依据。增值评价模型是一种综合性的研究工具，可以提供一个客观、科学的衡量标准，用以评估组织或项目在特定时期内的增值情况。进行增值评价，必须掌握增值评价模型的选择和使用。

一 增值评价模型简介

(一) 增值评价模型的起源和发展

"增值"这一理念最初源于经济领域,用来描述通过投入资源以增加产品输出的效益。在教育领域,增值表示为学生成果与教育投入的差值,这一指标被用来衡量学生的成长水平和学校教育质量。而通过增值评价模型(Value-Added Model,VAM)可以估计各种教育投入对学生成绩的增值。

增值评价模型的开发起始于20世纪后期,随着增值评价的发展而逐渐走向成熟。增值评价的概念可追溯到20世纪中叶,当时美国的教育改革者开始审视教育投入与产出的关联性,以探究学校教育如何促进学生的发展。例如,James G. Astin 的输入—环境—输出模型(Input Environment-Output Model,IEO)为高等教育增值评价提供了理论基础,增值理念开始萌芽,增值评价开始进入人们的视野。此时增值评价模型的结构初见雏形,但还未形成正式的增值评价模型。到了20世纪70年代,随着美国高等教育的普及和教育质量的差异化,增值评价因其能够回应教育问责制的需求而得以实施。自20世纪80年代以来,研究者开始使用增值评价模型来进行教学效能评估。田纳西州的改革对增值评价产生了重要影响,该州于1992年实行了田纳西增值评价系统(Tennessee Value-Added Assessment System,TVAAS),并明确要求将 TVAAS 作为对教育者进行绩效评价的方法[①],这标志着增值评价模型在教育评价中的首次系统性应用。TVAAS 是增值评价模型在教育领域应用的先驱和典型案例,也是增值评价模型发展的里程碑。如今,世界各地的学校使用增值评价模型的越来越多。随着统计技术的进步,尤其是多层线性模型(Hierarchical Linear Model,HLM)和混合效应模型的发展,增值评价模型变得更加精细,能够更好地控制学生背景和其他非随机因素的干扰。到了21世纪初,许多国家和地区开始探

---

① 胡娟、徐鑫悦:《高等教育增值评价:缘起、争论及反思》,《复旦教育论坛》2022年第6期。

索和实施增值评价模型,以改进教师绩效评价和学校问责制度。增值评价模型的应用不断拓展,从单一的学生学业成绩增值评价,向与多主体相结合、多种评价方式互补的评价体系发展,形成了更为全面和多元的评价体系。

增值模型作为增值评价的基础,随着统计和计算机技术的进步而不断发展,已经从简单的线性回归模型演变为复杂的多层线性模型和混合效应模型,在方法上得到了不断进步,确保了在不同环境下对学生进步的公平比较,这也体现了对教育评价科学性和准确性的不断追求。

(二) 增值评价模型的作用

增值评价模型是一种统计分析模型,用以估计两个或两个以上时间点学校对学生实现教学目标或取得学业进步的贡献,它的一个显著特点是纳入了先前的业绩衡量标准,从而能够更准确地估计学校增值[1]。它还可以准确区分不同层面、不同因素对学生学业发展所起的作用,用于监测和评估学校和教育系统的其他方面。

增值评价模型是实施增值评价的基础和理论依据,也是核心,反映了教育评价中各因素的内在关系[2]。增值评价模型的建构都围绕准确估计教育效能展开,但由于模型的假设、模型处理教育评价问题的方法不同,模型应用的条件和模型的复杂程度有所差异[3]。总的来说,这些模型的基本思路都是:增值=输出值−输入值。这里的输入和输出通常指的是标准化测试成绩,对所有学校和学生使用相同的程序,再利用复杂的统计模型得出教师和学校的增值分数。在模型建构过程中,增值评价模型试图将学校本身(其人员、政策和资源)对学生学习的贡献分离出来,在没有进行随机实验的条件下,尝试模拟随机实验的优势,以准确评估教育干预的效果。由于学生往往不是随机分配到学校的,而是受地理位置和成本等因素

---

[1] OECD, *Measuring Improvements in Learning Outcomes: Best Practices to Assess the Value-Added of Schools*, Organisation for Economic Co-operation and Development, October 27, 2008.

[2] 王霞、毛秀珍、张丽:《教育增值评价:模型、应用及研究展望》,《教育学报》2023年第4期。

[3] 邓森碧、边玉芳:《教师效能增值模型的研究与应用》,《教育学报》2012年第4期。

的影响，这导致学校间的学生群体存在差异。因此，直接比较学校间的平均成绩或成绩增长可能会产生误导性结果。为了解决这个问题，在模型建构过程中，大多数增值模型采用复杂的统计方法，对成绩增长进行调整，以控制学生个体特征的差异。这种调整旨在消除学校间学生群体差异对评估结果的影响，从而更准确地衡量学校（包括其师资、政策和资源）对学生学习的具体贡献。

为了使增值评价能对教学效果进行准确、有效、可靠的衡量，每种模型都须包含三类功能：一是数据转换功能，实现对学生、课堂、学校的嵌套数据进行正确关联及关系参数化，将零散的数据重组为高质量、可用性强的评价证据。转换中可能存在的问题包括用于模型估计的数据量不足、信息缺失以及信息间关联方式的模糊。二是函数分析功能，为变量之间的因果效应建立教育学、统计学均可解释的关联规则，并以函数组形式展现出来。在分析中可能出现的问题包括部分变量可能具有随时间增强、减弱的延迟效应，以及难采集、未采集变量所带来的非均匀随机效应。三是效能输出功能，其目标是在一般环境中能稳定输出残差值，输出具有低误差的结果。目前已经有了大量的增值评价模型，在使用前需要对模型的原理、特点、使用条件和应用情况进行系统的梳理、分类、对比和分析，确定模型的功能作用。因此，理解增值模型的建构思路、厘清模型之间的区别与联系、掌握模型的应用情况、把握增值评价的研究进展对深入开展增值评价的理论和实践研究都具有重要意义。

增值评价模型的意义在于推动教育领域的科学化、规范化发展。优良的学业评价可以诊断、调整、导向、激励、管理教育活动，促进教育事业的发展。从这个过程来说，实施增值模型系统应被视为达到目的的手段，而不是目的本身[1]。如何使用增值评价应在不同的教育系统之间有所不同，在开发增值模型系统时应先了解这些差异，然后再做出决定和采取行动。因此，研究过程取决于学校增值分数的预期用途和如何使用，以实现特定

---

[1] OECD, *Measuring Improvements in Learning Outcomes: Best Practices to Assess the Value-Added of Schools*, Organisation for Economic Co-operation and Development, October 27, 2008.

的政策目标。正确地使用增值模型有助于详细地分析学校的改进情况，更好地解释未观察到的因素，追踪学生的学习，随着时间的推移，形成增值模型，提供一个可以快速反映学生进步情况的直观图。通过对学生学业发展的全面、深入分析，模型能够帮助教育者更好地了解学生的学习状况和需求，从而制订更科学、更合理的教学计划。同时，模型的应用也有助于提高教育的公平性和效率，促进教育资源的合理分配和优化利用。

(三) 增值评价模型的优势

增值评价模型具有客观性和科学性。增值评价模型是增值评价最重要的技术工具和测算方法，它的一个显著特点是纳入了先前的成绩衡量标准，将实际的成绩与其加以对比，从而能够更准确地估计学校对学生进步的贡献。通过特定周期内学生的考试成绩，计算学生的学习进步程度，在此过程中能够排除无关因素的干扰以及控制外部因素，描述并分析教师在学生进步上的贡献程度。复杂的增值模型还能够分析和解释学生特征的差异以及教师和学校的影响因素。这些模型由简单到复杂，更加科学客观，能够更准确地反映学生的学业进步情况，减少了传统评价方式可能出现的误差和偏差。

增值评价模型易于操作和理解。一些增值评价模型相对简单，例如多元线性模型，其结构简单，仅测量学生层面的结果，将学生的成绩进行先后的收集分析和对比，不需要再加入其他数据，易于教育工作者理解和操作。这有助于在学校层面快速推广和应用该模型，使得教师和学校管理者能够及时调整教学策略，以促进学生的进步。

增值评价模型具有诊断性和指导性。增值评价模型的评估结果除能够测量学生的进步情况外，还能够提供关于教学效果和学生学习过程的详细信息，深入剖析各种因素对学生学业发展的影响。多层线性模型将数据分为各个层面来进行分析，避免了信息之间的相互干扰，还扩展到其他教育成果如学生的社交能力、创新能力和领导力等方面，有助于教师和学校管理者识别和解决教学中的问题，准确地分析各个层面所带来的影响，得到更精确的分析，诊断出具体的优势和不足，不断改进教育实践，为学校提供改进教育教学的具体方向。

二 增值评价模型的使用

（一）增值评价的方法

增值评价的方法是实施增值评价所采用的操作步骤和技术手段，包括如何收集数据、如何进行分析、如何解释和应用，选择正确的增值评价方法可以更准确地对教育的效果进行增值评价。

增值评价所使用的评价方法，其中，最简单的是将原始的分数进行简单的处理，如原始分数、标准分数这样的对所测得的成绩进行直接比较的纵向比较方法。这些方法的操作步骤比较简单，通过计算数据的原始差值来获得增值分数，标准分数的比较更为全面，它考虑到了不同测试的难度值以及参与群体的差异等因素，但原始分数的比较在实际应用中是最常见的。这两个比较方式虽然使用起来很方便，但是还不能够体现出多方面因素所带来的影响；还有基于位次的纵向比较方法，主要是通过比较学生或学校在两次测试中的排名、百分等级等数据来进行评价，排名的比较可以较为直观地看到学生在整体中的相对位置和进步情况，但由于过于强调结果而忽视了学生的成长发展。百分等级法试图解决这一问题，将评价的重点放在过程而不是结果上，可以更全面地了解学生的进步情况和增值空间；也有将增值评价的成绩进行描述的统计评价，这类评价主要包括获得分数模型和学生成长百分位模型，这类评价方法评估的是学生的相对进步情况，避免了高分和低分成绩的直接比较，更为客观。另外还有将成绩进行线性回归模型建模进行分析的，例如多元线性分析以及多层线性分析模型，它们纳入了更多层面的相关数据进行评估。这些测量的模型可以有效地辅助研究者依据所要解释的变量，包括学生的因素、教师和学校的相关因素来进行模型选择和建模，使教育的评价不仅仅局限于学生的成绩上。增值模型提供了比基于原始分数的措施更准确的衡量学校表现的措施。

（二）增值评价的模型需要考虑的条件

增值评价模型的建立需要确定好数据，选择模型相应的变量，确定好

第四章 增值评价模型的介绍和解释

测量哪些学校和变量。增值评价分析的基础是大量的学校考试数据,对应采用的增值模型要求将这些考试数据加以收集和组织。数据中至少包含每个学生就读的学校、至少连续两年的标准化考试成绩以及其他背景信息。这些数据所起的作用类似于回归中的残差,它们代表了学校教学结果(学生的平均分)中的一部分。跟残差一样,这些数据的平均值为零。某一特定学校的数值反映了该校学生学习进步情况与所有参评学校的学生平均进步之间的差异,这些数值是对学校增值效果的评估。例如,假设分析的重点是学生在某次考试中的表现,通过构建,学校的平均剩余增值估计为零。因此,正的增值估计意味着相应学校的贡献似乎高于平均水平,而负的增值估计数则意味着相应学校的贡献似乎低于平均水平。不过,在后一种情况下这样一所学校的学生也有可能在研究期间实现了积极的成绩增长[1]。

增值评价模型需要考虑所选用的学校。增值是相对确定的,不是一个固定的值,它的估计值取决于研究中所包含的学校。增值评价模型主要是通过比较学校间学生的特征来解释不同学校在教育成果上的差异。拟合模型及其能否成功解释结果上的差异取决于所采用的学校数据。使用不同学校的数据将会采取不同的拟合模型,最后得到的实际结果会根据模拟预测结果(即平均结果)之间的差异来表示学校的增值,因为增值评价模型测量的是学生无法解释的结果部分。以这种方式界定的增值评估值只是回归模型的残差,学业成绩指标的概念是针对特定的学校集合而定义的,这与传统的基于分数增长的指标来评定学生增长的方法形成了鲜明对比。但在解释增值结果时必须注意的是,在许多增值模型的应用中,重点集中在那些评估所得到的贡献与平均值有很大差异的学校(即非常高分的学校和非常低分的学校)上,为此,大多数增值模型还可以生成学校增值估计的标准误差,增加估计值与其标准误差的比率可以用来确定学校估计值是否与平均值有统计上的显著差异。在使用过程中,统计意义应与实际重要性加

---

[1] OECD, *Measuring Improvements in Learning Outcomes: Best Practices to Assess the Value-Added of Schools*, Organisation for Economic Co-operation and Development, October 27, 2008.

以一并考虑。

三 增值评价模型单层与多层分析

增值评价模型中的单层分析和多层分析是两种不同但互补的分析方法，各自具有其独特的特点和应用场景，共同构成了增值评价模型的完整分析框架。

单层分析是增值评价模型中最基础的分析方法。它主要关注单个层面（如学生层面或学校层面）的数据，通过收集和分析这一层面的数据来评估学业增值情况。在单层分析中，研究者通常使用描述性统计、相关性分析或回归分析等方法来探究该层面上各因素与学业增值之间的关系。例如，在学生层面的单层分析中，研究者可以分析学生的个人特征（如性别、家庭背景等）与学业成绩之间的关系，以了解哪些因素对学生个体的学业发展具有显著影响。

多层分析，又称多水平分析，则是一种更为复杂但更具综合性的分析方法。它考虑到不同层面（如学生、班级、学校等）之间的嵌套关系，并试图揭示这些不同层面的因素如何共同影响学业增值。在多层分析中，研究者使用多层线性模型等统计技术，将不同层面的数据整合到一个分析框架中，以探究各层面因素之间的相互作用及其对学业增值的联合效应。通过多层分析，研究者可以更深入地理解学业发展的多层次、多维度影响因素，从而为教育实践提供更有针对性的建议。

单层分析和多层分析在增值评价模型中各有优势。单层分析简单易行，能够迅速揭示单一层面上的影响因素；而多层分析则更为全面和深入，能够揭示不同层面因素之间的复杂关系。在实际应用中，研究者可以根据研究目的和数据特点选择合适的分析方法。同时，也可以将单层分析和多层分析相结合，以获得更全面、更深入的学业增值评价结果。单层分析和多层分析是增值评价模型中两种重要的分析方法，具有不同的特点，都是增值模型中重要的参考依据，它们相互补充，共同为评估学业增值情况提供有效的分析工具。

增值评价模型依据统计方法分类可以分为基于描述统计分析的统计模型、基于最小二乘法回归分析（将学生或学校层面的各种影响因素纳入统计模型中加以分析）以及多水平分析模型（通常将学生水平作为第一层，将学校水平作为第二层）的拓展变式。本章将增值评价模型从基于统计描述、基于多元回归、基于多层线性模型及其拓展模型来介绍相关增值评价模型及其特点和使用方法，并阐述它们的一些差异，说明了如何根据具体问题选择合适的建模程序。后面还会讨论模型特征在不同程度上如何影响这些模型，以及每个模型的优点和缺点。

第二节 基于最小二乘法线性回归的增值模型

线性回归是一种统计学方法，用于描述和估计一个因变量和一个或者多个自变量之间的关系。这种模型假设因变量与自变量之间存在线性关系，即因变量的变化可以通过自变量的线性组合来预测。

线性回归模型在增值评价中的使用始于20世纪70年代。当时，学者开始探索如何更准确地估计个体或群体的变化情况。1970年，学者提出了对"变化"进行估计的不同程序，并扩展了 Frederic M. Lord 提出的方法以获得更精确的估计。到了1982年，增长曲线方法被用于测量变化，这标志着线性回归模型在处理时间序列数据方面的应用开始得到关注。

随后，1987年，学者进一步发展了层次线性模型（HLMs），这些模型能够整合多个时间点的数据，用于研究个体成长的结构和变化因素，以及评估实验或准实验条件下的操作效果。这一时期，线性回归模型的理论基础得到了显著加强，特别是在统计学和计量经济学领域。

进入21世纪，线性回归模型在教育增值评价中的应用变得更加广泛和深入。例如，2000年，学者探讨了在多变量生长曲线模型中改变时间尺度的影响，这表明了模型在处理复杂数据结构时的灵活性和适应性。近年来，随着数据科学和大数据技术的发展，线性回归模型在增值评价中的应用也越来越侧重于处理嵌套数据和考虑群体间差异。例如，2020年，学者探讨了多水平线性分位数回归模型在教育增值评价中的应用，该模型能够充分考虑群体间差异，对学生能力进行合理预测[1]。

线性回归方法是教育增值评价技术上的一大进步，与只考虑学生学业成绩的平均值的评价方法（原始分数、标准分数）相比，线性回归法能够将学生层面的其他影响因素或者学校层面的影响因素纳入分析方法中。模型会考虑学生的先前成绩、个人背景（如家庭社会经济地位、性别等），以及其他可能影响学业成绩的因素。通过控制这些变量，隔离和估计学校或教师对学业进步的独立影响，用于分析和解释学生学业成绩的变化，特别是在控制了学生的初始水平和其他相关变量之后，学校或教师对学生学业成绩进步的贡献。这种方法可以帮助教育研究者和决策者更准确地理解教育干预的效果，从而提高教育质量和效率。

线性回归方法在增值评价中的优势在于其能够提供关于学校或教师效能的定量评估，有助于识别最有效的教育实践。然而，这种方法也面临着挑战，包括确保数据质量、正确识别和测量所有相关变量以及解释复杂的统计结果。此外，线性回归模型假设变量之间的关系是线性的，这可能不适用于所有情况，特别是在学生学习过程和成果非常复杂多变的教育环境中。

线性回归方法，特别是多层线性回归模型，在增值评价中提供了一种强有力的工具，用于评估教育干预的效果。通过考虑学生的初始水平和其他相关变量，这些方法可以帮助教育工作者更公平、更准确地评价学校的效能，并指导教育实践的改进。在实际研究中，为了确保评价结果的有效性，必须仔细设计研究、准确测量变量，并适当解释统计分析的结果。

基于线性回归方法的优势，线性回归模型在增值评价中得到了广泛的应用，尤其是多元回归模型和多层线性模型。通过多元回归模型可以了解多个影响因素对因变量的影响，考虑到了更多的相关变量；通过多层线性

---

[1] 周园、刘红云：《教育增值评价中嵌套数据增长百分位估计方法探析：多水平线性分位数回归模型的应用》，《中国考试》2020年第9期。

第四章 增值评价模型的介绍和解释

模型则可以评估具有嵌套结果的多层数据，方便解决复杂数据问题，更全面地评估学生的学业成长和学校的发展效果。为了解线性回归模型，下面将从最基础的最小二乘法回归开始介绍，逐渐拓展到多层线性模型。

一 最小二乘法回归（Ordinary Least Square，OLS）

在拟合线性回归模型进行参数估计时，最常用的是最小二乘法。最小二乘法的基本思想是选择模型参数，使得模型预测值和实际观测值之间的差异（即残差或误差）的平方和最小。

模型公式为：

$$y_i = \beta_0 + \beta_1 x_i + r_i \tag{4.1}$$

其中，y_i 为因变量，x_i 为自变量；β_0 通常称为截距，它定义了当预测变量设置为零时响应变量的值，即当 $x=0$ 时的 y 值；β_1 为回归系数，它定义了响应变化与预测变量变化的比率，即 x 对应的 y 的响应参数；r_i 为残差，r_i 表示具有共同方差的独立正态分布偏差。

在实际应用中，最小二乘法可以帮助理解变量之间的关系，预测未来的数据，以及评估某些因素对结果的影响。

应用最小二乘法，能够实施针对单个学生或整个学校的评估。然而，这种方法的局限性在于它无法同时兼顾学生个体和学校层面的影响因素。当专注于学生层面的特征时，它可能会忽视学校层面的作用；反之，如果着眼于学校层面的因素，学生个体间的差异可能就会被忽略。特别是在处理非线性关系、异常值或不满足正态分布假设的数据时，最小二乘法会受到限制。此外，最小二乘法假设模型中的误差项是独立且同分布的，这在实际应用中不可能总是成立。

二 残差模型

残差模型是基于线性回归原理构建的一种统计模型，其核心在于通过比较实际观测值与模型预测值之间的差异（即残差）来评估模型的拟合效果。在线性回归框架下，残差模型通过最小化残差平方和来估计模型的参数，从而实现对数据的最佳拟合。

在学生成绩分析中，残差模型通常用于比较学生两次或多次测试之间的成绩变化。通过建立线性回归方程，可以根据学生前一次测试的成绩预测其在后一次测试中的成绩[①]。然后，将实际成绩与预测成绩进行比较，得到的差值即为残差。这个残差值可以反映学生成绩的进步或退步情况，学生实际取得的成绩与预测期望达到的成绩之间的差异，从而帮助教育者更好地了解学生的学习状况。

残差模型基于线性回归方法，原理简单易懂，计算过程也相对简便。同时，通过直观的残差值，可以方便地了解学生的成绩变化情况。能够有效地评估学生的成绩进步情况，尤其是对于那些成绩波动较大的学生，残差模型能够提供更为准确的评价。

残差模型的基本公式为：

$$y_i = \beta_0 + \beta_1 x_1 + \beta_2 x_2 + \cdots + \beta_{i-1} x_{i-1} + r_i \tag{4.2}$$

其中，y_i 为受试者在第 i 次测量中的响应变量；β_0 为截距；β_1、β_2……为回归系数；x_1，x_2……为学生在第1、2……测试中的分数或其他特征向量；r_i 为残差，即为教师在第 i 次测试时表现出的增值效能。

残差模型依赖最小二乘法进行估算，它通过比较学生的当前成绩与基于历史数据和同年级学生平均成绩的预期成绩来衡量学生的增值。这种方法不仅考虑了学生过去的学业表现，还可以纳入其他个体或学校层面的因素，以提高增值分析的准确性和敏感性。多元化的分析有助于揭示不同因素对学生学业成绩的影响，从而为教育决策提供更全面的信息。

在使用残差模型时，需要注意模型可能会高估学生的增值成绩。这可能是因为模型未能充分考虑所有影响学生成绩的因素，只专注于学生层面或是学校层面的残差分析，或者是因为模型对某些变量的估计存在偏差。因此，在解读残差模型的结果时需要谨慎，应结合实际情况和教育实践进行综合评估。

---

① 张辉蓉、刘丹:《基于改进的学生学习增值评价的模式构建及应用研究》,《中国考试》2023年第6期。

三 多元线性模型

多元线性模型是一种统计学上常用的回归分析方法,用于探究多个自变量与一个因变量之间的关系。它用实际测量值与模拟测量值之间的残差来判断学生的增值情况,也就是最终结果与期望结果之间的差值,该残差值则表现为学生在学业上所取得的"增值"。在多元线性模型中,研究者假设因变量是多个自变量的线性组合,并通过最小二乘法等方法来估计这些自变量的系数,从而得出一个可以预测因变量的线性方程。

具体来说,多元线性模型的形式如下:

$$y_i = \beta_0 + \beta_1 x_{i1} + \beta_2 x_{i2} + \cdots + \beta_k x_{ik} \tag{4.3}$$

其中,y_i 是响应变量;x_1、$x_2 \cdots x_k$ 是自变量;β_0 是截距项;β_1、$\beta_2 \cdots \beta_k$ 是各自变量的系数[1]。

通过回归分析,我们可以估计出这些系数的值,从而了解每个自变量对因变量的影响程度。

多元线性模型具有以下优点:

能够同时考虑多个自变量对因变量的影响,从而更全面地揭示变量之间的关系;可以通过系数的正负和大小来判断自变量对因变量的影响方向和程度;可以进行假设检验和置信区间估计,从而评估模型的可靠性和稳定性;它不仅能够考虑学生学业的成绩水平,还涵盖了影响学生学业成绩的其他一些额外变量,如家庭社会经济地位、学生的学习基础或者学校层面的因素等。其不足也较为明显,它不能同时兼顾学校和学生两个层面,因此在进行实际教育评价分析中可能会存在问题。

在实际应用中,多元线性模型可以根据具体的研究问题和数据特点进行调整和优化,例如通过引入交互项、非线性项或进行变量筛选等方法来改进模型的拟合效果和解释能力。在教育领域,多元线性模型可以被应用于增值评价中,通过综合考虑学生的背景信息、教学方法、教学资源等多

---

[1] Leona S. Aiken, Stephen G. West, and Steven C. Pitts, "Multiple Linear Regression", *Handbook of Psychology*, Second Edition, 2012, p. 512.

个因素来评估教师的教学效果或学生的学业进步情况。这有助于更准确地揭示教学过程中的各种因素对学生学业成绩的影响,为教育改进提供有力支持。

多元线性模型也有一些限制和假设条件:自变量和因变量之间应存在线性关系。如果关系是非线性的,则模型可能无法准确拟合数据。自变量之间不应存在严重的多重共线性。如果自变量之间存在高度相关性,则会导致模型估计的不稳定。模型的残差应满足正态性、独立性和方差齐性等假设条件。否则,模型的估计结果可能不准确。

四 多层线性模型

线性回归模型能够将学生层面的其他影响因素或者学校层面的影响因素纳入分析方法中。多层线性回归模型是线性回归在增值评价中的一种更复杂的形式,它能够处理数据的分层结构。例如,将学生嵌套在学校中。多层线性模型通过分离并分析不同层面(如学生个体、班级、学校等)的变化来源,可以同时估计学生层面(如个人能力和家庭背景)、班级环境(如班级氛围、教师教学质量等)以及学校层面(如学校资源和教学质量)的因素对学生成绩的影响,帮助教育者识别哪些因素对学生的学业增值产生了显著影响。多层线性模型通过比较不同学校和班级之间的差异,能够揭示出哪些教育实践或资源投入对学生的学业进步有积极作用。与多元线性模型相比,多层线性模型能够处理嵌套数据结构,即考虑到将学生嵌套在班级中,班级又嵌套在学校中的层级结构。

此外,多层线性模型还能够考虑到不同层级之间的交互作用。例如,它可以分析教师教学质量在不同学校环境下对学生学业成绩的影响是否存在差异。这种交互作用的分析有助于更深入地理解教育现象,并为教育决策提供更为精准的依据;有助于教育者更全面地了解教育过程中的各种因素,为改进教育实践和提高教育质量提供有力支持。

线性回归模型是建立在变量之间线性关系假设基础之上的,同时假定数据整体遵循正态分布,具有等方差性,并且各个观测值之间的误差是相互独立的。虽然前两个条件相对容易满足,但等方差性和误差独立性假设在实际应用中往往难以达成。例如,在分析不同班级学生的表现时,我们可以认为不同班级的学生之间是相互独立的,然而,同班学生由于受到共同的班级环境因素的影响,他们之间的误差就难以保持独立。为了解决这一问题,在进行数据分析时,我们需要将传统回归分析中的误差项拆分为两部分:第一部分是由于第一层级——个体差异所产生的误差;第二部分则是由第二层级——班级差异所产生的误差。通过这种分解,我们可以假设,在第一层级的个体测量误差是相互独立的,同时,第二层级的班级误差在不同班级间也是相互独立的[1]。

为了帮助理解,我们可以将较低层次的单元视为个体,而将较高层次的单元视为群体。在两级层次模型中,为每个第二层单元(如学校)分别开发出单独的第一层模型(如学生)。这些模型也被称为单元内模型,因为它们描述了在单一群体(如学校)背景下的效应。它们采用为每个个体 i 开发的简单回归的形式。

这个简单的线性回归公式如下:

$$y_{ij} = \beta_{0j} + \beta_{1j}X_{ij} + r_{ij} \quad (4.4)$$

y_{ij} 代表嵌套在第 j 个第二级单元内的第 i 个第一级单元的因变量;X_{ij} 代表第一单元的预测值;β_{0j} 代表第 j 个二单元的截距;β_{1j} 代表第 j 个二级单元相关的回归系数;r_{ij} 代表嵌套在第 j 个第二级单元内的第 i 个第二级单元相关联的随机误差。

在不同的测试样本中,这些变量可以依据具体的情况进行重新定义。

在采用多层线性模型分析数据时,以不同观测时间下的追踪结果为第一层数据,以不依时间变化的个体特征或所接受的处理为第二层数据,形成两层或多层数据结构。

以两层模式为例,介绍多层线性模型的完全模型。完全模型有三个基本公式:

---

[1] 方杰、张敏强、邱皓政:《基于阶层线性理论的多层级中介效应》,《心理科学进展》2010年第8期。

第一层：
$$y_{ij} = \beta_{0j} + \beta_{1j}X_{ij} + r_{ij} \tag{4.5}$$

第二层：
$$\beta_{0j} = \gamma_{00} + \gamma_{01}W_j + u_{0j} \tag{4.6}$$

$$\beta_{1j} = \gamma_{10} + \gamma_{11}W_j + u_{1j} \tag{4.7}$$

其中，X_{ij}是第一层回归方程的预测变量，代表第i个观测对象在第j个观测时间中自变量x的取值；W_j是第二层回归方程的预测变量；r_{ij}代表第一层回归方程的随机效应，即残差；γ_{00}、γ_{01}、γ_{10}和γ_{11}是第二层回归方程的系数，分别是β_{0j}和β_{1j}的平均值，是β_{0j}和β_{1j}的固定成分；u_{0j}和u_{1j}分别是β_{0j}和β_{1j}的随机成分，表示第二层单位之间的变异，其方差和协方差表述如下：

$$Var(u_{0j}) = \tau_{00} \tag{4.8}$$

$$Var(u_{1j}) = \tau_{11} \tag{4.9}$$

$$Cov(u_{0j}, u_{1j}) = \tau_{01} \tag{4.10}$$

将方程（4.6）、方程（4.7）代入方程（4.5）中，可以得到：

$$Y_{ij} = \gamma_{00} + \gamma_{10}X_{ij} + \gamma_{01}W_j + \gamma_{11}X_{ij}W_j + u_{0j} + u_{1j}X_{ij} + r_{ij} \tag{4.11}$$

与大多数统计模型一样，多层线性模型的一个重要假设是，所有模型中水平一的残差r_{ij}都遵循均值为0、方差为的正态分布。这适用于使用连续结果变量的任何一层模型。在第二层模型中，第一层回归系数（β_{0j}和β_{1j}）被用作结果变量，并与每个第二层的预测变量（自变量）相关。

在通常情况下，需要先计算跨级相关（Intraclass Correlation，ICC）来确定是否需要对群体层面的影响因素进行计算，计算结果得到Y的变异有多大比例是由第二层变量引起的。ICC是组间变异和总变异的比值，当ICC＞0.059时，代表组间存在差异，需要建立多水平模型进行分析[1]。其公式如下：

$$ICC = \tau_{00}/(\tau_{00} + \sigma^2) \tag{4.12}$$

---

[1] 章勇、邹良、刘先发：《新高考增值评价两种模型估计效果的比较研究》，《中国考试》2023年第9期。

计算 ICC 值，首先要建立一个零模型，可以不加入预测变量，考察随机误差项的方差是否足够大（用 χ^2 检验），然后加入预测变量，或逐步加入预测变量，以考察决定系数（R^2_{change}）的增加量。

第一层：

$$y_{ij} = \beta_{ij} + r_{ij} \tag{4.13}$$

$$Var(r_{ij}) = \sigma^2 \tag{4.14}$$

为组内方差。

第二层：

$$\beta_{0j} = \gamma_{00} + \mu_{oj} \tag{4.15}$$

$$Var(\mu_{0j}) = \tau_{00} \tag{4.16}$$

为组间方差。

零模型是统计分析中不可或缺的一个步骤，它主要用于判断是否有必要将第二层级的变量纳入模型中，以更全面地解释第一层级回归系数的变异。通过拟合零模型，研究者可以识别出数据中的层次效应，从而决定是否需要采用分层模型来更准确地捕捉和解释数据中的复杂关系。

多层线性模型的使用条件是数据应该表现出明显的层次或嵌套结构，例如将学生嵌套在班级中，将班级嵌套在学校中等。在个体层的观测应该是相互独立的，或者可以合理地假设为独立。每个层次上都需要有足够的样本量，尤其是组别层的样本量（如班级数量）需要足够以进行有效的统计推断。因此，多层线性模型能够处理复杂的数据结构，允许研究者同时考虑个体层面和群体层面的因素。通过考虑数据的层次结构，多层线性模型可以提供更准确的参数估计。

第三节 基于描述统计的增值评价模型

基于描述统计的方法主要包括获得分数模型（Gains-Score Model，GSM）和学生百分等级增长模型（Student Growth Percentile，SGP）。获得分数模型属于多层分析，获得分数模型是计算前后两个时间点原始分数的绝对变化，将两次测试所得到的分数变化与相应的教师联系起来。成长百分等级增长模型属于单层分析模型，是通过分析学生分数排名在原先同类学生中位置的相对变化来评估个体的成长。这两种评价模型基于学生分数的相应变化就能看出学生的增值情况，并直接得到教师或者学校在学生学业增长上所起的作用。

一 获得分数模型

获得分数模型通过选取学生两个时间点上所取得的成绩并计算其绝对差值，得到学生的学业所取得的进步。不同时间点的测试内容、难度等都不相同，所以不能够直接用原始分数进行计算。获得分数模型首先需要将不同的两次测试成绩进行等值处理，使它们能够进行相加减的运算，最后对等值得到的结果进行求差即得到学生的增值分数。

将两次成绩的增值分数作为评价指标，可以将班级两次成绩差值作为因变量，将班级的固定效应或随机效应作为评价指标，模型公式如下所示：

$$d_{ij(t+1)} = y_{ij(t+1)} - y_{ijt} \quad (4.17)$$

学生层：
$$d_{ij(t+1)} = \beta_{0ij} + \varepsilon_{ij} \quad (4.18)$$

教师层：
$$\beta_{0ij} = \gamma_0 + \xi_j \quad (4.19)$$

假设 ε_{ij} 与 ξ_{ij} 相互独立，且 $\varepsilon_{ij} \overset{iid}{\sim} N(0, \sigma_\varepsilon^2)$，$\xi_{ij} \overset{iid}{\sim} N(0, \sigma_\xi^2)$

其中，i 代表学生；j 代表教师或学校；t 代表第几次测试；y_{ijt} 代表学生在第 t 次测试中的测试分数；$d_{ij(t+1)}$ 代表 t 到 $t+1$ 年内的学生增值分数；γ_0 为班级层均值；ξ_j 为班级层的随机效应值，代表教师效能[①]。

获得分数模型通过直接计算学生的后测成绩与前测成绩之差，考虑了学生的先前学习经验，从而量化评估学生的学业进步。该模型利用具体的分数变化，客观反映学生在一定时间学习期间的成效，可以有效评价学校

---

① 邓森碧、边玉芳：《教师效能增值模型的研究与应用》，《教育学报》2012 年第 4 期。

或教师对学生学业成就的影响，减少主观评价可能引发的误差。

此外，获得分数模型展现出了其灵活性和可定制性。根据不同教育需求和评价目标，该模型可以相应调整和优化，以适应多样化的教育评价场景，如不同学科、年级或学校。模型的设计直观简单，评分结果易于理解，使得教育工作者、学生及家长都能轻松把握。同时，模型的操作简便，无须复杂的统计知识，降低了实施评价的难度和成本。

然而，尽管获得分数模型具有上述优势，但它在实际应用中也面临着一些局限性和挑战。模型构建常基于一系列假设，如学生起始水平一致、教师教学方法相同以及先前教育影响等同，这些假设在现实教育场景中往往难以完全满足，可能会造成模型预测的偏差。因此，在运用该模型评估学校效能时，可能需辅以其他评价指标，以增强评价的全面性和准确性。

二　学生成长百分等级模型（Student Growth Percentile，SGP）

学生成长百分等级模型，是一种通过对"学业同伴"成绩的比较，计算出学生在这一与其自己水平相近群体中百分等级的一种增值评价模型。

学生成长百分等级模型通过对学生连续两年的学业成绩进行比较，排除了数据缺失的情况，并在一个统一的学生群体内进行分析。该模型采用分位数回归方法，对历史上学业成绩相当的同水平学生群体进行对比，以此确定每个学生的进步水平。由于最初在科罗拉多州得到应用，SGP模型有时也被称作"科罗拉多模型"。此模型通过评估学生在与其学业成绩相近的同伴群体中位置的变化，来衡量学生的成长增值，展现出较高的灵活性，并在美国的学校和教师增值评价中得到了广泛应用。

该模型在分位数回归的基础上，对学生多次测验成绩进行分析，模型假设与考生前期学业水平相同的学业伙伴在当前学业测试中所得分数呈正态分布，因此也被称为正态模型。常规的线性回归基于最小二乘法进行分析，存在线性假设和方差齐性假设；但分位数回归不包含上述强假设，能够解决最小二乘法易受极端值影响、随机误差方法不恒定等问题。与线性回归仅能求出一条回归曲线不同的是，分位数回归模型能够根据所关注的

不同的分位数,拟合每条分位数回归曲线,其计算公式为:

$$Q_y(\tau \mid x) = \text{argmin} \sum_{i=1}^{n} \rho_\tau (y_i - x'_i \beta) \quad (4.20)$$

其中,τ 表示某一百分位数,取值范围为 0.01—0.99,每 0.01 为一个单位;y 表示第二次测试成绩;x 表示第一次测试成绩;β 表示回归系数;i 表示第 i 个样本;ρ_τ 表示分段线性损失函数,其计算公式为[1]:

$$\rho_\tau(u) = u \cdot [\tau - 1(u<0)] = \begin{cases} u \cdot \tau, & u \geqslant 0 \\ u \cdot (\tau - 1), & u < 0 \end{cases} \quad (4.21)$$

学生成长百分位模型基于学生之前的学业成就来估计当前成绩的条件分布,即在同类学生群体中,其成绩所处的条件百分位是其成长百分等级。

分位数回归估计方法是基于 SGP 估计思想最常用的估计方法,其算法可以在 R 软件中实现,因而操作简便,且估计结果的解释易于理解。

SGP 不是将学生的测试成绩与全部被测学生中的排名来进行比较,而是将第一次测试中学业水平成绩相同的学生作为一个"群体",将学生第二次的分数与第一次相同的"群体"进行对比判断,判断学生第二次测试分数在"群体"中所处的位置,第二次学生取得成绩在"群体"中所处位置即为学生的百分等级,百分等级可以为 1—99,数字越大,表示该学生经过某段时间的学习,进步越大。假如,在第一次测试中有 1000 名学生,其中有 50 名学生取得相同的成绩,则可以把这 50 名学生看作一个"群体"。某位学生经过一段时间的学习以后,在"群体"中排名是第 20 名,所取得的成绩超过了"群体"中 60% 的同伴,则其百分等级为 60,这名学生在学业上取得了进步。若测试分数所处位置低于 50%,则说明该学生在该段时间内的学习可能存在一些问题,甚至可能出现退步现象。SGP 模型有效转变了已有考试评价对学生分数的过度重视倾向,提供了对学生学业进步和发展的新视角。

---

[1] Damian Betebenner, "Norm-and Criterion-Referenced Student Growth", *Educational Measurement: Issues and Practice*, Vol. 28, No. 4, December 2009, p. 42.

成长百分等级模型的优势在于其受极端值和异常值的影响较小。SGP模型可以应用于学生成长的预测和评估统考学科的教师效能。它帮助学生了解他们自己在相似学业水平群体中的位置，激发其学习动力，同时也为教师提供了更具体、更有针对性的教学反馈，有助于教师调整教学策略，提升教学效果。在整体学生的成绩比较中，难免会出现成绩很高或者很低的学生，成绩高的学生会让其他学生觉得这是学习的"天花板"，其自身无法超越该学生，所以没有必要继续努力追赶；而成绩低的学生也会因为他们所处的整体成绩排位而产生不如他人的想法，学习进程更难以推进。而使用SGP模型，无论学生处于何种位置，均可以使用该模型估计出其进步程度，同时也可以较为公平地评价不同学生的进步程度。跟同水平群体进行比较，可以看出其进步程度，并且不与成绩过高或过低的学生做比较，保证评价的相对公平，不会使其产生"不如他人"的心理，也不会使其产生骄傲感，可以让学生明确其自身的目标。此外，还能避免"天花板效应"和"地板效应"，"天花板效应"即在第一次测试中比较好的学生的成绩水平，当然也存在成绩比较差的学生即"地板效应"。而在第二次测试中，由于题目比较简单或者其他原因，大家都取得了高分，此时就很难衡量学生在第二次测试中是否真正取得了进步。该模型的操作性强，实施难度较低。

使用SGP模型进行计算需要较大样本量，一般要求在5000人以上。如果样本量太小，根据学业伙伴获得的SGP等级就会不稳定。在使用该模型评价学校效能时，可将每所学校所有学生的SGP等级的中位数（median Student Growth Percentile，mSGP）作为指标，受异常值的影响较小。然而，值得注意的是，在运用SGP模型时，需要对其基础原理有深入的理解，同时还需要建立有效的数据收集系统，并熟悉模型的操作方法。只有这样，才能确保SGP模型在增值评价中发挥最大的作用。

三 SGP的拓展——多水平线性分位数回归

分位数回归适用于结果变量在不同百分位数条件下回归参数的估计以

及对结果变量的预测等。当数据为嵌套结构时,同一单元内的样本不满足模型样本独立性假设,如继续使用以往的模型估计学生 SGPs 和群体 MGPs,则会导致估计产生较大偏差。为突出教育测评数据多水平嵌套结构的特点,以及对不同水平增值估计结果的解释,本章采用多水平线性分位数回归模型这一术语,以帮助应用者理解这一方法的实质。多水平线性分位数回归模型建构如下。

为便于模型的一般化使用,考虑嵌套数据的一般形式 (x'_{ij}, y_{ij}),其中,j 为学生编号,i 为班级编号,$j = 1,\cdots,n_i, i = 1,\cdots,M, N = \sum_i n_i$。

设 $y_i = (y_{11}, \cdots, y_{1n_i})'$,$X_i = (x_{11}, \cdots, y_{1n_i})$,则基于 M 个群体的第 τ 分位数多水平线性分位数回归模型为:

$$y_i^{(\tau)} = X_i \beta^{(\tau)} + \mu_i^{(\tau)} + \varepsilon_i^{(\tau)} \tag{4.22}$$

其中,$\beta^{(\tau)}$ 为固定效应,$\mu_i = (\mu_1, \cdots, \mu_i)'$,$\varepsilon_i = (\varepsilon_{11}, \cdots, \varepsilon_{1n_i})$ 为随机效应,τ 为指定百分位数[①]。

多水平线性分位数回归是一种统计方法,它结合了分位数回归和多水平模型的特点,用于分析具有层次结构的数据。这种方法不仅考虑了数据在不同层级上的随机效应,而且能够对响应变量的不同分位数进行建模,从而提供了比传统均值模型更全面和灵活的数据分析。异常值对它的影响并不大,适用于各种领域,尤其是在数据分布不对称或存在重尾时。通过模拟外推法、最大似然估计或贝叶斯方法等技术进行模型估计,多水平线性分位数回归能够揭示数据在不同层次上的复杂关系,尽管在模型选择和假设检验方面可能面临着一些挑战。

第四节 多水平线性模型的拓展

上面提到的基于最小二乘法的线性回归模型是基础的多水平线性模

[①] 周园、刘红云:《教育增值评价中嵌套数据增长百分位估计方法探析:多水平线性分位数回归模型的应用》,《中国考试》2020 年第 9 期。

第四章 增值评价模型的介绍和解释

型,除之前的模型外,多水平线性模型还有许多变式。

根据回归模型处理的因变量个数分为处理单因变量(单学科、单学校系统、两次测试分数)的"单因变量模型"和多因变量(多学科、多学校系统、多次测试分数)的"多因变量模型"。在增值评价中,多因变量模型是一种用于探究多个自变量对因变量的影响及其相互关系的统计模型。这种模型特别适用于社会科学、心理学等领域,其中变量之间的关系复杂且多变。通过多因变量模型,研究者可以更深入地理解不同因素如何共同作用以影响某个特定的结果或增值情况。

多因变量模型依赖于高质量的纵向数据集,能够对多个学科、不同学校体系以及不同时间点的学生成绩进行综合性分析。这些模型可以根据它们所关注的核心因素被细分为几种类型:针对多个学科的多因变量模型,针对教师效应的多因变量模型,以及针对时间效应的多因变量模型。具体来说,处理两个时间点多个学科的多因变量模型是对单因变量模型的一个直接扩展。而涉及教师效应的多因变量模型则包括了田纳西增值评估系统(Tennessee Value added-Assessment System, TVAAS)、交叉分类效应模型(The Cross-Classified Modal, CCM)和变量持久性模型(Variable Persistent Model, VPM)。至于主要关注时间效应的多因变量模型,则通常指的是成长曲线模型(Growth Curve Model, GCM)。

在多因变量模型中,各个自变量可能直接或者间接地影响因变量。在构建这一模型时,我们需要考虑各个自变量之间的相互作用,以及它们共同对因变量所产生的效应。此外,此模型还有助于我们发现潜在的中介变量,它们像是桥梁一样,连接着自变量和因变量,传递或调整其影响。在增值评价的场景中,多因变量模型有助于我们找出影响增值的关键因素,并理解这些因素之间的相互作用。这样,我们可以制定更为有效的增值策略,优化资源配置,从而实现更大的增值效果。不过,值得注意的是,构建和分析多因变量模型需要一定的统计知识和技能。因此,在进行增值评价时,我们应该根据具体的研究问题和数据特点,选择最适合的模型和方法,以保证评价结果的准确性和可靠性,为制定有效的增值策略提供坚实的支持。

一 协变量校正模型（Covariate Adjustment Model，CAM）

协变量校正模型属于单因变量模型，单因变量模型是一种用于探究单个自变量对因变量的影响及其相互关系的统计模型。适用于已知学生、教师或学校层面的变量数据，并已获得前、后两个时间点考试数据的情况。

协变量校正模型是一种基于多层线性模型的增值模型，其数据结构呈现出嵌套特性，即学生被嵌入班级之中。该模型能够整合不同层级的协变量，用以对模型的预测结果进行校准，因此得名"协变量校正模型"。例如，在学生层面可以加入学生变量和前测成绩校正，协变量校正模型将学生的后测成绩作为因变量，前测成绩与其他成绩作为协变量，协变量校正模型可以写成以下公式：

$$y_{ijt} = \beta_{0j} + \beta_j^1 y_{ij,t-1} + \beta_j^2 X_n + \cdots + \beta_j^n X_n + e_{ij} \quad (4.23)$$

$$\beta_{0j} = \gamma_{00} + \mu_{0j} \quad (4.24)$$

$$\beta_j^l = \gamma_{l0} + \mu_{lj} \quad (l = 1, 2, \cdots, n) \quad (4.25)$$

其中，e_{ij} 等于加入协变量校正后学生的预测成绩与实际成绩的差异，代表着学生的增值分数；类似地，协变量校正模型也可以在班级层加入变量校正。μ_{0j} 等于校正了班级层的变量之后班级 j 与总体均值的差异，代表了教师 j 的效能。事实上，根据获得的变量可以灵活构建协变量校正模型，它们均可以利用 R 语言的 lemrTest 包、SPSS、Stata，以及专业软件 HLM、LISREL、MLwin 等实现增值分析。协变量校正模型适宜用来分析两年的数据，从中评价教师在一年内的教学效果。

协变量校正模型考虑了数据的嵌套结构，可以体现出学生组间效应的差异，可以在模型中纳入各层变量来提高增值评价的评估精度，对教师和学校的教学效能评价更为客观和公平，符合实际且具有很强的灵活性和可解释性。此外，协变量校正模型只需要将学生成绩和变量数据转化为标准分数进行分析，不需要对数据进行等值处理，数据分析过程相对简单。因此，协变量校正模型是现阶段应用十分广泛的模型之一。当然，协变量校正模型也具有一些不足之处，它仅使用一个学科两个时间点的数据进行评估分析，没有考虑到其他的相关因素如学生和教师的流动性对增值评价结果的影响，评估结果在协变量校正模型中加入学校层的协变量又可能会出现较多的数据缺失，从而降低学校效能评估的一致性以及随时间迁移的稳定性。在实际应用中要综合考虑模型的准确性和间接性，使用最佳的增值评价模型。事实上，多学科、多时间点数据是大规模教育评价的常态化数据。因此，处理这类数据的多因变量模型日益得到重视，被越来越多研究者所研究和应用。

二 田纳西增值系统

田纳西增值系统是一种通过多年连续追踪的数据来评估学校、教师、学区效能的增值评估系统。田纳西评价系统使用最广泛的是田纳西模型（也被称为多因变量模型或者"层"模型），田纳西模型已经被应用于美国十几个州上百所学校。该模型认为不需要假设先前的教师效能，使用连续多次的测试结果就能够反映学生的增长情况。只要在模型测试的前测中进行严格把控，就能反映教师真实的教学效果。

$$y_{i1} = m_1 + T_1 + e_{i1} \tag{4.26}$$

$$y_{i2} = m_2 + T_2 + T_1 + e_{i2} \tag{4.27}$$

$$y_{i3} = m_3 + T_3 + T_2 + T_1 + e_{i3} \tag{4.28}$$

$$y_{ijst} = \sum_{s=1}^{2}\sum_{t=1}^{3} x_{ijst} u_{st} + \sum_{s=1}^{2}\sum_{l=1}^{1}\sum_{k=1}^{m} z_{ijksl} u_{ksl} + \varepsilon_{ijst} \tag{4.29}$$

其中，T_t 为测试点 t 的教师效能；s 代表学科；u_{st} 代表所有学生在学科 s 上第 t 次测试成绩的平均分；z_{ijksl} 表示当在学科 s，学生在校时间 l 范围 $[1, t]$ 的条件下，该符号代表学生在第 t 次测试时在学校 j 中学习的时间比例，否则，表示 0；m 为参加评估的二层单位的数目，这里指班级数目。

田纳西多因变量模型的评价特点：田纳西模型不易受到其他控制变量的影响，复杂的统计模型可以增加模型的稳健性和实用性，从而提高模型评价的准确性，可以从多角度反馈研究者所需要的信息。此外，田纳西模型不需要加入学生或学校的特征变量校正教育效能的评估，不会受到学生背景因素的影响，减少了收集特征变量的程序，大大提高了模型评估的简便性和经济性。田纳西模型的不足之处是，其持续不变的教师效能假设已经被证明是不合理的，估计学生缺失信息也可能导致教育效能评估的偏差，所以，为增加模型评估的准确性，还需要对模型及缺失信息估计进行研究[1]。田纳西增值系统是描述教师效应累积特点的增值模型，之后提到的交叉分类模型和持续效应模型也是描述教师效应的增值模型，它们都假设教师的效应具有积累性，即学生当前的成绩是现任和前任教师效应叠加的结果。

三 交叉分类模型

交叉分类模型被用于分析和解释多个分类变量（或称为因子变量）对某个结果变量的独立影响及其交互作用。这种模型特别适用于研究分类数据，如人口统计学特征、市场细分或实验设计中的处理效果。通过构建交叉分类模型，研究者能够识别不同分类变量组合对结果的影响，以及这些变量之间是否存在显著的交互作用，从而为决策提供数据支持。

交叉分类模型考虑了学生的流动信息，可以处理不平衡的多层结构数据问题。假设学生的成绩随事件而增长，增长的趋势最终取决于学生，教师在此过程中对学生的影响是持续不断的，给学生成绩的成长轨迹带来偏转，偏转可以是正的也可以是负的。交叉分类模型需要加入学生或学校特征变量校正教育评估的效能。

$$y_{i1} = m_i + b_i + T_1 + e_{i1} \tag{4.30}$$

$$y_{i2} = m_i + 2b_i + T_1 + T_2 + e_{i2} \tag{4.31}$$

$$y_{i3} = m_i + 3b_i + T_1 + T_2 + T_3 + e_{i3} \tag{4.32}$$

其中，m_i 为学生的截距，代表了学生的起始水平；b_i 为学生的斜率，代表了增值趋势；T_t 为第 t 个时间点的教师效能；e_{it} 为残差；m_i 和 b_i 被视为高斯随机变量，具有未知的均值和方差，并且独立于其他学生。e_{it} 独立

---

[1] 邓森碧、边玉芳：《教师效能增值模型的研究与应用》，《教育学报》2012年第4期。

于其他变量。该模型假设学生增值为 $m_i + b_{it}$，随机截距和斜率能捕获所有学生对分数的影响。在这个过程中，我们假设教师效能是一个均值为 0 的高斯随机变量，它独立于模型中的其他变量，并且反映了教师效能相对于学生增值趋势线的偏离程度。通过偏离程度来反映教师效能对学生增值分数的影响。通过极大似然估计，可以从数据中估计出这些参数的值，进而分析教师效能对学业成绩增值的贡献。

四 变量持久性模型

在多因变量模型和交叉分类的基础上，麦卡弗里等人提出了持续效能模型，持续效能模型的优势在于估计教师效能的精度更高，高、低效能教师与平均水平教师效能的区分度更高，但该模型需要加入学生或学校特征变量进行校正。下面以连续三年单学科成绩为例介绍变量持久性模型。

$$y_{i1} = m_1 + T_1 + e_{i1} \tag{4.33}$$

$$y_{i2} = m_2 + T_2 + a_{21} T_1 + e_{i2} \tag{4.34}$$

$$y_{i3} = m_3 + T_3 + a_{32} T_2 + a_{31} T_1 + e_{i3} \tag{4.35}$$

其中，m_i 代表了学生的起始水平；T_t 是时间点 t 的变量值；参数 a_{21}、a_{32}、a_{31} 决定前一年持续的教师效应对当年成绩的影响；e_{it} 为残差。

变量持久性模型是一种用于评估教师对学生学业成绩长期影响的统计模型，它通过引入衰减因子来模拟教师效应随时间的减弱，并考虑了教师效应在多年间的持续性。该模型对复杂数据结构如多学科、多时间点和多学校系统表现出良好的兼容性，能够处理数据缺失问题。尽管模型假设需要根据具体教育环境进行调整，且在实证研究和实际数据分析方面相对较少，但它提供了一种更为细致的方法来分析和理解教师对学生学业成绩的长期贡献。在教育政策制定和教师评估中，持续效应模型可以作为一个有价值的工具，但应谨慎使用，避免将其作为评价教师绩效的唯一标准。持续效应模型的数据来源需要经过多次测量，可以选择性地纳入协变量。在进行分析时，假设教师效应不是恒定的。模型的使用较为复杂。

将田纳西增值系统、交叉分类模型、变量持久性模型进行对比，可以发现田纳西增值评价系统的使用是最为广泛的。田纳西增值评价系统已在美国田纳西州等十几个州作为教师问责和教师人事决策的依据，是美国使用最久、知名度最高的模型。国际商业分析软件公司（Statistical Analysis System，SAS）已将田纳西增值模型商业化并基于此开发了教育增值评估系统（the Education Value-Added Assessment System，EVAAS）。

许多研究者对田纳西州向公众公开的田纳西增值评价评估报告进行了深入研究。例如，Audery Amrein-Bearsley 和 Trayger 的研究表明，EVAAS 与其他增值模型具有相似的信效度，但在偏差（即评估结果可能受到学生非随机分配给教师的影响）方面的表现不如其他模型。另一个研究由 Lesley Fleenor 进行，基于 TVAAS 报告考查了贫困学校学生课堂气氛的感知与阅读和数学增值分数的相关性。这些研究普遍建议，在做出涉及教师和学校的高风险决策时，应谨慎使用田纳西增值模型，并不应将其作为唯一的评价工具。

对于交叉分类模型和持续效应模型，Leslie Hawley 等人通过分析这些模型中的变量结构与教师效能排名的相关性，指出在考虑多个变量时，模型的信度比仅考虑单一变量时更高。McCafrey 的研究表明，持续效应模型关于衰减因子的假设与实际情况相吻合。不过，由于这些模型需要更详尽的数据记录并且结构复杂，目前对实际数据的分析还不够充分。

这三个模型都具有处理复杂数据的能力，无须垂直等值，能够容纳缺失数据，并适用于多学科、多时间点、多学校系统的情况。田纳西增值模型的一个特点是它假设学生的先前成绩已经反映了他们的背景特征，因此不需要额外收集学生的人口统计学数据，这使得模型更为简洁。而交叉分类模型和持续效应模型则允许加入学生和学校变量以进行校正。尽管这三个模型都考虑了教师效应的长期性，但它们在实际效应和变化的假设上各不相同。特别是交叉分类模型，它不仅捕捉了教师效应随时间的累积和衰减，还模拟了学生成绩随时间的线性增长，尽管实际上学生的成绩增长可能并非总是线性的。因此，用于描述学生成绩非线性增长的成长曲线模型在实际中应用得也非常广泛。

五 成长曲线模型

成长曲线模型是描述时间效应的多因变量模型。它是一种预测方法，可以被看作一种多水平回归技术，是广义线性混合模型的一种特殊情况，用于分析一个或多个选定的感兴趣变量的时间过程①。它依据事物随时间变化的规律来分析和预测一组观测数据，通过拟合实际数据，该模型能够预测个体在不同成长阶段的速度和发展趋势。

成长曲线模型的第一层主要描述学生成绩与时间的关系。随着模型的深入，这种关系被进一步细化为曲线形式，以更准确地反映成绩随时间的迁移而呈现的动态变化。成长曲线模型建立在学生、时间以及群体这三个层次的嵌套结构上。这种模型适用于分析学生在三个或更多不同时间点上的成绩数据。通过这种分层的方法，模型能够捕捉到学生个体、时间跨度以及不同群体之间的相互作用和影响，从而更全面地理解学生成绩的增长趋势和模式。

假设一个在四个时间点上收集数据的多水平设计所表现的增长可以用三个层次的分层模型来表示，其中不同的层次如下：时间（1级），学生（2级）和学校（3级）。如果将增长模型表示为 P 次多项式，不考虑层级变量，公式可以表示为：

第一层： $$y_{ijt} = \sum_{p=0}^{P} \pi_{pij}(t - t_0)^p + e_{ijt},\quad (4.36)$$

第二层： $$\pi_{pij} = \beta_{pj} + \varepsilon_{pij},\quad (4.37)$$

第三层： $$\beta_{pj} = \gamma_{p0} + \mu_{pj},\ (p = 0,\ 102,\ \cdots,\ p)\quad (4.38)$$

其中，当 $p=0$ 时，第一层回归截距 π_{0ij}（$p=0$）反映了初始成绩的差异，斜率 π_{pij} 与 t 的关系反映了学生个体能力成长的模式，e_{ijt} 表示在时间点上 t 学生预测成绩与实际成绩的差值，即学生在该时间段的增值分数。

---

① Zita Oraveczand Chelsea Muth, "Fitting Growth Curve Models in the Bayesian Framework", *Psychonomic Bulletin & Review*, Vol. 25, No. 1, February 2018, p. 235.

$\sum_{0}^{p}\mu_{pj}(t-t_0)^p$ 表示考虑学生成绩自然增长后，该群体与平均群体水平相比的相对增长率，即教师效能或学校效能。上述为不含层级变量的成长曲线模型，同协变量校正模型一样，也可在各层纳入协变量。成长曲线模型可以通过 Mplus 或 R 语言实现数据分析①。

成长曲线模型能够很好地描述和预测随时间变化的数据序列。这种模型可以灵活地调整以适应不同的数据特征和研究需求。在社会科学研究中，成长曲线模型特别适合处理纵贯性数据，即那些跨越较长时间段所收集的数据。这种方法比传统的横截面数据分析方法更能揭示数据随时间迁移的变化趋势。它的优势在于能够提供对未来发展趋势的洞见，辅助决策制定，并评估战略效果。此外，当模型与数据拟合得当时，它可以提供高度精确的预测。然而，这种模型也存在着一些局限性，包括较低的灵活性，当基础假设或数据关系发生变化时，可能需要调整模型。计算过程可能相当复杂，特别是对于非线性模型而言。此外，正确选择模型参数可能具有挑战性，需要专业知识和经验。最后，模型的准确性高度依赖于输入数据的质量和完整性，数据的任何偏差或不完整性都可能影响预测结果的可靠性。

六 教育增值评价系统模型（Education Value-Added Assessment System，EVAAS）

随着增值评价的推广应用，国际上出现了许多增值评价模型，其中包括美国俄亥俄州的教育增值评价系统模型。EVAAS 模型是多元、纵向、混合效应模型的一个例子，也就是说，测试数据是在几个年级的多个科目中收集的。虽然 EVAAS 模型会随着时间的推移而不断更新，但尚未发布新的版本，最近的应用程序采用以下形式：

$$(y_{ij}, z_{ij}) = (\mu_j, \gamma_j) + \sum_{k \leq j}(\theta_{n,k}, \varphi_{n,k}) + (\varepsilon_{ij}, \delta_{ij}) \quad (4.39)$$

---

① 王霞、毛秀珍、张丽：《教育增值评价：模型、应用及研究展望》《教育学报》2023 年第 4 期。

其中，i 表示学生层面；j 表示平均水平；n_j 表示学生就读的学校。

假设 y_{ij} 代表学生的阅读成绩；z_{ij} 代表学生的数学成绩；μ_j 代表整个人口的平均阅读分数；γ_j 代表整个人群的平均数学成绩；$\theta_{n,k}$ 代表阅读的学校效应；φ_{nik} 代表数学的学校效应；ε_{ij} 和 δ_{ij} 分别代表阅读和数学中的随机误差项。

假设参数 $\{\mu\}$ 和 $\{\gamma\}$ 是固定的，假设参数 $\{\theta\}$ 和 $\{\varphi\}$ 是随机的，并且是联合独立的。设 $\varepsilon_i = (\varepsilon_{i1}, \varepsilon_{i2}, \varepsilon_{i3})$ 和 $\delta_i = (\delta_{i1}, \delta_{i2}, \delta_{i3})$，则 $(\varepsilon_i, \delta_i)$ 服从均值向量为零的多元正态分布和非结构正定协方差矩阵。在模型中其他参数条件下，假设 $(\varepsilon_i, \delta_i)$ 在学生之间是独立的。误差项的联合正态性假设对于这种类型的多水平建模至关重要，以纠正混杂或非随机分配[1]。

计算 EVAAS 估计值：简单来说，学生的成长水平是通过学生标准化成绩测试分数随时间的变化来衡量的，包括所有符合条件的学生，最好是在多个学科领域，在年级和年份（包括不完整或来自零散的数据库，不完整的数据集有时被用来衡量学生的成长）之前至少三年和最多五年的考试成绩。此后，将增长分数汇总，得出教师一级（或学校／地区一级）的附加值。

七　随机效应模型（Random Effect Models，REM）

随机效应模型和多层线性模型一样都包含两个回归方程。如上文多层线性模型中的学生级回归，以及学校级回归，其模拟从学生级回归获得经调整的学校截取的变化。这种所谓的多层（或多层次）模型的技术优势是，它们考虑到了学校内学生的分组情况，从而对学校增值估计数的不确定性做出了更准确的估计。这类模型的典型公式是：

$$y_{ij2} = a_0 + a_1 y_{ij(1)} + b_1 X_{1ij} + \cdots + b_p X_{pij} + \varepsilon_{ij} \quad (4.40)$$

$$a_{oj} = A + \delta_{0j} \quad (4.41)$$

---

[1] OECD, *Measuring Improvements in Learning Outcomes: Best Practices to Assess the Value-Added of Schools*, Organisation for Economic Co-operation and Development, October 27, 2008.

其中，

$$\varepsilon_{ij} \sim N(o, \sigma^2) \tag{4.42}$$

$$\delta_{0j} \sim N(0, \tau^2) \tag{4.43}$$

假设两个方程中的每个残差与所有其他残差无关。第二个等式的基本原理是，调整后的学校截取值 $\{a_{0j}\}$ 被认为是随机分布在总平均值周围，与该平均值的偏差被视为学校增加值的估计值。重点集中在那些有很大偏差（正或负）的学校。这种模式采用的是"情境增值"（contextual value-added）模型，已在英国实施，虽然实际的学校增值估计是通过进一步分析和计算的。

这种将学校对学生的贡献参数视为随机变量的模型，称为随机变量模型。因此，对某一特定学校的估计效应受到所有其他学校的数据以及学校本身数据的影响。由此产生的估计有时被称为"收缩"估计，因为它们通常可以表示为学校的普通最小二乘估计和与所有学校的数据相关的估计的加权平均值。具体的组合取决于模型和可用的数据。收缩估计值有偏差，但通常比普通最小二乘估计值具有更小的均方误差。

在多水平建模中，残差方差分为两个水平：学生（水平一）和学校（水平二）。这就是模型的"随机效应"。在一个教育系统内，可能还有其他级别。例如，在学校里，学生被分成班级，但如果没有关于教学小组的国家数据，就无法建立这一级别的模型。第一级残差显示学生的成绩与学校的关系。第二级残差显示了学校的成果与国家预期成果的关系，考虑到了所包含的协变量。这些二级残差是学校增值分数。

一个密切相关的模型是方差分量模型，根据分析师打算估计的学校效应类型（A 型或 B 型），该模型具有不同的一级、二级协变量集。模型如下：

$$y_{ij} = \mu + \beta_w(x_{ij} - \bar{x}_j) + \beta_b \bar{x}_j + u_{0j} + \varepsilon_{ij} \tag{4.44}$$

其中，y_{ij} 是学生 i 在学校 j 的考试成绩；x_{ij} 是学生先前成绩；$\bar{x}_j$ 是学校 j 的学校样本平均先前成绩；u_{0j} 是学校水平的随机分量，也称为学校 j 的随机效应或增加值，假设其呈正态分布，均值为零，方差为 $\sigma^2 u_0$。

ε_{ij} 是学生级随机分量，假设其为相同、独立和正态分布，均值为零，方差为 σ_ε^2。固定参数 μ、β_w、β_b 分别表示考试成绩的平均值、将学生先前成绩与结果考试成绩相关联的校内回归系数以及学校间斜率。

八 固定效应模型（Fixed Effect Models，FEM）

另一种截然不同的方法是所谓的固定效应模型。顾名思义，这些模型将学校贡献表示为固定参数，而不是学校贡献被假设为具有共同分布的随机变量的随机效应模型。一方面，在随机效应模型中，协变量和随机效应之间的相关性可能会在学校效应的估计中引入偏差，固定效应模型不存在这个问题，可以说，这是固定效应模型的主要优势。另一方面，由于没有使用"收缩"估计，所估计的学校影响可能每年都有很大差异。下面给出了这种模型的一个简单版本：

$$y_{ij(2)} = a_0 + a_1 y_{ij(1)} + \sum_k b_{kij} X_{kij} + \theta_j + \varepsilon_{ij} \tag{4.45}$$

其中，θ_j 是学校 j 的响应。

在增值评价中，固定效应模型的应用有其明显的优点，同时也存在一些需要注意的局限性。固定效应模型的优点主要体现在以下几个方面：固定效应模型可以有效地控制被观测个体之间的特征差异。在增值评价中，不同个体或单位可能具有不同的背景、资源和能力，这些因素可能会影响增值的效果。通过引入固定效应模型能够消除这些个体间的差异，更准确地把握真正的影响因素与增值效果之间的关系。固定效应模型不仅考虑了个体差异，还能够捕捉到那些在时间维度上保持不变的影响因素，如政策、法律等。在增值评价中，这些不变的因素可能会对整个增值过程产生重要影响。通过固定效应模型，可以更全面地理解这些因素的作用，提高评价结果的准确性。固定效应模型能够有效解决内生性问题，即解释变量与被解释变量之间存在的相互影响关系。在增值评价中，这有助于更准确地评估各个因素的真实效应，避免结果的偏差。

然而，固定效应模型也存在一些局限性，需要在增值评价中予以注意：固定效应模型对数据的平衡性和趋势性要求较高。如果数据存在缺失、异常或不平衡等问题，可能会导致模型估计结果的不准确。因此，在使用固定效应模型进行增值评价时，需要确保数据的完整性和可靠性。固定效应模型主要关注个体内部的差异和不变因素，但可能忽略了不同个体之间的相互影响和互动。在增值评价中，个休之间的合作、竞争等关系会对整个增值过程产生重要影响，但固定效应模型可能无法完全捕捉到这些因素。

综上所述，固定效应模型在增值评价中具有重要作用，但需要注意其局限性和适用条件。在实际应用中，应根据具体情况选择合适的模型和方法，以确保评价结果的准确性和可靠性。

第五章 增值评价改进教学的实践应用

前文已详尽阐述了增值评价的内涵、显著优势及其操作模型。为将此先进理念融入教育实践，本章重点探讨其在教育教学改进中的具体应用。

首先，简述增值评价的基本概念与实施策略，并说明其如何为教育系统改进构建整体框架。增值评价，作为评估学生学习进步的新视角，通过数据驱动的方法，为教育者提供精准反馈，助力教学策略的优化。其实施策略强调科学收集与分析数据，为系统改进提供有力支持。

其次，深入分析学区、学校及教师层级的增值报告，揭示其在不同层级上的独特影响与价值。学区级报告指导资源优化与政策制定；学校级报告助力精细化教学规划；教师级报告则作为教学效果的直接反馈，激励教学创新。

最后，探讨如何运用增值评价结果，通过"计划、执行、检查和行动"（Plan Do Check Act，PDCA）循环模型，在学区、学校和教师三个层级上开展教育教学改进。具体步骤包括：基于报告分析结果明确改进目标，制订改进计划；按计划执行改进措施；定期检查改进效果并收集数据；根据检查结果调整策略并持续行动。

通过上述步骤，可以充分发挥增值评价的潜力，促进教育教学质量的持续提升，为教育领域的可持续发展贡献力量。

教育增值评价的理论与应用

第一节　进入增值评价

一　对增值评价的深入理解

（一）关于增值评价的深度剖析

"附加值"一词源于经济学，指投入与产出之间的差额。对教育感兴趣的经济学家将投入—产出模型应用于教育评估，以了解各种因素如何影响教育成果。1983 年，美国颁布了《教育综合改革法案》，提出了教师效果评价制度。在此基础上，田纳西大学的两位统计学家 William L. Sanders 和 McLean A. Robert 及其团队将统计混合模型方法应用于教育统计评估系统。1984 年，William L. Sanders 等人首次提出用增值分数来评价学校和教师的效果，用学生成绩数据作为教师评价的依据[1]。1985 年，Terry Taylor 首次明确提出了增值评价方法，用"增值"一词来表示学生在学习过程中所体现出的学习进步和发展。2001 年，联邦教育法——《不让一个孩子掉队法案》的颁布，使得增值评价逐渐受到广大教育工作者的认可与政策制定者的青睐。如今，它已成为美国教育评价的主流方式。增值评价凭借其独特的优势，正改变着美国的教育评价体系，为提升教育质量注入了新的活力。

在我国，"增值"这一概念的应用最初源于香港，1996 年香港教育统筹委员会提出了这个概念。它认为所谓"增值"，就是在评价教育质量中将学生入学时的学业水平也一并加以考虑，用以比较学生入学时与接受学校教育后成绩增进的幅度。2020 年 6 月 30 日，中央全面深化改革委员会第十四次会议审议通过了《深化新时代教育评价改革总体方案》，明确提出要探索增值评价，建立适应时代要求的科学的教育评价体系和机制。

---

[1] William L. Sanders and Sandra P. Horn, "The Tennessee Value-Added Assessment System (TVAAS): Mixed-Model Methodology in Educational Assessment", *Journal of Personnel Evaluation in Education*, Vol. 8, October 1994, p. 299.

第五章 增值评价改进教学的实践应用

在教育领域，增值评价是一项用于评估教师、学校和地区教育局对学生学业进步影响的关键指标。在过去 20 年间，统计学家已开发出先进的统计建模技术，用以量化学生的学术增长。因此，增值评价已成为一种极具说服力的工具，用以描述和检验学生的学业进步。它不仅是衡量教学如何影响学习的新方法，也是观察学生成长更为公平、可靠的手段。目前，增值评价已在全球范围内得到广泛认可和应用，成为教学改进的重要工具。借助增值评价，教育工作者能够获取精准数据，不仅量化单个学生的进步，还能明确教师、学校和地区教育局对这些进步的贡献程度。这有助于教育工作者更深入地理解其自身教学实践对学生学业表现的影响。

与传统评价相比，增值评价更能体现教育过程中对个体差异的尊重和考量。以亚妮拉和艾丽为例，传统评价可能忽视了她们不同的起点和努力程度。相比之下，增值评价能够捕捉到亚妮拉在学习上所取得的显著进步，哪怕她最终的成绩可能仍然低于艾丽。这种方法不仅激励所有学生，无论其起点如何，都可以通过努力获得认可，而且能协助教师更准确地评估教学方法对学生进步的影响，为教育实践提供更具针对性的反馈和改进措施。

两个学生的故事：亚妮拉和艾丽

亚妮拉是阿拉莫斯小学五年级的一名学生，该学校位于美国的加利福尼亚州洛杉矶市中心，然而，学校的学生群体普遍家境贫寒。在亚妮拉的班级中，学生在加州成绩测试中取得的分数很低，得分排名普遍位于 2% 和 50% 之间，远低于加州教育标准所要求的 75% 的合格线。换句话说，亚妮拉班上的所有学生都是在成绩不太好的情况下入学的。因为所有学生均未达到熟练程度标准，外界常将亚妮拉所在的班级和学校视为教育上的"失败者"。然而，亚妮拉的老师并未放弃，他们致力于提升学生的学业表现，并在一年内取得了显著成效。课堂评估显示，亚妮拉这一年开始时的阅读水平为小学二年级水平，结束时的阅读水平为小学五年级水平。这相当于在一年学校教育中取得了三年的进步。然而，在学年结束时，亚妮拉在州成绩测试中的得分仍位于49%，未能达到六年级的合格标准。在这样一个只看重通过率的问责体系下，亚妮拉、她的老师以及她的学校均被贴上了"失败"的标签。

与此同时，艾丽在洛杉矶另一边的贝瑟尼小学上学，其情况则截然不同。该校学生普遍物质生活优渥，五年级学生的州成绩测试分数位于50%和95%，大多数学生表现优异。年初，艾丽在州成绩测试中排在88%，年末略下滑至80%，但仍远高于合格线。该校学生通过率为78%，超过了州的基本标准，但低于前一年的80%。尽管那一学年艾丽的成绩实际上有了下降，排名从88%下降到80%，但她仍然超过了州成绩测试的基本标准。因此，该校及其教师团队被视为教育领域的"成功者"。

（此案例引自 *How to Use Value-Added Analysis to Improve Student Learning—A Field Guide for School and District Leaders*）

增值评价的引入，为学生和学校的成就评估提供了一种更为全面和客观的视角。亚妮拉在标准化测试中的得分虽然不高，在传统评价体系下可能被判定为未达标。然而，通过增值评价的视角，我们可以看到亚妮拉在一年时间内从二年级阅读水平跃升至五年级阅读水平，这一显著的进步应当被认定为成功。相较之下，艾丽虽然在州级标准测试中超越了成绩标准，被传统评价体系认为是优秀的表现。但实际上，她的成绩不进反退，并未实现学业上的成长，因此按照增值评价的标准，她的表现不应被视为成功。通过这样的对比，我们能够更公正地评价学生、教师的努力和学校教育的成效。

（二）1+1>2：进步信息和成绩的结合

尽管增值评价在评价教育成效上相较传统成绩数据较有优势，但它并非完全替代传统评价方式，而是对传统衡量标准的有益补充，提供了学生进步的全面信息。通过传统成绩数据和增值评价，我们能更全面地掌握学生在学术内容标准上的表现，以及教育计划如何促进所有学生取得更大进步，迈向更高的学术水平。这一综合评价体系为我们提供了教育成效的全景图，有助于深入理解学生学习进程，并为其未来发展提供指导。

增值评价之所以重要，是因为它能揭示不同成就水平学生从当前课程中的受益情况。例如，通过分析增值数据，教师发现，六年级课程能有效提高六年级及其学习层次较高的学生的学习效果。然而，对于学习基础相对薄弱的学生而言，该课程的实施效果相对有限。基于这些信息，教育者可以深入审视教学实践，并做出相应调整。他们可能会增加针对低水平学生的教学元素，同时摒弃无效教法。这样，教育工作者就能更明智地针对不同学生群体的需求进行个性化教学。

增值评价为我们展现了学生逐年进步的完整、精确视图，不仅记录了学生个体或学生群体在一段时间内的进步，还揭示了他们的具体成长轨迹。成绩与进步信息的结合构成了强大的衡量标准，既彰显了学校优势，又揭示了改进空间。这种结合成绩与进步信息的衡量方法，即"1＋1＞2"，能更全面地评估学生的学习成果，指导教学策略，提升教育质量。成绩可衡量学生在某时间点上的表现与标准对比，进步则衡量其在一段时间内的知识和技能增长。为有效衡量、激励并调整教育实践，我们必须同时考虑这两方面。两者相结合，辅以其他数据源，使教师、学校和地区教育局能更深入地理解对教学方法学生学习成果的影响，从而优化教学策略，提升教育质量。

增值报告真的能为我们揭示一些单凭成就分数无法得知的信息吗？

以亚妮拉和艾丽为例来探讨这个问题。艾丽在数学上表现优异，三年级成绩位于96％，四年级降至88％，五年级再降至80％。尽管她的分数一直超过州标准，但其成绩实则持续下滑。初看之下，五年级的艾丽似乎与老师、学校一样成功。然而，结合成绩与进步信息后，我们的看法将发生转变。再看亚妮拉，她三年级的数学成绩排名13％，四年级升至27％，五年级又升至49％。亚妮拉虽未达到年级预期标准，但其进步显著。若仅凭成绩评判，我们可能会认为亚妮拉、她的老师及学校均表现不佳。但观其进步模式，她实际上正以可观的速度提升。若将亚妮拉和艾丽的成绩推广至各自学校的其他学生上，我们可能认为艾丽、她的老师和贝瑟尼小学应受嘉奖，而亚妮拉和她的老师、阿拉莫斯小学则被视为失败。但在考虑进步信息后，结果则截然不同。亚妮拉的老师和学校在促进学生成长方面的成功应被认可并得到分享，同时需采取措施帮助艾丽等学生避免低于预期的进步。

确保所有学生达到熟练标准固然重要，但教育工作者还需确保每位学生——不论现有成绩如何——每年都能在学业上取得进步，充分发挥其潜能。我们有责任为每位学生提供旨在最大化学习的课程和教学方法，而不受其当前学习起点的影响。

（三）增值评价与教育公平

1966年，美国发布了教育质量报告——《科尔曼报告》。该报告指出，决定一所学校教育质量的关键因素是学校是否有效帮助学生解决因出身而带来的教育公平问题。学校为帮助学生成长所做的努力应作为教育评价的主要因素。这种观点形成了一种以学生进步为基础的评价教育质量的新体系，成为增值评价的基础，即考察学校对学生的增值作用。

增值评价的理论基石在于学校教育能为学生学业成就增添"价值"，即教育价值的增加[①]。增值指的是学生经过一段时间的学习后知识能力和学习经验的增加，这是学生在两种评估中学业成就的差异。通过现代统计与测量技术，增值评价能有效分离学校效应与教师效应，剔除学生学习起点、教育资源及家长背景等干扰因素，专注于教师效应的考察。因此，评价结果更为客观，能清晰界定学校、教师、学生等各方责任，显著优化了教育问责制度。这一方法已被广泛应用于多国教育政策的制定中。例如，2001年，美国实施了《不让一个孩子掉队法案》。该法案旨在推动增值评价在中小学教育中的应用，强化责任明确与教育问责改革。欧美多国均将增值评价作为基础教育评估的共同策略，如英国视其为学校问责的主要战

---

① [英]萨丽·托马斯、彭文蓉：《运用"增值"评量指标评估学校表现》，《教育研究》2005年第9期。

略，而美国则更侧重于教师效果的评估①。增值评价在促进教育问责与教育公平方面的作用显著。

一直以来，我们仅仅依靠成绩数据来判断教师、学校和地区教育局是否在向学生传授他们需要知道的知识。但是只关注传统成绩的数据标准存在公平问题。处于不同家庭社会经济地位的学生面对着不同的教育资源和条件，单一的分数标准可能无法公平地评价每个学生的努力和成就。已有的相关研究表明，社会经济地位与其学业成就存在着显著相关性，家庭背景往往影响学生的学业表现。所以仅仅根据成绩数据开展评价对于处于背景劣势的学生而言缺乏公平性。与之相反的是增值评价可以创造公平的竞争环境。它能够摒弃社会经济地位的影响，帮助教育工作者和政策制定者更好地理解和支持那些来自不同社会经济背景的学生，每个学生都有平等的机会获得高质量的教育，并实现其学术潜力。

此外，增值评价在促进学生个性化发展方面发挥着重要作用。由于学生入学和升学时的知识和技能水平各异，仅依赖成绩数据难以全面评估教育计划的质量。增值评价的公平性在于它关注每个学生的相对进步，而非进行简单的横向比较。学生的背景和起点各不相同，因此与同龄人比较无法公平评判教育效果。增值评价则能根据学生的个体差异，对其学业成长进行评估，更真实地反映教育对学生的实际影响。这确保了教育者不论学生家庭背景如何，都有机会展示其教学实践的成效。增值评价使教育者和决策者能够依据学生的个体成长情况，制定个性化的教育方案。通过分析学生的增值成效，教育者能更深入地了解学生的潜在需求和学习风格，进而制定针对性的教学策略和资源分配方案，提升学生的学习效果和满意度。

二 有效实施增值评价的策略

（一）全面树立增值评价理念

开展增值评价的终极目标是全面实现立德树人的根本使命。增值评价

---

① 尤铮、王璐：《英格兰基础教育增值评价的实施与效用探究》，《外国教育研究》2019 年第 7 期。

应聚焦于学生的发展变化与进步程度，从单一学业成绩的评价转变为对学生德智体美劳等多方面的综合评估。

对学校管理者而言，转变评价观念是关键。他们需要采用增值评价方式来衡量教师的教育教学成效，以此激发教师的工作热情，营造积极向上的教学氛围。同时，教师也应积极更新评价理念，秉持多元化发展的观点。在实际教学中，应坚持知行合一、理论联系实际的原则，引导学生关注其自身在德智体美劳等多个方面的成长与提升。通过增值评价，教师能更精准地把握学生的进步情况，为他们提供更具针对性的指导和帮助。

此外，增值评价的实施还需家长的积极参与和支持。家长应了解增值评价的理念和方法，与学校和教师紧密配合，共同关注学生的全面发展。家校合作有助于形成教育合力，为学生的成长创造更好的环境。

（二）大数据助力增值评价

《深化新时代教育评价改革总体方案》明确提出"坚持科学有效"导向，将改进结果评价、强化过程评价、探索增值评价和健全综合评价的"四个评价"作为改革重点，为促进新时代教育评价转型提供了良方。与此同时，伴随着新一代信息技术的创新发展，大数据的研究和应用也渗透到教育领域，高质量教育体系的构建依赖于教育数字化转型[1]。新时代教育评价的转型发展迫切需要先进技术的支撑，而大数据为教育评价转型提供了重要的技术逻辑和实践方向。

教育教学活动是一个复杂且多维度的育人过程，涵盖了社会环境、学校生活以及学生个体多个层面，每个环节都伴随着大量的数据产生，如国家政策调整和学校教育资源的变动等。传统的教育评价往往过分依赖学科成绩这一唯一标准，数据来源单一，忽视了其他诸多影响的因素。然而，在数据驱动的增值评价中，我们运用多元线性回归分析、概要统计分析、多水平分析等数据分析模型，从宏观到微观，深入了解和把握学生的学习状况。通过全流程、精准化的数据收集与分类，我们将非结构化信息加以

---

[1] 祝智庭、胡姣：《教育数字化转型的实践逻辑与发展机遇》，《电化教育研究》2022年第1期。

量化处理，将其转化为结构化数据，纳入增值评价的内容之中，从而使评价结果更为全面和科学。然而，向数据驱动型文化过渡并非易事，需要时间、精力和精心规划。要确保收集的数据质量上乘、易于访问和解释，并能有效用于教育发展。

在增值评价中应用大数据，可采取以下措施：

1. 树立数据治理思维，推动评价体系转型

《加快推进教育现代化实施方案（2018—2022年)》明确指出，应充分重视数据在教育治理中的作用，并推动数据支持下的教育治理模式创新与变革。在教育评价领域，新时代的转型涉及多元主体、复杂流程与多维度考量，这要求各主体牢固树立数据治理思维，以数据驱动评价体系的转型。《中共中央关于制定国民经济和社会发展第十四个五年规划和二〇三五年远景目标的建议》高度认可大数据的重要功能，并强调释放数据治理和数据要素的潜能。鉴于新时代教育评价改革的任务艰巨、要求严格、阻力重重，我们不能再以固化的思维去看待，而应树立数据治理思维，以此推动教育评价的转型升级[1]。

2. 推广数字化教学体系，打破数据壁垒

现在的教育数据往往来源单一、分布零散，这导致数据壁垒的形成。部分数据因安全性和隐私性考量而无法公开使用，然而可收集的公共数据又常常杂乱无章，使得学校难以获取完整有效的评价数据。精准定位与评价学生、发挥教学过程中的联动交互作用，都需要大量有效数据的支持。因此，我国应大力推广数字化教学体系，加强数据共享平台建设，促进教师、学校和地区教育局间的数据共享，从而夯实数据资源基础，打破数据壁垒。

3. 保证数据的完整性，提高评价的精确度

众所周知，增值评价的核心在于对学生纵向学业水平的深入分析，这其中学生相关数据的完整性尤为关键。这些数据包括学生多年的学习成

---

[1] 张志华、王丽、季凯：《大数据赋能新时代教育评价转型：技术逻辑、现实困境与实现路径》，《电化教育研究》2022年第5期。

绩、背景特征以及先前的成就等，它们共同构成了增值评价的基础。只有确保这些数据的完整性和准确性，我们才能更精确地评估学生的学业进步，为教育决策提供有力支持。因此，我们必须高度重视数据的收集与整理工作，确保每一份数据都真实可靠、完整无缺。

(三) 为教师提供有效的专业发展

当人们提及"专业发展"时，往往指的是一系列正式活动，如会议、研讨会或讲习班，或是工作团队间的协作学习，以及学院或大学的课程。然而，专业发展并不局限于这些正式场合，同事间的日常交流、个人的阅读与研究、观察同事的工作或向同行学习同样构成其重要的组成部分。

那么，为何教师需要有效的专业发展呢？学院和大学课程所提供的学习经验往往不足以让毕业生成为高效的公立学校教师。他们还需在实践中积累经验，不断学习。如同其他职业一样，新教师需要多年的磨砺，方能熟练掌握履职所需的技能。教学工作的复杂性极高，导致三分之一的教师在三年内离职，而五年内离职的教师更是高达50%。即便是经验丰富的教师，他们每年也会面临诸多挑战，如学科内容的更新、教学方法的创新、技术的进步、法律与程序的变更，以及学生不断变化的学习需求。若缺乏有效的专业发展，教师的技能难以提升，进而影响到学生的学习效果。

促进教师专业发展的增值评价策略如下。

1. 营造增值评价氛围，促进教师专业化发展

以学业成绩为唯一衡量标准的做法，不仅限制了师生创新能力的发挥与培养，还营造了压抑的学校氛围。因此，学校亟须摒弃陈旧的"以成绩论英雄"的观念，确立科学的教师专业发展观，为推行增值评价创造有利条件。教师评价不应仅限于绩效责任的管理层面，而应致力于促进教师的专业成长。我们需深刻理解评价的目的在于激发学生和教师的潜能，而非仅仅衡量其工作成果。只有这样，我们才能真正构建一个既注重学术成就又充满创新活力的教育环境。

2. 建立增值评价体系，促进教师专业成长

为了促进教师的专业化发展，教师增值报告至关重要。这份报告不仅

客观反映教师的工作成果,而且为教师提供了反馈的关键途径。在编制增值报告时,需综合考虑教学能力、科研水平及师德师风等多方面因素。全面评估这些方面,可形成详尽报告,为教师提供全面、客观的反馈。同时,报告应重视数据的分析与比较,通过数据变化展现教师的成长与进步,为教师的专业化发展提供有力支撑。

三 系统性教育改进的框架

(一) 系统性教育改进的演变

系统性教育改进虽非新概念,但其随时间的推移而演进,其内涵与重点已发生深刻变革。1957年,苏联发射首颗人造地球卫星,引发美国公众对教育质量的关注,他们严厉批评教育制度,认为学生数学与科学知识不足导致美国宇航技术落后。美国政府迅速将国防建设与教育紧密结合起来,于1958年颁布《国防教育法》,确立培养高科技人才的教学新体系,其改革重点转向强化数学与科学课程。1983年,美国卓越教育委员会发布《国家处于危机之中:教育改革势在必行》报告,严批K-12教育,指出成绩平庸现象日益严重,必须进行全面、深刻的改革。该报告强调,提高教育预期水平、加强课程设置、优化教师队伍、延长学年至关重要,拉开了20世纪80年代教育改革的序幕。

在如今的教育改革浪潮中,教师素质成为核心议题。这一转变由教育领域创新推动,标准化考核与高风险测试成为体系常态。初时,比较结果的价值有限,因为学生成绩多与社会经济背景相关。然而,增值评价的出现解决了这一问题。它关注学生在一年间的进步,而非仅看初始成绩,从而将学业成绩与教育质量直接相关联,减少家庭环境影响的干扰。这使得跨地区、跨校甚至跨班比较变得更有意义。这些分析的核心发现是,教师素质是学生学业成长中的关键变量,具有举足轻重的地位。学生在不同教室之间所展现出的显著差异,远超过学校、地区间差异所带来的影响。

因此,当前教育改进聚焦于提升教师质量。政策制定者与教育利益相关者在讨论系统性改进时,主要关注提高教师生产力,即教学质量。理解增值评价信息至关重要，因为它可以准确识别有效的教学实践，优化教师培训和职业发展计划，为所有学生提供更高质量的教育。

(二) 系统性教育改进的嵌套系统和响应策略

真正的改进需要教育系统各层面的多方持续关注。单靠政府的全力投入是远远不够的，所面临的挑战非常巨大。在此过程中，各学校和地区管理部门需要共同承担起改革与发展的使命和愿景。若教育体系能够得到社区组织等社会力量的理解和支持，则更能如虎添翼，因为这直接关系到教育体系的社会认可度。

此外，学校系统由多个层次组成，这些层次相互关联、相互依赖。一个层次的成果往往受到其他层次表现的影响。然而，在实践中，这些层次间的联系有时被忽视或轻视了。教师常常独自在教室中工作，仿佛是独立的从业者；校长们竞相争夺，意在为各自学校招揽顶尖的教师团队；教育局及学校校务委员会在负责政策的制定与执行过程中，有时也会采取一概而就的做法。由于各层次间缺乏联系与协调，系统改进变得异常艰巨。为实现这一目标，变革战略必须促进系统内以及各层次间的互动与影响。

针对这种情况，我们可以采取有效的沟通响应策略。有效的沟通并非夸大其词或过度宣传，也并非旨在说服他人相信某一观点。相反，它意味着在尝试新事物的过程中，就面临的挑战、挫折与成功进行频繁且真诚的双向交流。这样的沟通需要付出真正的努力。

以下是关于有效沟通的原则。

1. 沟通必须面向公众

教育工作者常常忽略一个事实：多数民众没有子女在学校就读，也缺乏与学校的直接联系，他们更倾向于通过他人或媒体获取信息。因此，制定公共目标和发布进展报告至关重要。为增强可信度，有时请第三方进行报告可能更为可取。

2. 内部沟通同样至关重要

令人惊讶的是，有些学校虽然制订了计划，却忽视了告知教师及工作人员计划的内容，或征求他们的意见。此外，与家长和学生的沟通也同等重要。学生，特别是常被忽视的潜在支持来源，他们的声音对于教学实践的改进具有重要意义。

3. 沟通需要不断重复

良好的沟通是任何学校改善计划的核心要素。然而，有效的沟通并非单向传递。真正的改进依赖于系统定期提供的高质量反馈，这些反馈需得到认真对待，并用于调整和改进变化策略。

(三) 三级三阶段系统性教育改进模型

接下来将从学区、学校和教师三个级别组成一个三级三阶段的教育改进模型。该模型旨在通过系统、分层的方法来改进教育系统，确保从学区到学校再到教师层面的全面优化。该模型采用三个层次（学区、学校、教师）和三个阶段的分析框架（即识别问题、数据分析、制定改进措施），以漏斗图形加以直观展示。

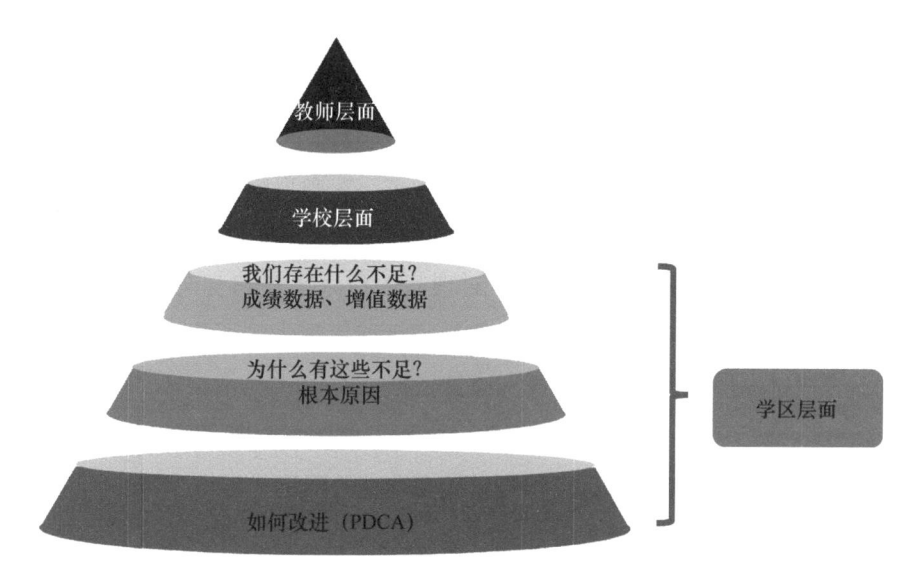

图 5-1 三级三阶段教育改进模型

该三级三阶段教育改进模型通过清晰的层次划分和阶段性任务安排，确保教育改进工作的系统性和有效性。从学区到学校再到教师层面，每一级都承担着特定的分析和改进任务，共同推动教育系统的整体优化。通过

PDCA 循环的引入，确保改进措施的持续性和有效性，为教育质量的持续提升提供了有力保障。通过实施系统性教育改进可以全面、深入地提升教育质量，确保各级别教育的协调发展。

为精确实施三级三阶段系统性教育改进措施，需要依据下节介绍的增值报告评估方法。通过全面评估学区级、学校级和教师级的增值报告，能够深入了解各级别教育的实际状况，识别存在的不足。这些评估结果为三级三阶段系统性教育改进提供了宝贵的数据支持和决策依据，使制定的方案更为贴合实际的改进目标和策略成为可能。因此，下一节的评估工作与这一节的改进策略紧密相连，共同构成了学校教育改进工作的核心环节，为推动教育系统的整体提升发挥了重要作用。

第二节 评估区教育局级、学校级和教师级增值报告

在上一节中，我们简略介绍了增值评价、实施策略以及教育系统改进的框架，旨在通过系统性的规划和分阶段实施，全面提升教育质量。然而，任何改进策略的制定都离不开对现状的深入了解和全面分析。因此，本节将转向对区教育局级、学校级和教师级增值报告的评估工作，为后续的教育改进提供有力的数据支撑和决策依据。

一 评估区教育局级增值报告以确定存在的不足

为了更深入地理解学校级和教师级增值报告，首先需要以区教育局级增值报告为基础。这些增值报告通常由专业的外部公司或组织提供，它们专注于增值建模（Value-added Model），并与区教育局教育机构签约，每年为教育工作者提供此类报告。

（一）区教育局级增值报告的重要性

区教育局级增值报告总结了总体结果，并帮助评估计划的整体效果。

这份报告允许领导评估一个地区多年来在特定学科或课程上的表现，以及跨年级水平的表现。这为我们提供了更全面的视角，以便更好地了解教育质量的提升情况。

区教育局级增值报告，作为教育领域的一项重要评估工具，其核心价值在于对总体教育成效的深刻总结与全面审视。这份报告不仅勾勒出特定学科或课程在多年时间跨度内的地区性表现轮廓，还深入剖析了跨年级学生群体的学习进步轨迹，构建了一个多维度、立体化的教育质量评估体系。通过细致研读区教育局级增值报告，教育领导者能够获取宝贵的数据支持，用以衡量并评价教育计划的整体执行效果。它如同一面镜子，既映照出教育实践的辉煌成就，也不避讳地揭示出存在的问题与挑战。这种全面的视角，可以超越单一时间点或单一层面的局限，从更为宏观和长远的角度审视教育质量的提升历程。

尤为重要的是，区教育局级增值报告在推动教育公平与科学评价方面发挥着不可替代的作用。它鼓励以数据为基础，以事实为依据，对教育资源进行更加公平合理的分配。同时，通过对教育成效的量化评估，为教育政策的制定与调整提供了坚实的科学依据，有助于构建更加科学、客观和公正的教育评价体系。

此外，该报告还是指导学校教育教学改进的重要指南。它揭示了教育过程中存在的薄弱环节与改进空间，为学校管理者和一线教师提供了明确的方向与目标。通过深入分析报告中的数据与结论，区教育局可以有针对性地调整教学大纲、优化课程体系、加强师资建设等，以实现教育教学质量的持续提升。

最后，区教育局级增值报告在优化教育资源配置方面也具有重要意义。它通过对教育成效的精准评估，帮助决策者识别出资源投入的重点领域与优先方向，确保有限的教育资源能够得到更加合理、高效的利用。这不仅有助于提升整体教育质量，还能够促进教育资源的均衡发展，缩小校际、城乡之间的教育差距。

综上所述，区教育局级增值报告不仅是教育评估的重要成果展示，而且是推动教育公平、科学评价、指导改进与优化资源配置的强有力工具。

(二) 理解区教育局级增值报告

1. 增值报告中的专业术语

在深入分析区教育局级增值报告之前，非常关键的一步是理解其中的专业术语。这些术语通常与教育评估、学生表现、统计方法等紧密相关，它们为解读报告提供了必要的背景和框架。

区教育局级增值报告中的专业术语

(1) 增长标准：指学生从一个年级过渡到下一个年级时，预期达到的最小成长量。

(2) 正态曲线等值（Normal Curve Equivalents，NCE）：正态曲线等值作为一种标准化评估工具，通过将原始分数转换为正态分布曲线上的等值分数，提供标准化、可比较的评估结果。增值增长在此定义为正态曲线等值得分的增长，并使用正态曲线等值分数表示。正态曲线等值刻度与百分位数刻度类似，但不同的是，正态曲线等值刻度为等距刻度。

(3) 增长衡量标准：与以正态曲线等值分数表示的增长标准相比，该标准保守地评估学校对学生学业进步的影响，以刻度记分点表示。

(4) 标准误差：衡量估计的确定性，并用于判断增长衡量标准是否与增长标准存在显著差异。

- ◆ 正增长指标表明，学生的增长超出了全省区教育局/学校的平均水平。
- ◆ 增长指标接近0并不表示增长不足，而是意味着这群学生的增长与全省区教育局/学校的平均水平相当。
- ◆ 负增长指标并不直接表明学生信息丢失，而是表明学生的增长未达到全省地区/学校的平均水平。

(5) 省平均：代表该省学生的平均成绩，可用于比较区教育局/学校学生与全省平均学生的表现。

(6) 平均成绩：指一组学生的正态曲线等值平均分数。

2. 区教育局级增值报告模板

以下是一个简化的 2020—2023 年区教育局级增值报告模板。

区教育局平均 NCE 增值估计值								
年级	3	4	5	6	7	8	相对于成绩的平均 NCE 增值	
增长标准								
省三年平均 NCE 增值							增长标准	省
2023 年平均 NCE 增值								
标准误差								
2022 年平均 NCE 增值								
标准误差								
2021 年平均 NCE 增值								
标准误差								
三年平均 NCE 增值								

区教育局平均 NCE 分数估计值						
年级	3	4	5	6	7	8
增长标准						
省基准年（2020 年）						
省三年平均 NCE 分数						
2020 年平均 NCE 分数						
2021 年平均 NCE 分数						
2022 年平均 NCE 分数						
2023 年平均 NCE 分数						

	平均 NCE 增值估计值高于增长标准至少 2 个标准误差
	平均 NCE 增值估计值高于增长标准至少 1 个标准误差，但不足 2 个标准误差
	平均 NCE 增值估计值与增长标准的差距在 1 个标准误差之内
	平均 NCE 增值估计值低于增长标准超过 1 个标准误差，但不超过 2 个标准误差
	平均 NCE 增值估计值低于增长标准超过 2 个标准误差

区教育局级增值报告主要关注不同年份的 NCE（可能是某种标准化测试或评估的得分）平均分数及其与省基准的对比，同时提供了标准误差作为数据可靠性的参考。下面是对这份报告的详细分析。

(1) 表格结构

- 年份列：表格按年排列，涵盖 2020—2023 年的数据，每年单独成行。
- NCE 分数：每年均提供平均 NCE 分数及标准误差。平均 NCE 分数反映该年份区教育局学生的整体表现，标准误差则评估这种表现的稳定性或变异性。
- 省基准：2020 年的省基准 NCE 分数被特别标注，用于与区教育局分数对比，评估区教育局在全省的表现水平。
- 估计区教育局平均 NCE 分数增长：该部分展示区教育局平均 NCE 分数的增长情况。

(2) 数据分析

- 观察 2020—2023 年的平均 NCE 分数变化，可判断区教育局学生平均表现的提升或下降。分数逐年上升，意味着整体表现改善；反之，则可能面临挑战。
- 标准误差的变化同样重要。较小的标准误差显示分数分布集中，评估结果更可靠。
- 与省基准对比：将各年平均 NCE 分数与 2020 年省基准比较，可评估区教育局在全省的相对表现。持续高于省基准，表明表现优异；若低于或接近，则需关注提升空间。
- 增长情况：通过计算相邻年份分数差来估算。正值增长表示表现提升，负值则表示下降。

3. 区教育局级增值报告的阅读步骤

增值报告以其严谨的逻辑和清晰的结构，为读者呈现了一个系统性的分析框架。通过遵循阅读以下区教育局级增值报告的详细步骤，可以深入洞察其核心内容，包括数据来源的可靠性、分析方法的科学性以及最终结论的合理性。

第一步：了解估计的正态曲线等值（NCE）分数。

从区教育局级增值报告中，可以观察到2020—2023年每一年不同年级的平均分数估计值。将这些估计值与该省基年的平均成绩水平相比较，可以得出这一年该年级学生的表现情况。若平均分数高于省基年平均成绩，则说明学生的表现优于该省基年的平均水平；若低于平均水平，则说明学生的表现低于该省基年的平均表现。通过沿对角线向左追溯同一批学生的表现，可以判断这批学生的学业表现是否能保持先前的相对优势或稳定水平，或者呈现出下降趋势。

第二步：确定年平均增值。

从区教育局级增值报告中，可以观察到2020—2023年，每年不同年级平均NCE成绩的变化。这些成绩变化由数字表示。数字部分代表平均成绩的增减量，正数表示成绩上升，负数则表示成绩下降。例如，2021年七年级学生平均NCE成绩为负数，意味着相较于2020年六年级学生的平均成绩估计值下降；若为正数，则表明相应上升。

单元底色用于标识平均增值偏离预期值的标准误差范围，具体说明如下。

- 全色彩表中深灰5%单元：远低于预期，平均增值比预期值低至少两个标准误差。
- 全色彩表中深灰15%单元：低于预期，平均增值比预期值低至少一个标准误差，但不足两个。
- 全色彩表中深灰25%单元：略高于预期，但增值幅度小于一个标准误差。
- 全色彩表中深灰30%单元：高于预期，平均增值比预期值高出至少一个标准误差，但未达到两个。
- 全色彩表中深灰50%单元：远高于预期，平均增值比预期值高出至少两个标准误差。

值得注意的是，区教育局级增值报告模板因未标注相应的数据，故也未附带相应的颜色编码。然而，颜色编码系统被广泛用于直观展示增值达标情况。这些颜色所代表的具体含义可能因省和区教育局的政策差异而有所不同。

第三步：确定三年平均增值。

在标有"三年平均 NCE 增值"行中，可以清晰地看到过去三年间每个年级学生的平均增值情况。这一数据为我们提供了宝贵的信息，即某年级学生在这一时间段内每年平均成绩的具体变化趋势。通过审视三年的平均值，可以更加稳健地评估教育计划或教学措施在一段较长时间内的有效性和影响力。这样的分析不仅减少了短期波动所带来的干扰，还可以从宏观角度把握学生学习成绩的动态变化，为教育政策的制定和调整提供更为坚实的数据支持。

第四步：确定相对于增长标准的增值幅度。

通过区教育局级增值报告中平均 NCE 增值数据，可以明确评估出某一年度内各年级学生的平均进步程度。具体而言，当平均 NCE 增值显示为负数时，这直接表明该年度内各年级学生的平均进步未达到预期水平；反之，若增值为正数，则意味着学生的平均进步超出了预期。此外，标准误差的数值大小提供了关于学生平均进步程度稳定性的重要信息。标准误差越大，通常反映出学生间进步程度的差异越大，即学生进步的一致性较低；而标准误差较小，则表明学生群体在进步上呈现出更高的一致性。

这种系统性的阅读方式确保了信息的全面覆盖，有效防止了关键细节的遗漏。对于决策者而言，增值报告不仅是数据的堆砌，而且是洞察现状与预测未来的重要工具。通过细致研读，决策者能够精准把握教育领域的当前状况，洞察潜在的发展趋势，从而针对教育改进计划提出独到而有效的见解。这些见解将成为制定更加科学合理决策方案的坚实基础，有助于推动教育改进的持续发展。

二 评估学校级增值报告以确定存在的不足

(一) 学校级增值报告的重要性

学校级增值报告同样总结了总体结果，有助于评估计划的整体效果。这份报告允许领导评估一个学校多年来在特定学科或课程上的表现，以及跨年级水平的表现。它为客观真实地了解一个学校的发展水平提供了一个科学有效的报告。

学校级增值报告是衡量学生进步程度和学校努力程度的导向，有助于更全面地了解学校的教育质量和学生的发展潜力。在当前教育环境中，部分学校过于依赖优质生源的"掐尖"现象，以及仅凭入学成绩对学校进行简单分层的做法，不仅忽略了教育过程的复杂性与科学性，而且在一定程度上偏离了教育的本质——促进每一个学生的全面发展。学校级增值报告的出现，正是为了打破这一僵局，它聚焦于学生个体的成长轨迹，而非单一的入学成绩，从而鼓励学校将重心转移到提升教育质量与优化教育过程上来。对于薄弱学校而言，这份报告尤为宝贵。它传递了一个明确的信息：即便初始生源条件有限，通过科学的教育管理与不懈的教学努力，学校依然能够显著提升学生的综合素质与学业成绩。这不仅是对学校工作的一种肯定，也是一种激励，促使这些学校不断追求卓越，缩小与优质学校之间的差距。

此外，学校级增值报告还具备多重价值。它助力学校构建科学公正的效能评价与监控体系，使教育行政部门的决策更加有据可依，教育投入更加精准高效。通过对教育增值的深入分析，报告能够揭示影响学校表现的关键因素，为教育改革提供宝贵的参考与指导，推动教育资源的均衡配置与整体质量的提升。更为深远的是，这份报告深化了对学生发展多元性的认识。它强调学生的成长是一个复杂的过程，涉及学校教育、家庭环境、社会因素以及学生个体特质等多个方面。通过量化分析技术，报告能够精准地量化各因素对学生发展的具体贡献，剥离出学校的"净影响"，即学校在排除外部干扰后所展现出的独立教育效果①。这一过程不仅明确了学校在促进学生成长中的责任边界，也为家庭、社会及学生个人指明了努力的方向，促进了教育生态中各责任主体的清晰定位与协同共进。

综上所述，学校级增值报告不仅是教育评估的重要工具，也是推动教育公平、提升教育质量、促进教育生态和谐发展的有力推手。在未来的教育实践中，充分发挥其独特优势，持续优化评估机制，为培养更多德智体美劳全面发展的社会主义建设者和接班人贡献力量。

（二）理解学校级增值报告

在探讨学校级增值报告时，值得注意的是，它与区教育局级增值报告在核心术语和基本概念上保持高度的一致性，这意味着它们遵循相同的评价框架和标准。因此，这里将不再对这些共通的专业术语进行详尽的重复解释，以免冗余。若读者在阅读过程中遇到任何不解之处，建议回顾前文提及的区教育局级增值报告部分，其中已对关键术语进行了详尽阐述。

1. 学校级增值报告模板

以下是一个简化的2020—2023年学校级增值报告模板。

学校级平均NCE增值估计值					
年级	5	6	7	8	相对于增长标准的各年级平均NCE增值
增长标准					
2023年平均NCE增值					
标准误差					
2022年平均NCE增值					
标准误差					
2021年平均NCE增值					
标准误差					
三年平均NCE增值					

---

① 边玉芳、林志红：《增值评价：一种绿色升学率理念下的学校评价模式》，《北京师范大学学报》（社会科学版）2007年第6期。

学校级平均 NCE 分数估计值					
年级	5	6	7	8	
地区基准年（2020 年）					
2020 年平均 NCE 分数					
2021 年平均 NCE 分数					
2022 年平均 NCE 分数					
2023 年平均 NCE 分数					

	平均 NCE 增值估计值高于增长标准至少 2 个标准误差
	平均 NCE 增值估计值高于增长标准至少 1 个标准误差，但不足 2 个标准误差
	平均 NCE 增值估计值与增长标准的差距在 1 个标准误差之内
	平均 NCE 增值估计值低于增长标准超过 1 个标准误差，但不超过 2 个标准误差
	平均 NCE 增值估计值低于增长标准超过 2 个标准误差

这份学校级增值报告旨在评估不同年级在一段时间内（2020—2023 年）的 NCE 分数变化，通过对比平均 NCE 分数及其增长率来评估学校的教育成效和学生的学业进步。下面是对这份报告的详细分析。

（1）表格结构

- 年级：列出学校内不同年级的学生群体。
- 相对于增长标准的各年级平均 NCE 增值：显示各年级学生成绩相对于预设增长标准的增长情况。
- 2023 年平均 NCE 增值及标准误差：提供该年各年级学生平均 NCE 分数增长量及误差范围，评估学业进步。
- 2022 年、2021 年平均 NCE 增值及标准误差：前两年各年级学生 NCE 分数增长量及误差，用于与 2023 年对比，分析增长趋势。
- 三年平均 NCE 增值及标准误差：计算三年间各年级学生平均 NCE 分数增长量及误差，反映长期增长趋势。
- 地区基准年（2020 年）：设定 2020 年地区所有学校平均 NCE 分

数为基准，用于后续对比。
- ◆ 2020—2023年平均NCE分数：列出四年学校整体平均NCE分数，直观展示学生成绩历年变化。

（2）数据分析
- ◆ 增长标准：评估学生成绩增长的重要参考，对判断学校教学成效意义重大。
- ◆ 平均NCE增值：反映学校教育持续努力和学生成绩稳步提升，特别是三年平均NCE增值，为评估学校长期教育效果提供依据。
- ◆ 标准误差：增加数据可靠性，表明平均NCE增值估计的不确定性，帮助读者全面理解数据背后的信息。

学校级增值报告通过翔实的数据和科学的分析方法，为学校评估教育成效、制定改进策略提供了有力支持。

2. 学校级增值报告的阅读步骤

这份学校级增值报告与先前提及的区教育局级增值报告在结构上保持了一致性，但聚焦于单一学校内部，详细追踪了该校2021—2023年某一特定科目的学生成绩动态。报告的核心部分通过两个关键指标清晰地呈现出来：位于表格顶部的"学校平均NCE增值估计值"，直观地展示了各年级学生在不同学年中的学业进步情况；而位于底部的"学校平均NCE分数估计值"，则为学生平均成绩水平提供了量化依据。为了增强数据的直观性和可读性，报告还巧妙地运用了颜色编码技术，以突出显示那些达到或超越决策者预设增长标准的结果，从而帮助读者快速识别关键信息。简而言之，这份学校级增值报告是对学校内部教学成果的一次全面汇总与分析，其核心目的在于解答一个至关重要的问题：在过去三年，学校各年级在该科目上的增长情况究竟如何？这不仅是对学校教学质量的一次评估，也为未来的教学策略调整与优化提供了重要参考。

基于这份报告，除了按照上文提到的区教育局级增值报告的阅读步骤，学校还需要进一步探讨以下几类关键问题，并揭示存在的不足。

(1)年级间的成绩对比

问题：2023年，哪一年级学生该科目平均成绩最高？哪一年级成绩相对较低？对比可清晰看出不同年级学业差距。

存在的不足：年级间成绩对比若显示某些年级显著优于其他且未获得更多资源支持，可能表明学校教学资源分配不均衡。这种不均衡或影响低成绩年级学生发展潜力，限制学业进步。

(2)成绩增长的速率

问题：2023年，哪个年级学生该科目成绩增长最显著？哪个年级增长幅度最小？此分析助学校识别有效及需加强的教学干预措施。

存在不足：成绩增长速率差异反映不同年级教学策略效果。若某些年级增长缓慢或负增长，可能意味着教学策略未适应学生需求。或因缺乏灵活性、未差异化教学，或未及时调整应对新挑战。

(3)课程整体表现评估

问题：2023年，这所学校该课程学生增值整体如何？是否达到预期教学目标？学生整体进步与课程设计合理性、教学方法有效性是否直接关联？这些问题的答案对课程改进和教学优化至关重要。

存在不足：如果学生的整体增值未能达到预期的教学目标，可能意味着学校在设定教学目标时缺乏充分的调研和论证，导致目标设定过高或过低，与学生的实际能力和课程特点不匹配。

通过细致审查报告，可明确知悉各年级的平均成绩水平，其中最高与最低的年级及其具体数值一目了然。此外，报告逐年分析了学生增值情况，指出了增值最高与最低的年级。尤为关键的是，报告还对比了三年来的学生总增值与预期目标，为我们评估教学质量与达成度提供了重要依据。

三 评估教师级增值报告以确定存在的不足

(一) 教师级增值报告的重要性

教师是对学生成绩产生最大影响的因素。具体来说，学生进步差异的

65%可直接归因于教师,而区教育局则占据5%的影响比例。此外,学校对学生学业进步差异的影响为30%。

研究人员对教师如何影响学生及其影响的持久性产生了浓厚的兴趣。2000年,June Rivers对四年级成绩测试中的学生进行了追踪研究,观察他们在五年级至八年级期间遇到的教师素质如何影响他们进入高中的可能性。研究结果显示,仅有四年级成绩优秀的学生能够克服后续年级中不佳的教学环境,并在高中考试中取得高分。相反,对于那些四年级测试成绩不佳的学生,如果他们遇到高效教师,也能显著提升他们通过高中考试的机会。

高效教师是指能够帮助学生取得超出预期进步的教师。Robert J. Marzano关于高效教师影响的论述指出:"教师的出色表现不仅能提升学校的整体表现,还能弥补学校的无效表现。"Eric A. Hanushek等人就教师对学生成就贡献的研究进行了综述,也得出了当使用学生增值分数衡量教师质量时,教师质量存在显著差异。教师质量在百分位等级为25%的教师与百分位在75%的教师相比,学生的成绩会从中等程度上升到59%的百分位等级。因此,高质量的教师能弥补贫困家庭孩子在教育上的典型缺陷。Daniel Aaronson等人对芝加哥公立高中教师重要性进行研究也发现,当教师效能相差1个标准误差时,一个学期之后学生的分数提高会相差0.13个年级当量(grade equivalents)(用来表示学生学习成绩所处的年级水平,7表示该生的学习能力为七年级学生的学习水平,8为八年级学生的学习水平),一年之后学生分数提高相差了0.2个年级当量,教师质量对成绩较差学生尤为重要。Spyros Konstantopoulos在研究教师影响的持久性时发现,这种影响是累积性的,不仅在本年级和下一年级可以体现出来,还能在小学低年级持续长达三年。

教师效应的重要性不言而喻,它直接关系到学生学业进步和成绩提升的关键环节。而教师级增值报告,则是对教师效应进行量化分析和评估的重要工具。通过这份报告,我们可以更加清晰地了解每位教师对学生进步的具体贡献,进而为优化教育资源配置、提升教育质量提供有力支撑。因此，深入研究和利用教师级增值报告，对于提升教师效应、促进学生全面发展具有重要意义。

（二）教师层面增值分析的挑战及应对策略

在历史的长河中，教师的评价体系经历了显著的变迁。往昔，对教师的评判并不单一地聚焦于教学效果的量化指标，而是更为广泛地涵盖了课堂管理能力、学生参与度的激发、课程内容的精心规划与实施等多个维度。那时，学校的课堂数据往往处于较为封闭的状态，鲜少公开用以审视和反思个人教学实践，教师多依据其个人经验与风格施教，外界干预较为有限。然而，随着教育体系的不断演变，学生成绩逐渐上升为衡量教师及学校整体表现的核心标尺，这一变化在悄然间将教师角色重塑为提升学生学业成就的"工具"。此趋势虽在一定程度上激发了教学竞争，促进了教学方法的交流与进步，但也可能诱使部分教师过度聚焦于考试分数，进而忽视了培养学生的批判性思维、社交技巧及情感发展等同样至关重要的教育目标。

此外，教师层面的"增值信息"——反映教学成效提升的数据——若被不当地用于奖励与认可机制中，尤其是当薪酬改革直接与之挂钩时，可能会加剧教师间的竞争压力，导致教师过分关注评估结果与薪酬待遇，而疏于深入探究学生的潜能与个性化发展需求。长此以往，不仅可能削弱教育质量，还可能挫伤教师的职业热情与工作积极性。

面对教师层面增值分析所带来的挑战，我们需要从多个层面采取应对措施。

1. 区教育局领导层面

（1）提升解读能力：确保学校领导和负责人具备解读增值报告的专业能力，能够准确理解数据背后的意义。

（2）明确行动指南：为校长提供具体的行动步骤和期望，指导他们如何准备与教师分享增值数据，确保信息的有效传递。

（3）融入学校规划：鼓励校长将增值信息纳入学校改进计划的核心部分，作为推动学校发展的重要依据。

（4）分享教学策略：为校长提供多样化的教学方法和策略，以便他们与教师分享，共同促进教学质量的提升。

（5）强化沟通机制：制订周密的沟通计划，确保能够清晰地向学校及媒体解释增值分析结果，维护学校的良好形象。

2. 学校领导层面

（1）深化认识与适应：学校领导应深刻理解教师面临的新要求和责任，积极回应并适应变化，同时关注家长需求，制定符合期望的教学策略。

（2）谨慎沟通：在分享和讨论教师报告时，保持高度的谨慎与尊重，采用恰当的沟通方式，避免误解和冲突。

（3）关注教师心理：对教师可能因报告结果而产生的心理波动保持敏感，关注其自我价值感和职业认同，维护教师队伍的稳定性和积极性。

（4）营造良好的氛围：构建安全、尊重的工作环境，鼓励教师间公开分享数据，促进团队协作与共同成长。

（5）引导反思与行动：引导教师基于增值信息进行反思性思考，制定针对性的行动方案，持续提升教学质量和效果。

3. 教师个人层面

（1）精准定位：利用增值数据明确自身的教学优势和面临的挑战，为个人成长找准方向。

（2）合作交流：与其他教师建立合作关系，共同讨论增值信息，分享成功经验，探讨可行策略。

（3）学习榜样：寻找并观察高效教师的教学实践，学习其促进学生学业成长的有效方法。

（4）动态调整：运用形成性数据持续监控学生进步情况，根据反馈及时调整教学策略，确保教学目标的顺利实现。

（三）理解教师级增值报告

1. 增值报告中的专业术语

教师级增值报告与区教育局级增值报告、学校级增值报告存在差异。因此，在深入分析教师级增值报告时，不仅需要了解上文提及的专业术语，还需要了解以下教师级增值报告中独有的专业术语。

教师级增值报告中的专业术语

（1）估计

与国家普通教育证书中表示的增长标准相比，学生取得增长的保守指标，也是教师对学生成长影响程度的指标。

（2）指数

确定教师效能水平的依据，将教师的估计增值除以相关的标准误差，得到指数分数。

（3）级别

根据指数得分，每个教师都被分配到特定的表现级别。

- 最有效的：学生的进步远远超过省增长标准/省平均水平/学生平均水平的教师（教师指数=2或更高）。
- 高于平均水平：学生进步超过省成长标准/省平均水平/学生平均水平的教师（教师指数≥1且<2）。
- 平均：学生取得的进步与省增长标准/省平均水平/学生平均水平相当的教师（教师指数≥ -1且<1）。
- 接近平均水平：学生进步低于省成长标准/省平均水平/学生平均水平的教师（教师指数≥ -2且< -1）。
- 效率最低的：学生的进步远远低于省增长标准/省平均水平/学生平均水平（教师指数< -2）。

2. 教师级增值报告模板

以下是一个简化的2022—2023年教师级增值报告模板。

教师进步估计值和标准误差				
年份	估计值	标准误差	指数	水平
两年平均				
2023				
2022				

该报告聚焦于教师的进步估计值及其相关标准误差,旨在通过数据量化教师在一定时间段内的成长和发展情况。以下从表格结构和数据分析两个层面进行分析。

(1) 表格结构

- 年份:表格第一列列出 2022 年和 2023 年,表明报告关注这两年间教师的进步情况。
- 估计值:该列提供对应年份教师的进步估计值,基于评估体系或标准,综合考量教学质量、专业能力、学生成绩提升等维度得出。

  标准误差:该列显示估计值的标准误差,衡量估计值准确性,反映与实际值可能存在的偏差范围。在评估教师进步时,标准误差越小,说明估计值越可靠,越能准确反映教师的真实进步情况。

(2) 数据分析

- 趋势分析:比较 2022 年和 2023 年估计值,判断教师进步趋势。估计值增加表明教师进步,减少则需进一步分析原因。
- 准确性评估:标准误差大小对评估估计值准确性至关重要。较小标准误差表明估计值可靠,能较好反映教师实际进步。
- 综合评估:通过指数变化了解教师不同维度综合进步情况;通过两年平均评估教师进步稳定性和持续性。
- 增长标准:增长标准对学生成绩增长评估具有重要参考意义,有助于判断学校教学成效。

这份教师级增值报告通过量化的方式展示了教师在特定时间段内的进步情况,为评估教师发展提供了重要依据。

3. 分析教师级增值报告以确定存在的不足

报告详尽地阐述了教师在特定学科领域及年级层次中的教学效果,具体表现为教师的有效性水平评估。该评估体系紧密依托正态曲线等值(NCE)分数,将其作为基准,确保了评估的客观性与准确性。同时,每年均附标准误差分析,以量化评估的不确定性范围。报告不仅揭示了教师的优势领域，还深入剖析了存在的不足，为教师的专业成长指明了方向。

其核心亮点之一在于引入了教师指数分数这一概念，它作为衡量教师教学质量与成效的关键指标，直接反映了教师对学生学习进步的贡献程度。然而，在深入分析教师级增值报告时可能会发现存在的一些不足。例如，部分教师可能在特定学科或教学模块上的指数分数增长迟缓，甚至出现了停滞现象。这一现象可能折射出这些教师在教学策略上的局限性，他们未能有效激发学生的内在学习动力，或者在教学设计上没有充分考虑学生个体间的差异性，从而导致教学效果未能充分发挥，未能满足学生的学习需求。教师指数分数可能出现下滑趋势，这不仅是学生学习可能遭遇障碍的信号，也是对教师教学方法、课堂管理能力及学生个性化辅导策略的一次深刻拷问。因此，教师在面对教学挑战时，可能需要调整教学策略，优化课堂互动，以及加强对学生的个性化关注与辅导，以克服现有的教学短板，重新激发学生的学习热情，提升整体教学效果。

为了更全面地评估教师的教学成效，报告还巧妙地通过对比教师连续两年平均有效性等级的变化，来评估其是否达到了省级增长标准的门槛。在这一比较过程中可以进一步识别出教师在教学成效上的不足。例如，有些教师的平均有效性等级虽然保持稳定，但始终未能达到或超越省的平均水平，这提示出其教学可能存在某种程度的瓶颈，需要深入探究原因并寻求突破。同时，对于连续两年有效性等级显著下降的教师，报告更是直接指出其在教学上所存在的严重问题，需要立即采取措施进行干预和支持。

综上所述，通过分析教师增值报告，不仅可以看到教师的成就与亮点，也可以清晰地认识到存在的不足与挑战。这些分析结果为教师个人成长提供了宝贵的反馈，也为教育管理部门制定针对性的支持措施、优化资源配置、促进教育公平与质量提升提供了重要依据。

四 案例分析：ABC 中学教育改进增值报告

下面引用 *How to Use Value-Added Analysis to Improve Student Learning—A Field Guide for School and District Leaders* 中所使用的学校级增值报告。它由

SAS 制作，并通过 SAS Institute，Inc. 的教育增值评估系统（Educational Value-added Evaluation System）服务提供给各学校。

学校平均 NCE 增值估计值						
年级 增长标准	5	6	7	8	相对于增长标准的 各年级平均 NCE 增值
2008 年平均 NCE 增值	-3.2	5.6	-0.4	3.3	1.4
标准误差	1.0	1.0	1.0	1.0	0.5
2009 年平均 NCE 增值	0.7	-0.5	-11.1	3.1	-1.6
标准误差	1.0	1.0	0.9	0.9	0.5
2010 年平均 NCE 增值	-5.7	2.8	-8.6	-2.0	-3.3
标准误差	1.0	1.0	0.9	0.9	0.5
三年平均 NCE 增值	-2.7	2.6	-6.7	1.5	-1.2
标准误差	0.6	0.6	0.5	0.5	0.2
学校级平均 NCE 分数估计值					
年级	5	6	7	8	
区教育局基准年 （2007 年）	50.0	50.0	50.0	50.0	
2007 年平均 NCE 分数	56.2	54.2	54.5	59.7	
2008 年平均 NCE 分数	56.9	61.8	53.8	57.8	
2009 年平均 NCE 分数	52.5	56.4	50.7	56.9	
2010 年平均 NCE 分数	49.5	55.3	47.8	48.7	

	平均 NCE 增值估计值高于增长标准至少 2 个标准误差
	平均 NCE 增值估计值高于增长标准至少 1 个标准误差，但不足 2 个标准误差
	平均 NCE 增值估计值与增长标准的差距在 1 个标准误差之内
	平均 NCE 增值估计值低于增长标准超过 1 个标准误差，但不超过 2 个标准误差
	平均 NCE 增值估计值低于增长标准超过 2 个标准误差

这份报告详尽记录了 ABC 中学自 2008—2010 年的数学成绩动态。报告顶部，"学校平均 NCE 增值估计值"直观地展示了学生跨年级与学年的进步轨迹；而底部则通过"学校平均 NCE 分数估计值"呈现了各年级学

生的平均成绩概况。在分析此增值报告时，应遵循以下步骤：

第一步：了解正态曲线等值（NCE）分数估计值。

审视2010年数据，七年级学生的平均NCE分数为47.8分，相较于区教育局基准年偏低，表明该年级学生在该年度未能达到区域平均水平。同一批学生的表现可以通过沿对角线向左追溯。2009年六年级学生的平均NCE分数为56.4分，2008年五年级学生的平均NCE分数为56.9分。因此，这批学生自四年级（2006年，平均NCE为56.9分）至七年级，成绩呈现下滑趋势，未能维持原有优势或稳定表现。

第二步：确定年平均增值。

在审视2010年七年级平均NCE增值估计值时，可以看到数字-8.6和深灰5%单元底色。数字-8.6表示2010年七年级学生的平均成绩从56.4分（2009年六年级学生的估计平均成绩）降为47.8分。全色彩表中深灰5%单元底色，表示平均增值比预期值低至少两个标准误差。

第三步：确定三年平均增值。

报告计算了从2007年到2010年这三年间的平均NCE增值估计值，这有助于更全面地了解学生在较长时间段内的学业成绩变化。这里可以看到八年级学生在过去三年中每年的平均成绩提高了1.5个百分点。查看三年平均值有助于更可靠地了解一段时间内计划的有效性。

第四步：确定相对于增长标准的增值幅度。

2010年，四年级到八年级的平均NCE增值估计值为-3.3，标准误差为0.5。这意味着在很大程度上可以肯定的是，2010年各年级学生的平均进步明显低于预期。

除此之外，分析学校级增值报告还需回答以下关键问题：2010年，哪一年级的学生在该科目上取得了最高的平均成绩？哪一年级的平均成绩相对较低？2010年，哪个年级的学生在该科目上的成绩增长最为显著？哪个年级的增长幅度最小？从学生增值的角度来看，这所学校的这门课程2023年的整体表现如何？是否达到了预期的教学目标？

通过对报告的审查，可以明确在平均成绩方面，六年级学生以NCE

教育增值评价的理论与应用

55.3 分的佳绩领跑，成为各年级中平均成绩最高的群体；而七年级学生则以 NCE 47.8 分的表现垫底，显示出相对较低的学业水平。就增长幅度而言，报告揭示了一个显著的对比：2010 年，六年级学生实现了最高的平均 NCE 增长，达到了 2.8 分，显示出积极的学习进步；相反，七年级学生的平均 NCE 增长却为负值，具体为 –8.6 分，表明其学业表现有所下滑。通过总结可以得出，2010 年的数学项目表现呈现出明显的分化现象。除六年级外，其他年级学生的学业成绩均未达到预期水平。更为引人关注的是，在过去三年内，学生的总体学习收益呈现出逐年递减的趋势，这一状况未能满足既定的教学目标。

综上所述，通过对 ABC 中学 2008—2010 年数学成绩的深入分析，可以发现，学生在不同年级的学业表现存在显著差异。尽管六年级学生在该时段内展现出了相对较高的平均成绩和显著的增长势头，但七年级学生的学业成绩却出现了明显的下滑，成为全校表现最弱的年级。此外，从更宏观的视角来看，在过去三年间，学生的总体学习收益并未呈现出积极的增长趋势，反而逐年递减，这明显未达到学校预期的教学目标。因此，学校管理层需要高度重视这些发现，深入剖析成绩下滑的原因，并制定相应的改进措施，以提升学生的学业成绩，促进教育质量的全面提升。

本节全面而系统地探讨了如何评估区教育局级、学校级以及教师级增值报告，以确定各层级在教育质量提升过程中可能存在的不足。通过强调各层级增值报告的重要性，可以认识到这些报告不仅是衡量教育成效的关键工具，而且是推动教育持续改进的宝贵资源。在理解各层级增值报告的过程中，深入解析了其中的专业术语，这有助于更准确地把握报告的核心内容和数据含义。同时，本节还提供了详细的报告模板和阅读步骤，为教育工作者和决策者提供了清晰的指引，帮助他们更有效地分析和利用增值报告中的数据，从而精准识别教育体系中存在的问题和短板。

通过本节的学习，不仅能够掌握评估各层级增值报告的方法和技巧，还能够更加深刻地理解教育质量的多元维度和复杂性。这将有助于在未来的教育实践中，更加注重数据驱动和证据支持，以更加科学、精准的方式推动教育质量的全面提升。

第三节　增值评价驱动的三级教育体系持续改进之路

前两节深入探讨了增值评价的基本概念与实施策略,揭示其作为现代教育评价体系中的重要一环,如何为教育系统的整体改进提供了坚实的框架与科学依据。通过细致剖析,可以认识到增值评价不仅关注学生的学业增值,而且着眼于教育过程的优化与质量的持续提升;同时,见证了增值报告对不同层级(区教育局级、学校级与教师级)的独特影响力与价值体现,它们如同一面多棱镜,从不同角度折射出教育系统的运行状态与改进方向。

在此基础上,本节将进一步深化增值评价的实践应用,聚焦于如何利用这些宝贵的评价结果,通过计划、执行、检查和行动(Plan Do Check Act,PDCA)这一经典的持续改进模型,在区教育局、学校和教师三级构建起一个闭环的教育教学改进体系。本节将探讨如何将增值评价的精准数据转化为切实可行的改进策略,如何在不同层级间建立有效的沟通与协作机制,以确保改进措施能够精准对接需求、高效落地实施,并最终实现教育教学质量的全面提升。

通过本节的学习,期望能够进一步激发教育工作者对于增值评价价值的认识与重视,促进其在教育教学实践中的广泛应用与深度融合,共同推动教育系统的持续健康发展。

一　PDCA 模型在教育教学改进中的应用

(一) PDCA 模型概述

计划、执行、检查和行动(PDCA)方法最早由美国统计专家 Walter A. Shewart 在 20 世纪 30 年代创建和定义。随后,在 20 世纪 50 年代,该方法论经由 W. Edwards Deming 的深化与发展，逐渐演化为全球公认的持续改进的基石之一。模型中的一个阶段从"研究"发展到"检查"，因为 William Edward Deming 发现，"检查"强调检验，比分析更重要。PDCA 循环理论虽然最早被应用于企业生产管理领域，但在发展过程中这一理论已被逐渐运用到其他领域当中，例如工业、医学、政府管理、教育等等。

PDCA 模式有利于实施系统的改进，并通过制定标准和在教育改进中持续标准化来实现预防再次发生错误的改进。PDCA 模式包括计划、执行、检查、行动四个阶段。

- "计划"步骤涵盖了对现有情况的深入分析与评估。在清晰界定所有潜在原因及深入挖掘根本原因之后，该领域内的改进机会被清晰识别并被置于优先考虑的位置。随后，提出并规划了针对系统的具体变更方案，并设定了与这些改进紧密相关的明确目标。
- 在"执行"步骤中，通常采取小规模或试点方式实施更改，以便收集、研究与分析所需的数据。针对每项变化，均会进行测试，并系统收集数据，以支持后续阶段的比较分析，明确展示变更前后的有效性差异。
- "检查"步骤聚焦于分析变更实施后的具体成果，旨在提炼从中获得的宝贵经验教训。此阶段还涉及将实际成果与预设目标进行细致对比，以评估解决方案是否达成了预期效果，并判断其带来的成果是否充分。
- 在"行动"步骤中，若更改成功促进了改进，则会将其在更广泛的范围内推广与应用。反之，若未达到预期效果，则考虑放弃该更改。这一过程往往具备迭代性质，复杂问题的解决可能需经历多个循环周期。

一般来说，PDCA 循环是多轮、动态的循环，而不是独立、静止的循环，强调每一轮循环的整体性、上升性，每一个阶段问题的解决均呈现出滚动式推进，螺旋式提升的过程。PDCA 循环系统具有大环带小环、封闭循环性和阶梯上升性三个主要特点，如图 5-2 所展示，它并非简单的线性流程。当在"行动"阶段末尾达成计划目标后,应重新启动循环,持续探索更优方案,力求实现不断的改进与提升。

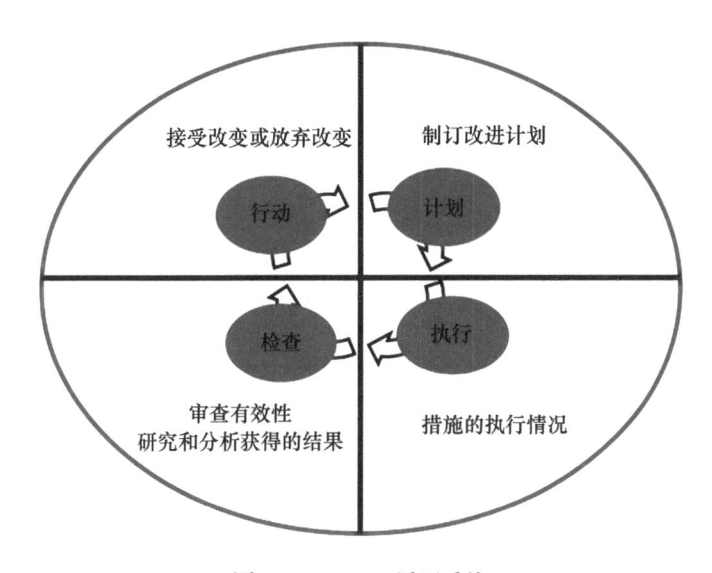

图 5-2 PDCA 循环系统

(二) PDCA 模型在教育教学改进中的策略

1. 计划（Plan）阶段

本章第二节评估了区教育局级、学校级及教师级的增值报告,接下来,基于这些增值评价报告,深入剖析其存在不足之处的根本原因是至关重要的。除此之外,在此阶段还需针对存在不足的根本原因设定清晰明确的目标,并制订对现行系统或流程进行改进的具体计划。

(1)剖析存在不足的根本原因

在教育教学改进的过程中,剖析其根本原因,主要可归结为以下两点：

首先,对存在不足的根本原因的探索为教育改进提供了关键杠杆,这有助于教师团队实现更高质量的教学成果。通过深入分析存在不足及其根本原因,团队能够更有针对性地改进教育流程、提升教学效果。当教育团队深入理解了其自身工作对学生学习质量和绩效的影响时,他们更有可能反思并调整其自身行为。例如，当发现教学方法不适应学生需求时，团队应迅速做出调整，以优化学习体验。这种及时的反思和调整不仅有助于改善当前的教学效果，还能为未来教学提供宝贵的经验和参考，最终推动团队整体绩效的提升。

此外，对存在不足的根本原因的探索还会促使个人对现状承担更大的责任。现代教师不仅要对其自身的教学行为负责，还需为学生的学业表现负责。相较于过去主要聚焦于课程设计和教学表现，现代教师需综合考虑更多的复杂因素，特别是对学生学业成绩的影响。随着国家基础教育质量监测、省级基础教育质量监测和增值评价的实施，教师对学生学业成绩的影响得到了更为精准的评估。这一评估机制使得教师更直接地与学生的学业表现挂钩，深刻认识到其自身的教学决策将直接影响学生的学习成果。强调个人责任感和自我反思，有助于激发教师提升教学质量的积极性和主动性。通过深入剖析问题产生的根本原因，并针对性地改进其自身的教学行为，教师能够持续提升学生的学习质量，从而对整体绩效产生积极的影响。这种强烈的责任感和持续的反思意识是推动教育领域不断进步的关键动力。

深入剖析存在不足的根本原因不仅是提升教育团队教学成果的关键，而且是教师个人成长和专业发展的重要途径。要实现这一目标，采取切实有效的策略至关重要。根本原因分析（Root Cause analysis）是一个统称，描述了用于发现问题产生原因的各种方法、工具和技术。它被应用于各个领域，具有不同的目的。一般来说，根本原因分析可被定义为一个分析过程，通过分析来确定问题，了解从理想状态转变为不理想状态的因果机制，并找出问题产生的根本原因，通过采取具体行动计划防止问题再次产生。分析根本原因的方法有很多，其中包括头脑风暴法（Brainstorming-based methods）、分类法（Category-based methods）和因果关系图法（Causal relation mapping methods）等等。

本节将采用因果关系法中的鱼骨图法和 5 Why 法相结合的综合分析方法，将鱼骨图法与 5 Why 法的分析结果进行整合，形成对教育过程中存在不足原因的全面认识。首先，基于增值报告明确当前存在的不足，这可能涉及教学质量、学生参与度、师资力量、课程设置、教学设施等多个方面。将存在的不足置于鱼头位置，然后从多个角度（如人、机、料、法、环、测等）出发，绘制鱼骨，列出可能导致不足的所有关键原因。其次，对诊断树中的关键子原因进行 5 Why 法分析。通过 5 Why 法的追问过程，分析产生问题的根本原因。这些原因可能是深层次的、不易察觉的，但对问题的产生起着决定性的作用。

首先，运用鱼骨图这一因果图工具分析存在不足的关键原因。鱼骨图，又称石川图，在教育改进领域扮演着举足轻重的角色。这一图形由日本质量控制统计学家石川在 20 世纪 60 年代首创，其核心功能在于分解已知事实，以有序的方式呈现结果。由于其具有直观展示因果关系的特性，它亦常被称作因果关系图。简而言之，鱼骨图是一个高效的呈现模型，专门用于揭示一个事件（结果）与其众多潜在原因之间的复杂关联。这种图示主要展现事件（结果）与多个原因之间的相关性，为团队成员提供了一种结构化的思考方式。构建鱼骨图益处良多：它不仅可以协助采用结构化方法探寻问题或质量特征的根源，还鼓励小组成员参与，发挥其对过程的了解，更能确定需深入探究的数据收集领域。

典型的鱼骨图如下所示：

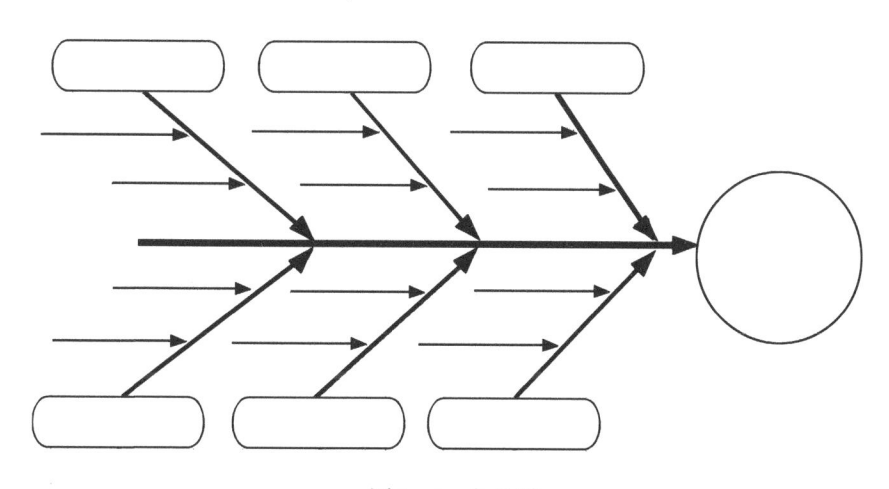

图 5-3　鱼骨图

在分析存在不足的领域时，首先将存在的不足作为"鱼头"，然后从区教育局、学校和教师三级（如区教育局政策、学校氛围和教师教学等）进行原因分析，将各因素作为"鱼骨"。针对每个方面，进一步细化分析，找出具体的原因或影响因素，并将其标注在相应的"鱼骨"上。其中较粗的骨头代表大类因果关系，随后再细分具体的子类别。在完成每个类别的分析后，教育团队会重新审视原因列表，精简内容，仅保留团队认为对已取得的成绩领域起主要作用的关键因素。保留的每个原因都需有充分的证据支持，可以是客观数据或主观经验。通常，最终会筛选出两到四个关键原因，构成已取得的成绩领域的核心原因集。

接着在鱼骨图的基础上，通过 5 Why 法的追问过程，分析存在不足的根本原因。5 Why 法是解决问题的最简单工具，它是由日本发明家和实业家丰田佐吉在 20 世纪 50 年代开发的经典 RCA 方法。5 Why 对鱼骨图中确定的原因反复追问"为什么"，以找到真正的根本原因，确保制定出正确的对策来解决这个问题。5 Why 背后的理论是，在分析不利结果时首先想到的因素可能并不是错误发生的根本原因。通过对发现的每个因素反复追问"为什么"，调查人员就能更好地了解失败的主要原因。

5 Why 法如下图所示：

从鱼骨图中选取一个关键子原因作为 5 Why 分析法的起点。针对这个问题，连续追问五个"为什么"，关于每个"为什么"的回答都将成为下一个"为什么"的起点。这个过程旨在深入挖掘存在不足的根本原因。将每个"为什么"的答案记录下来，并进行分析。通过这个过程，可以逐步揭示出已有不足的本质，找到导致问题产生的根本原因。根据 5 Why 分析法的结果，制定针对性的解决措施。这些措施应该直接针对存在不足的根本原因，以确保存在不足的有效解决。

鱼骨图有助于系统发掘教育过程中存在不足的潜在原因，通过沿着不同的类别分支路径，能够找到各种潜在原因，并最终确定关键原因。通过构建鱼骨图，能够清晰地揭示出教育问题产生背后的多层次、多维度原因，从而为教育改进提供有力的支撑。此外，鱼骨图还鼓励教师共同参

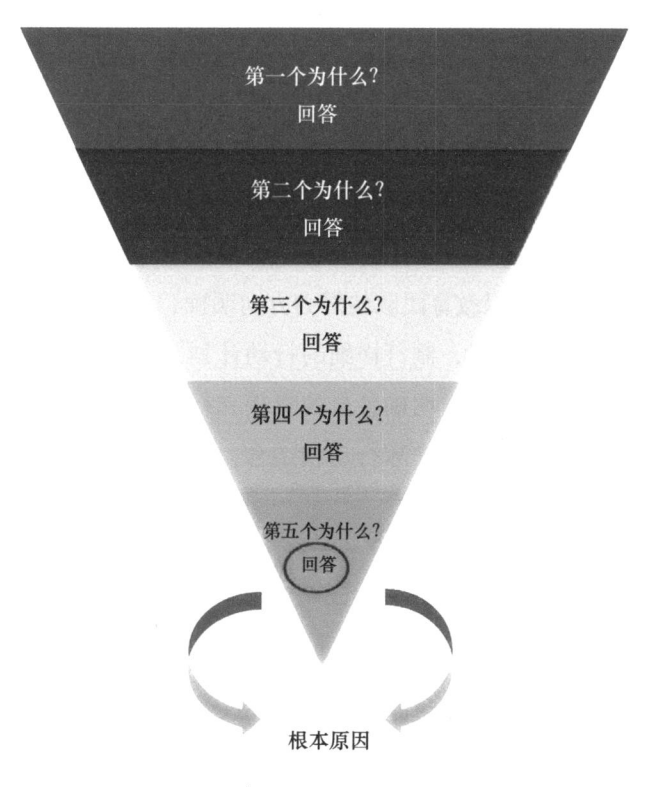

第五章 增值评价改进教学的实践应用

```
第一个为什么？
回答

第二个为什么？
回答

第三个为什么？
回答

第四个为什么？
回答

第五个为什么？
回答

根本原因
```

图 5-4 5 Why 法

与，集思广益，共同解决教育难题。5 Why 法通过连续追问"为什么"，能够引导分析者深入问题的核心，揭示出隐藏在表面现象之下的根本原因。这种方法避免了仅解决表面症状而忽视真正问题的做法，有助于实现对问题的根治。此外，通过不断运用其来分析和解决问题，组织可以逐步优化其流程和制度，提高整体的工作质量和效率，有利于增强团队沟通和协作能力。因此，将鱼骨图与 5 Why 法相结合应用于教育改进中，不仅能够提升教育质量，还能够促进教育团队的协作与共同成长。

(2) 确定行动目标，制订行动计划

在深入剖析存在不足的根本原因后，对存在的不足有了更为清晰的认识。然而，仅仅理解这些原因并不足以推动实质性的改进。因此，接下来，需要将这些根本原因转化为具体的行动目标，并制订切实可行的行动计划。

George Doran 首先介绍了制定有效管理目标的具体的、可测量的、可分配的、现实的和与时间相关的（SMART）方法。SMART 代表 Specific（具体的）、Measurable（可度量的）、Achievable（可实现的）、Relevant（相关的）、Time-bound（有时限的）。通过制定与根本原因紧密相关的 SMART 目标，可以确保教育团队的努力方向明确，并能够在规定的时间内取得可量化的成果。同时，制订详细的行动计划，将目标分解为具体的步骤和任务，有助于团队成员明确各自的责任和行动路径。这样的衔接不仅有助于更好地将原因分析与实际行动相结合，还能确保教育改进工作的连贯性和有效性。

SMART 目标在教育改进中至关重要，它提供了明确、可操作的指导原则。

①"具体性"让教育改进计划目标清晰明确，避免模糊性。明确的目标使教师能针对性地制定改进策略，提升改进效率。

②"可度量性"使教育改进成果得以量化评估。通过设定可衡量指标，教师能客观评估改进效果，及时调整策略，确保改进工作的高效进行。

③"可实现性"确保教育改进目标合理可行。合理的目标能激发教师的积极性，避免过高或过低目标所带来的挫败感或无效努力。

④"相关性"强调教育改进目标与学校整体改进计划的协调一致，保障改进工作的整体性和协调性。

⑤"有时限性"为教育改进设定明确的时间框架，促使教师在规定时间内完成任务，提高工作效率。同时，时限性也有助于优先处理重要和紧急任务。

SMART 目标在教育改进中占据着举足轻重的地位，它不仅为改进工作提供了明确、可操作的指导原则，还确保了改进工作的有效性、高效性和整体性。正是有了 SMART 目标的引领，我们才能更加精准地定位问题，

SMART 目标模板

目标（一句话）：	
我的目标是如何具体的	
如何衡量我的目标	
如何实现我的目标	
我的目标是如何相关的	
我的目标是如何有时间限制的	

制定出切实可行的解决方案。

而要将这些目标落地实施，一份详尽的行动计划则显得尤为重要。行动计划作为一份具体、详细且具有指导性的文件，旨在帮助个人或团队明确实施某项具体行动的步骤和时间表，从而确保目标的顺利达成。行动计划通常涵盖了目标的明确性、目标分解、实施步骤的制定、时间表规划、风险评估与应对策略以及反馈与挑战等多个关键要素。

行动计划作为一种简洁而有效的管理工具，对于指导学校实现改进具有不可替代的作用。通过制订有效的行动计划，学校能够拥有一个明确的议程和时间表，进而有序地推进各项工作，提高改进工作的效率和质量。可以说，制订有效的行动计划是决定学校进步率的关键因素之一。

制订有效的行动计划应遵循以下原则：

①一旦收到评估专家的口头反馈，应立即考虑制订行动计划。

②设立指导委员会，包括管理机构成员，以监督计划的制订。

③对于采取特殊措施或存在严重弱点的学校，应采纳地方教育局的建议，并与顾问一起共同制订计划，同时熟悉地方教育局的行动声明，以支

持学校发展。

④确保所有关键人员参与计划制订，包括教学人员、非教学人员、协调员、学科带头人和负责人。

⑤制定详细时间表，明确活动关键点、行动起始时间、关键里程碑或审查点，以便监测和评估进展，并向管理机构定期报告。

因此，我们应深刻地认识SMART目标与行动计划在教育改进中的关键作用，并根据实际情况灵活运用这两个工具，推动教育事业的稳步发展。

2. 执行（Do）阶段

在执行（Do）阶段，要执行前一阶段的行动计划。针对从学校级增值报告中识别出的"成绩较好和较差的两个小组学习增长远低于预期"的问题，已利用鱼骨图与5 Why法做出深入剖析，明确了其根本原因涉及区教育局、学校和教师三级层面。其中，区教育局级包括区教育局资源分配不精准、校际合作深度不够和教育质量检测滞后等根本原因；学校级包括个性辅导覆盖面有限和家校合作深度与参与度不一等根本原因；教师级包括教师培训与激励的持续性挑战、教学效果评估和反馈机制不完善等根本原因。基于这些根本原因，我们设定了具体的SMART目标：

- S（具体，Specific）：在接下来的一个学年内，我们将具体针对学校级增值报告中识别出的成绩较优和较差的两个小组，实施一系列针对性的改进措施。
- M（可测量，Measurable）：成绩较优小组的学习增长率需达到或超过原设定的预期水平的90%。成绩较差小组的学习增长率需实现至少50%的原设定的预期增长。两者之间的增长差距需缩小至不超过15个百分点，通过对比改进前后的学习增长率来衡量。
- A（可达成，Achievable）：这些目标基于深入分析得出的根本原因和已制订的行动计划，是通过合理调配资源、优化教学管理和提升教学质量等措施可以实现的。
- R（相关性，Relevant）：这些目标与提升学校整体教学质量、促进教育公平和学生全面发展紧密相关，是教育改进工作中的重要组成部分。
- T（时限，Time-bound）：所有目标均设定在接下来的一个学年内完成，即具有明确的时间限制。

综上所述，SMART 目标为：在接下来的一个学年内，通过实施针对性的改进措施，确保成绩较优小组的学习增长率提升至预期水平的 90% 以上（具体量化指标），同时帮助成绩较差小组实现至少 50% 的预期增长（具体量化指标），并努力将两者之间的增长差距缩小至不超过 15 个百分点（具体量化差距），以推动学校整体教学质量的提升和教育公平的实现。

为达成这一目标，我们制订了以下具有针对性的行动计划，并进入执行阶段。

(1) 区教育局层面
- 成立专项工作组，负责协调教育资源的重新分配，确保每所学校都能获得与其需求相匹配的优质师资和教学资源。
- 定期举办区教育局内的校际教学交流活动，邀请成绩优异学校的教师分享其成功经验，促进教学方法的相互借鉴与融合。
- 实施区教育局教学质量监测计划，通过定期评估各校教学质量，及时发现并解决问题，为学校提供针对性的指导和支持。

(2) 学校层面
- 推行精细化管理，优化教学管理流程，确保教学计划的执行到位和教学质量的有效监控。
- 根据学生能力水平的差异，灵活调整课程设置，引入更多元化的教学内容和方式，以满足不同学生的学习需求。
- 建立完善的学生辅导体系，为成绩较差的学生配备专门的辅导教师，实施一对一或小组辅导，提供个性化的学习支持。
- 加强与家长的沟通与合作，定期召开家长会，分享学生的学习进展，听取家长的意见和建议，共同促进学生的健康成长。

(3) 教师层面
- 组织多样化的教师专业培训，涵盖最新教育理念、教学方法和技术应用等方面，提升教师的专业素养和教学能力。
- 鼓励教师实施差异化教学策略，针对不同学生的特点和需求设计教学方案，激发学生的学习兴趣和潜能。
- 建立教师协作平台，促进教师之间的经验分享和互相学习，形成良好的教学氛围和团队精神。
- 实施教师激励机制，对在教学工作中表现突出的教师给予表彰和奖励，提高教师的工作积极性和职业满意度。

行动阶段是将理论、计划转化为实际操作的关键环节，是实施教育改进的关键步骤。通过具体的行动，可以推动区教育局、学校和教师三级的改进和提升。只有通过具体的行动，才能将设定的目标和策略付诸实践，从而推动教育改进向前发展。

3. 检查（Check）阶段

在检查阶段，团队将分析实施行动计划的结果并将其与计划步骤中所述的SMART目标进行比较。检查步骤在决策和定义进一步步骤方面至关重要。以下是具体的检查步骤和关注点。

(1) 数据收集与分析
- 学习增长率跟踪：定期收集成绩较优和较差两个小组的学习成绩数据，对比改进前后的变化，评估学习增长率的提升情况是否达到预期。
- 资源分配效率：评估区教育局层面协调教育资源的效果，检查优质师资和教学资源的分配是否更加均衡，以及这种分配是否促使了学习增长率的提升。
- 教学质量监测：回顾学校层面的教学质量监控报告，分析教学管理流程优化、课程设置调整、学生辅导与跟踪机制的实施效果，以及它们对学生学习成果的具体影响。
- 教师培训与反馈：收集教师参加专业培训后的反馈，评估其在教学技能、教学方法上的提升情况，以及差异化教学策略的实施效果。同时，检查教师间协作与反馈机制的运作情况，了解教学经验的共享与改进程度。

(2) 进度评估

- SMART 目标对比：将当前的学习增长率、资源分配、教学质量、教师培训等方面的实际情况与设定的 SMART 目标进行对比，评估是否按照预定计划推进了教学工作，并识别任何偏离目标的情况。
- 时间节点检查：检查各项行动计划是否按照预定时间节点完成，对于滞后的项目，分析其原因并制定补救措施。

(3) 问题识别与原因分析

- 瓶颈分析：在数据分析和进度评估的基础上，利用鱼骨图识别出影响目标达成的关键瓶颈和障碍。
- 5 Why 法应用：针对识别出的问题，再次运用 5 Why 法进行深入分析，找到问题产生的根本原因，为后续的改进措施提供依据。

(4) 家校合作评估

- 评估家校合作机制的建立和执行情况，了解家长对学生学习进展的知晓程度以及家长对学校工作的支持和配合情况。
- 收集家长反馈，了解他们在促进学生学习方面的需求和建议，以便进一步完善家校合作机制。

(5) 总结与报告

- 编写检查阶段的总结报告，详细记录各项行动计划的执行情况、数据分析结果、问题识别与原因分析、家校合作评估等内容。
- 将总结报告提交给相关领导和团队成员，以便大家都了解当前的进展和存在的问题，为下一阶段的行动提供指导。

检查阶段的主要任务是评估行动阶段所采取的措施是否达到了预期的效果。

通过对实际成果与预期目标的对比，可以清晰地了解改进措施的有效性和可行性。此外，检查阶段是持续改进循环中的一个重要环节。通过不断地检查、评估和调整，可以推动区教育局、学校和教师三级持续改进和提高，从而实现教育改进的长期成功和发展。

4. 行动（Act）阶段

在"行动"阶段，团队记录实施行动计划的结果并决定采用或拒绝更改方案。其中，PDCA用于持续改进，因此，它不是一个从开始到结束的过程。在行动阶段，应继续另一项计划，以寻求更好的改进方式。

(1) 记录实施结果

随着行动计划的逐步推进，团队需要详细记录每一项措施的实施情况、所观察到的现象、所收集到的数据以及任何重要的发现。这些记录将成为后续评估效果、决策调整的重要依据。通过数据化、可视化的方式呈现结果，有助于团队成员更直观地了解进展和成效。

(2) 评估效果与反馈

在记录实施结果的基础上，团队需要对实施效果进行全面的评估。这包括与目标进行对比分析，判断是否达到了预期的效果；同时，也要关注实施过程中出现的问题、挑战以及潜在的改进空间。通过收集团队成员、学生、教师、学校等相关者多方面的反馈意见，形成对实施效果的综合评价。

(3) 决策采用或拒绝更改

基于评估结果和反馈意见，团队需要做出是否采纳或调整更改的决策。如果实施效果显著，达到了预期目标甚至超出了预期目标，那么团队可以考虑将相关措施固化为标准流程或制度；如果实施效果不理想或存在严重问题，团队则需要深入分析原因并制定相应的改进措施或替代方案。

(4) 持续规划与改进

值得注意的是，在行动阶段结束时并不意味着整个PDCA循环的结束。相反，这是一个持续改进过程的开始。团队应根据评估结果和反馈意见制订新的计划或调整现有计划以寻求更好的改进方式。这种不断循环、不断优化的过程是推动组织、产品或服务持续进步的关键所在。

在完成了上述步骤后，团队将进入下一个行动阶段，但此时它已经是一个基于新认知、新目标和新计划的全新起点。在这个阶段中，团队将再次经历计划、执行、检查和行动的循环过程，但每一次循环都将建立在之前循环的经验和教训之上，从而实现更高层次的改进和优化。这种不断迭代、不断升级的过程正是PDCA循环所倡导的持续改进理念的具体体现。

二 案例分析与经验分享

校长鲍比擅长运用电影来阐述重要观点。他曾在一次对话中，将传统的学校教育比作电影《第一滴血2》。鲍比聚焦兰博的任务：兰博被派往越南，目的并非营救失踪人员，而是记录许多人仍被囚禁的情况。鲍比解释说："学校历来如此。孩子们就像是学校的囚犯。我们一直在记录他们挣扎、不学习、不成长的情况，但并未调整教学策略来拯救他们。我们收集数据，记录现状，却缺乏行动。"因此，从鲍比的角度来看，学校改革的关键在于行动。

鲍比与他的团队针对分类增值数据做出了调整。他们检查年度进步（Adequate Yearly Progress）分组数据后发现，残疾学生在科学和社会研究方面取得了显著进步，但在数学和阅读方面则进步缓慢。原因何在？残疾学生在学校地下室的独立资源室接受数学和阅读指导，而在社会研究和科学方面，则融入五年级和六年级的常规课堂。为此，第一步是为接受特殊教育的学生创造更多的包容性机会。复制成功模式，摒弃失败做法，是教育者利用增值信息改进实践的重要方式。鲍比的团队还调整了主时间表，将每节课缩短四分钟，以设立新的教学时段。这一变化使每周增加了五次干预机会，便于教师根据数据做出反应，并提供额外支持。这些时段被称为"无新教学"（No New Instruction）。这些干预期灵活多变，老师共同决定哪些学生及领域需要干预，并经常调整干预名单。作为战略的一部分，团队还开发了分层干预项目。由于这一干预模式，课后辅导的必要性大大降低。

(此案例引自 *How to Use Value-Added Analysis to Improve Student Learning—A Field Guide for School and District Leaders*)

这个案例展示了鲍比校长及其团队如何成功运用 PDCA 模型（Plan Do Check Act）推动学校改革。他们首先制订了包容性教育计划（Plan），通过调整时间表、设立"无新教学"时段和分层干预项目来实施（Do）。随后，通过收集和分析分类增值数据来检查（Check）改革效果，特别是残疾学生在不同学科领域的进步情况。最后，根据评估结果调整策略，复制成功模式并摒弃失败做法，持续改进教育体系（Act），从而有效促进了学生的成长与发展。

然而，它与本节介绍的，涵盖区教育局、学校和教师三层次的教育教学改进体系相比较，存在明显不同。具体而言，校长鲍比并未采纳这一三级模式，即区教育局、学校及教师层面，来实施 PDCA（计划、执行、检查、行动）模型以推进教育优化工作。从区教育局、学校和教师三级对此案例进行补充和优化的内容如下。

（一）区教育局级（PDCA）

1. Plan（计划）

（1）根本原因：区教育局在特殊教育资源的分配和整合上存在不足，导致残疾学生在某些学科（如数学和阅读）上进步缓慢。

（2）SMART 目标：在未来两年内，确保全区残疾学生在数学和阅读方面的年度进步率提升至与全区平均水平相当，同时提高特殊教育资源的有效利用率。

（3）制订的行动计划：

- 加大对特殊教育资源的投入，包括师资培训、教学材料和设备更新。
- 推动区教育局内各学校之间的特殊教育资源共享与合作。
- 制定特殊教育课程标准和评估体系，确保教学质量和效果。
- 鼓励学校采用包容性教育模式，减少残疾学生在独立资源室的时间，增加其融入常规课堂的机会。

2. Do（执行）

(1)实施上述行动计划，确保资源到位并得到有效利用。

(2)组织特殊教育师资培训，提升教师的教学能力和专业素养。

(3)监督各学校执行包容性教育政策，确保残疾学生得到公平对待。

3. Check（检查）

(1)定期检查残疾学生的学业进步情况，特别是数学和阅读方面的成绩。

(2)评估特殊教育资源的利用效率和效果，识别存在的问题和瓶颈。

(3)收集教师、学生和家长的反馈意见，了解特殊教育实施情况。

4. Act（行动）

(1)根据检查结果调整资源分配策略，优化特殊教育资源配置。

(2)针对存在的问题制定改进措施，并跟踪其实施效果。

(3)表彰在特殊教育方面表现突出的学校和个人，激励全区教育工作者共同努力。

(二) 学校级（PDCA）

Plan（计划）

(1)根本原因：学校在特殊教育的教学策略和支持体系上需要改进，以提升残疾学生在数学和阅读方面的成绩。

(2)SMART目标：在一年内，将残疾学生在数学和阅读方面的年度进步率提高20%，同时减少他们在独立资源室的时间。

(3)制订的行动计划：

调整课程安排，增加残疾学生融入常规课堂的机会。

实施分层干预项目，为不同学习水平的学生提供个性化支持。

设立"无新教学"时段，增加干预机会，提供额外辅导。

加强与家长的沟通与合作，共同促进学生的学业进步。

Do（执行）、Check（检查）、Act（行动）与区教育局级类似，但更侧重于学校内部的具体实施和调整。

(三) 教师级（PDCA）

Plan（计划）

(1) 根本原因：教师在针对残疾学生的教学策略和方法上需要创新和优化。

(2) SMART 目标：在本学期内，提升教师自己所教残疾学生在数学和阅读方面的学习兴趣和成绩，至少提高10%的及格率。

(3) 制订的行动计划：

根据学生的学习需求和能力水平，制订个性化的教学计划和干预措施。

在"无新教学"时段内，为需要额外支持的学生提供有针对性的辅导。

积极参与学校的特殊教育培训和研讨活动，提升教师自己的专业素养和教学能力。

与家长保持密切联系，共同关注学生的学习进步和困难。

Do（执行）、Check（检查）、Act（行动），教师将根据他们自己的教学计划执行，定期检查学生的学习进展情况，并根据反馈调整教学策略和方法。

通过这样的 PDCA 循环，区教育局、学校和教师三级能够协同工作，共同推动特殊教育改革的深入发展，最终实现残疾学生学业成绩的显著提升和教育质量的全面提高。

三 总结和展望

在增值评价驱动的三级教育体系持续改进之路上，PDCA 模型作为一套科学且系统的管理工具，展现了其在教育教学改进中的巨大潜力与实际应用价值。通过 Plan（计划）、Do（执行）、Check（检查）、Act（行动）四个阶段的循环往复，教育体系能够不断发现问题、分析问题、解决问题，并在此过程中实现自我完善与提升。

在 Plan（计划）阶段，通过运用鱼骨图与 5 Why 法等工具，我们能够深入剖析教育教学中所存在的根本问题，明确改进的方向与目标。这一过程不仅要求我们对现状有清晰的认识，而且需要我们具备批判性思维和创新能力，以制订出切实可行且富有成效的行动计划。SMART 目标的设定则为行动提供了明确的方向和可衡量的标准，使得改进工作更加有的放矢。

在 Do（执行）阶段，关键在于将行动计划转化为实际行动，确保各项改进措施得到有效执行。这要求教育者具备高度的责任心和执行力，能够克服各种困难和挑战，将计划中的美好愿景变为现实。

Check（检查）阶段则是检验成果、评估效果的重要环节。通过将实际结果与行动计划目标进行对比分析，能够清晰地看到改进工作的成效与不足，为后续的行动提供有力依据。同时，这一过程也是对教育者工作能力和管理水平的一次全面检验。

在 Act（行动）阶段，团队需基于检查结果做出决策，决定是否采纳新的改进措施或调整原有计划。重要的是，这一阶段的结束并不意味着整个改进过程的终结，而是新一轮 PDCA 循环的开始。通过不断总结经验教训、优化改进策略、寻求更好的改进方式，教育体系能够在持续的循环中实现螺旋式上升和持续发展。

随着教育技术的不断进步和教育教学理念的日益更新，PDCA 模型在教育教学改进中的应用将更加广泛和深入。希望将来有更多的教育者能够熟练掌握并运用这一模型，将其内化为他们自身工作的一部分，为提升教育教学质量、促进学生全面发展贡献智慧和力量。同时也希望 PDCA 模型能够与其他先进的教育管理理念和技术手段相结合，共同推动教育体系向更加科学、高效、人性化的方向发展。

第六章 增值评价之辩：质疑与批判的视角

当前，增值评价在教育领域的重要性日益凸显。作为一种发展性评价，增值评价具有深远意义，旨在通过系统而精确地判定学生成绩或综合素质的变化，来衡量学校和教师对学生发展过程的影响。这种评价方式不仅能够促进教育公平与质量提升，还能激发教育主体的获得感和成就感，并客观反映学生的进步与教师的努力。然而，尽管增值评价体系看似客观公正，然而，其前提假设、实施方法以及所得出结论的合理性需要深入探讨。

本章将专注于对增值评价的前提、方法和结论进行深入探讨与批判，在理论分析、案例研究等多个方面揭示可能存在的问题和不足之处，并为读者提供一个更全面、更客观的视角来审视这一评价方式。同时，我们期望通过本章的探讨引起更多学者和教育工作者对增值评价的关注和反思，共同推动教育评价体系不断完善与发展，以更好地服务于学生全面发展和提高教育质量。

第六章 增值评价之辩：质疑与批判的视角

第一节 对增值评价前提的质疑

一 教师是影响学生学习和成绩的最重要因素

在增值评价假设中，教师是影响学生学习和成绩的最重要因素，学生的学习和成绩首先与提供教学的教师质量相关，特别是在核心学科领域（即语文、数学和外语）的教学上。该假设强调教师在学生发展过程中的核心作用，认为教师的教育教学行为、专业素养、情感支持等方面对学生学习和成绩具有显著影响。

根据前人的研究，教师与众多学校层面的因素存在复杂的相互作用，这些因素在很大程度上塑造着学生的学习过程与学业成绩。例如，缩小班级规模不仅能有效提升学生的学业成绩，还能促进其非认知领域的发展，如情感交往能力和行为表现；优秀的校长和领导能够创造一种积极的学习环境，激发学生对学习的热情，并且有效地引导教育方向，以提高学生考试成绩。然而，正是这些学校层面的多元因素，使得我们难以精确地衡量教师影响力的真实程度。实际上，在考试成绩的差异中，教师的影响往往被过度放大，仅有10%—20%可归因于学校教师层面因素的影响，学生考试成绩中高达80%—90%的差异更多地源于学生个人因素和校外环境的综合作用，这些往往是教师与学校人员难以掌控的。正如《科尔曼报告》所指出的，尽管学校的教育资源和物质条件对学生的学业成绩有一定的影响，但其家庭背景、父母的教育态度、经济状况、学生的自尊和自我期望等心理因素对学生的学习成绩同样有着显著影响[1]。在探究考试成绩影响因素的过程中，学生背景和校外因素的重要性远超学校资源。有效的教育解释应涵盖学生自身的因素，如学习兴趣与动机、学习方法与策略、身心状态与健康等。同时，校外因素如家庭氛围、父母的教育态度、家庭经济

---

[1] James S. Coleman, et al., *Equality of Educational Opportunity*, Washington, D. C.：U. S. Government Printing Office, 1966.

状况、社会风气、治安状况、社会资源的分配以及网络环境等，这些与家庭和社会经济背景密切相关的因素，均在不同程度上影响着学生的考试成绩。

在评估学生学习和成绩的过程中，增值评价致力于通过一系列精细化的方法来控制变量的影响，包括标准化测试、考虑起点水平、控制外部因素、采用多元化评价方式以及注重数据分析和解释等，从而更准确地衡量教育的实际效果。然而，无论采用何种方式都存在局限性。例如，标准化测试只能考查学生在特定领域知识掌握情况，并不能全面反映学生的综合素养和个体差异。此外，它在评估学生入学时能力并衡量其在接受教育过程中进步程度方面是更为准确的方法，但需要综合考虑多种因素如家庭和教育背景等来确定其起点水平。因此，在使用增值评价时应持审慎态度，尽管它采用了一系列方法来控制变量的影响，但由于学生的学习和成绩受到多种复杂因素的共同作用，并不能将所有影响都完全归结为教师或学校。

二 教育系统即市场导向性企业

"增值"一词起源于经济学领域，指投入和产出之间的差异，反映了产品基本组成部分的价值贡献。产品的增值是通过计算成品价格与生产该产品所需劳动力和原材料成本之间的差额来确定的。与净收益一样，这种增值差异可作为一个有用指标，用于确定产品为其制造商所带来的利润。

在教育领域增值评价的潜在假设中，教育企业生产知识，增值是通过传授知识以后，用学生的客观成绩减去知识传授前学生成绩水平计算得出的，增值产品就是学校教师"增添"的知识。为了提高学生成绩的增值水平，需要通过实施奖金和绩效工资等激励措施、解雇或撤销职位等惩罚措施提高教师的知识生产水平，激励教师提升产出，否则教师可能会缺乏知识生成。随后，利用学生标准化考试成绩作为有价值的反馈结果回馈给教育系统，以实现因果关系中的教育生成功能，并在需要时进一步促进改进或纠正相关行动。基于经济模型和理论，这个过程确实十分简单清晰。

然而，学校作为社会体系的重要组成部分，其运作机制远非盈利企业那般机械化和简单。叶澜深刻指出：教育，作为人类社会所特有的更新再生系统，其复杂性或许堪称人世间问题之最。教育教学工作，作为当前社会十分复杂的职业之一，其涉及的影响因素众多且相互交织，从纯经济的视角来衡量教师的影响力，不仅具有误导性，而且显得极不成熟。在研究教育这一复杂现象时，我们应避免陷入简单、单向和线性的思维定式里。不能仅仅依赖于投入产出的数量变化来解读其本质，而应借鉴和运用复杂性研究的先进思维方式和研究方法。教学工作本身的复杂性决定了学生学习过程同样复杂，无法简单地通过一组测试分数来加以量化。即便借助当前最先进的统计方法，也难以对教育中的关键内容进行有效的量化或控制，尤其是那种"利用准实验变异代替随机实验"的做法，其结果的可靠性值得怀疑。采用最尖端的统计和计量经济学方法，也可能难以满足假设所需的同类比较条件，从而无法准确地计算出教育的增值。

因此，在面对教育领域中这些复杂多样的问题时，我们不能简单地寄望于数字手段来实现全面解决。数字技术在教育领域确实发挥了重要作用，能够为我们提供大量数据，帮助我们更准确地把握教育现状。然而，数字手段只是一种工具，其效果在很大程度上取决于如何运用。同时，我们也必须认识到，在解决教育问题的过程中，并不是仅仅通过完善各个组成部分（即产品功能）就能立即解决所面临的问题。教育是一个复杂的系统，各个部分之间相互关联、相互影响。仅仅优化某个功能而忽略其他部分的协同作用可能无法达到预期效果，我们需要从整体上把握教育结构和功能，并通过系统的优化和改进来推动其整体进步。

三 测试分数可以准确衡量测试期间教育"价值"的变化

基于增值评价的理论构想，测试应当具备高度的可伸缩性，以便精准地剖析学生在时间序列中的成长轨迹。同时，测试还应具备垂直扩展的能力，以确保测试分数能够精确地反映学生在特定测试周期内教育"价值"的变动。然而，在实际操作中，这一理论假设的实现却面临着诸多挑战，使得其难以完全达成。

　　研究显示,学习的增长既不是线性的也不是持续的,即学习进程的非线性与非持续性特征显著。"非线性"意味着学习的增长不是按照固定的速率或模式进行的,它可能会经历快速的增长期,也可能会遇到停滞甚至倒退的情况。而"非持续性"则强调了学习过程中的间断性和波动性。学习并不是一个平稳、连续的过程,而是充满了起伏和变化。有时,学习者可能会因为各种原因(如疲劳、兴趣转移、外部干扰等)而暂时中断学习,或者在学习上遇到困难而进展缓慢。学习通常呈现出不均衡、不稳定和间断性,并经常出现断断续续式爆发。家长在家庭中既能观察到孩子学习进步神速,也能目睹他们的成绩变化常以不规律、零散的方式呈现。因此,随着时间的推移,学生群体的学习轨迹在本质上并不相同,个人和群体学习轨迹往往偏离统计预测所呈现出来的线性、恒定且稳固的形式。学生的学习受到了学术背景(如基础知识和识字能力)、发展背景(如好奇心、动机水平)以及家庭背景(如贫困和不稳定的学习环境因素)等的影响,并且来自非富裕家庭/少数民族背景的学生通常比具备更多资源的家庭/民族背景的同龄人表现出更慢、更困难且更间断的学习过程。这些因素在导致考试成绩差异的同时也影响着随时间推移而表现出的学习成绩的改善速度[①]。复杂统计控制和阻碍因素无法有效解决这一问题。造成这个问题的另一个原因是暑期学习的收获和衰退。研究发现,目前中学生在暑期仍然承受着巨大的学习压力,他们主要以学习为主要活动,并很少参与其他休闲活动。此外,研究还发现,中学生的暑期活动与其学习成绩之间存在相关性,那些坚持在暑期进行学习的学生通常会取得优秀的成绩。并且在一些外部因素如课堂环境、教学行为、教学方法和教师行为等的不良影响下,学习者的动机水平可能会降低,并对他们的学习态度和行为产生负面影响,从而削弱课堂群体活力并导致长期且广泛的不良学习结果。

　　在增值评价的实践过程中,我们不能忽视学生自身因素及家庭背景等

---

① Karl L. Alexander, Doris R. Entwisle, and Linda Steffel Olson, "Lasting Consequences of the Summer Learning Gap", *American Sociological Review*, Vol. 72, No. 2, April 2007, p. 167.

变量所带来的学习间断性与波动性。简单地将学习假定为线性和持续性的增长，这种片面的观点显然无法全面、真实地反映学生的实际学习情况。考虑到学生的个体差异，如其自身的学习能力、兴趣、动机等方面所存在的差异，这些因素可能导致他们在某些阶段表现出色而在其他阶段遇到困难。同时，家庭环境、经济条件以及父母教育程度等也会对学生的学习产生重要影响。为确保增值评价准确且全面，在评估方法上应更加深入细致地考虑这些非线性和波动性因素，并运用科学合理的方法准确刻画学生的实际学习状况与进步程度。

四 增值效应归于单一教师

在增值评价的理论框架中，学生的学业进步与发展往往被预设为主要归因于直接参与教学和测试的那位教师的个体影响，这一预设在一定程度上忽视或简化了其他教师、教学资源的投入以及环境因素可能带来的潜在贡献。这种预设可能源于一种简化的评价模型，该模型倾向于将学生的学业成果视作教学互动的直接产物，而非视为一个更为复杂且多元化的教育生态系统中的综合效应体现。

研究发现，个体教师的工作与其他教师密不可分，学生的考试成绩也不能单纯地归因于个别教师的努力和影响。除了教师本身外，学校领导以及其他相关人员（如辅导员、代课教师、助教人员等）都以各种方式对学生的学习做出了贡献。因此，他们的贡献会对参与增值评估的教师产生影响。此外，尽管不同学科的教师在教学内容和方法上存在差异，但他们对学生的某方面能力可能产生相同的影响。例如，无论是语文老师还是数学老师，他们都会关注学生的逻辑思维能力。语文老师通过引导学生分析文本结构、理解作者意图等方式培养学生的逻辑思维能力；而数学老师则通过教授解题技巧、推理证明等方法提升学生的逻辑思维能力。这主要是因为教育是一个综合性的过程，学生在接受多学科教育的过程中，各种能力会得到共同的培养和提升。当大规模标准化成绩测试临近时，这些交叉效应更有可能发挥作用，并且跨领域教师会更加关注测试中的一些重要科目。然而，在增值评价的分析实践中，这些因素往往被视为未发生或可忽略的变量。为了应对这一问题，一种常见的解决方法是，通过应用不同教师效应的加权比例来任意划分或平均混杂效应①。关于这些加权比例在多大程度上能够精准地梳理出各种贡献效应的问题，学术界已经展开了广泛的讨论与争议。根据现有研究来看，用于执行此操作的机制存在一定的局限性，尤其是在采用过于简单的百分比或比例方式时，其有效性和准确性受到了质疑。

在增值评价的过程中，我们必须摒弃那种简单、片面的观点，即认为增值效应可以单一地归因于某一位教师。这样的看法不仅忽略了教育过程的复杂性和多维性，也未能充分考虑到教育系统中其他重要因素的影响。因此，我们需要采取一种更为全面、综合的评估策略，以获得更深入、更准确的教育效果分析，并进而更好地了解教育现状，为教育决策提供科学且合理的依据。同时，这种评估策略还能够促进教师与学校之间的合作与交流，共同推动教育的持续发展和改进。

五 教师影响的累积效应可以忽略不计

在增值评价的潜在假设体系中，对于评估学生的学业进步与发展，通常不将多位教师连续或间断性的教学影响作为核心考量的因素。相反，这些影响在整体上被预设为微不足道或可忽略的，进而假定学生的学业进步主要源于某一特定阶段或某一特定教师的教学贡献。在此前提下，之前或之后其他教师的教学影响被视作非决定性或相对次要的，因此在评价过程中不会对最终结果产生显著影响。然而，这种简化的假设可能忽略了学生学业进步中的教师影响累积效应，从而影响了评价的全面性和准确性。

教师影响的累积效应是指学生在其学习生涯中所接触到的不同教师对其产生的教育影响并非孤立存在，而是相互叠加、累积的。这种累积效应

---

① Sean P. Corcoran, *Can Teachers be Evaluated by Their Students' Test Scores? Should They Be? The Use of Value-Added Measures of Teacher Effectiveness in Policy and Practice*, Providence, RI: Annenberg Institute for School Reform, 2010, p. 87.

体现在多个方面：从知识层面来看，每位教师都在他们自己的专业领域为学生传授知识，这些知识点和技能逐渐累积，形成学生扎实的知识基础。先前的教师为学生打下了学科基础，而后续的教师则在此基础上进行深化和拓展，帮助学生构建完整的知识体系；在思维方式和学习能力方面，不同教师的教学方法和风格会对学生产生不同的影响。有的教师注重培养学生的逻辑思维，有的则强调创新思维和实践能力。这些不同的影响在学生的成长过程中相互融合，形成了独特的思维方式和学习能力；此外，教师的人格魅力和教育理念也会对学生产生深远的影响。优秀的教师不仅传授知识，而且关注学生的成长和发展，他们的言传身教、以身作则，都会成为学生学习的榜样。这些影响会在学生的心中留下深刻的印记，并伴随其一生。因此，教师影响的累积效应是一个长期且复杂的过程，它涉及知识、能力、情感态度等多个方面。不能忽略教师累积效应的影响，因而在增值评价中可以用假设对其进行统计控制。举例来说，某学生曾受教于优秀教师甲，但在其进入乙教师课堂前的一年内，我们需假设甲教师可能产生的任何持久影响均为零。换言之，统计学家需运用模型参数化技术，以抵消或控制这些潜在影响。然而，计算乙教师增值贡献的预测分数系基于甲阶段数据（即学生尚未离开甲教师课堂之前），且自甲阶段至乙阶段的测量值中，包含了甲教师先前的教育影响。即便借助最为复杂的统计手段，也难以确凿地断定乙教师所带来的学生价值增减完全源于其个人教学成效。

然而，尽管增值评价分析研究为教师长期和持久影响方面提供了有力证据，但在实际操作中，这些影响并非完全可控。教师一直努力通过模型来控制这些持久效应，以期更精确地衡量他们的工作成效。例如，他们尝试通过堆叠阻塞等方法来减少先前教师影响与当前教师增值估计之间的混合程度。然而，这些努力似乎并未完全达到预期的效果，教师残差始终存在，意味着在增值评价过程中，除了当前教师的教学努力外，还有其他未知或难以量化的因素影响着学生的学习成果，这在一定程度上影响了增值评价的准确性。因此，在增值评价中，我们需要审慎处理这些复杂因素，以确保评价结果的准确性和客观性。

六 同伴效应可以忽略不计

在增值评价的假设体系中,无论学生是通过随机还是非随机的方式进行分配,均假定学生之间的相互影响程度(如在动机或效能方面)微不足道。换言之,该假设认为在教室内部以及学校之间的日常互动中,学生之间的相互干扰是有限的,并且这种干扰不足以对学生同龄人的考试成绩产生显著影响。

研究得出的事实是,学生并不是彼此独立的,他们在各自的教室内外以学术和社会的方式进行积极或消极的互动。无论是与其他高成就还是与低成就的同学积极互动,他们都可能促进或剥夺彼此的成就。有研究表明,学生在他们的对等互动中并非不互相影响或者受到限制。相反,由于学生的行为和个性处于社会背景中并容易被激活,他们总是以积极和消极的方式影响其他学生的学习水平。同伴关系好的学生往往能享受到更多的情感支持和社交互动,在这样的环境中,学生更可能相互鼓励、分享学习资源和经验,这有助于他们形成积极的学习态度和习惯,从而提高学习效率和质量。此外,良好的同伴关系也有助于培养学生的自信心和自尊心,使他们更有动力去追求更好的成绩。然而,同伴关系不良则可能对学生成绩产生负面影响。例如,与不良同伴交往可能会导致学生受到负面影响,分散注意力,难以集中精力学习。这样的同伴关系可能会使学生更容易产生问题行为,如吸烟、酗酒等,从而进一步影响其学业表现。此外,不良的同伴关系还可能引发学生的焦虑和抑郁情绪,降低他们的学习动力和兴趣。

就增值评价而言,忽视同伴影响这一观点确实构成了一个显著的缺陷。同伴效应在学生的学习过程中发挥着至关重要的作用,它不仅影响着学生的学习态度、方法和动力,还在很大程度上塑造了学生的学习环境和氛围。因此,在增值评价中,同伴效应是一个不容忽视的关键因素。为了克服这一难题,我们需要在增值评价的研究与实践中更加深入地探讨了如何更好地考虑和控制同伴效应。只有这样,我们才能更全面地了解学生的学习状况和发展潜力，为教育决策提供更为科学、合理的依据。

第二节 关于增值评价测量的质疑

一 测量产生的科学性数值一定是确定且精确的

在增值评价的假设中，我们预设了增值评价的测量方法具备高度的精确性和信赖性，旨在精确量化学生学业上的进步，并深入解释与预测教育效果。然而，尽管这些测量方法是基于科学原理而设计的，但它们更类似于语言符号，在本质上是一种约定俗成的任意性符号，并不具备固有的内在价值。这些测量方法的真正价值在于，当我们在如何使用和解读所得数字上达成共识时，它们才能构建出具体的实践意义和应用价值。

在多数传统的教育研究中，增值评价亦不例外，增值在操作层面上通常被定义为量化学生学习变化的数值。在此过程中，常采用NCLB（No Child Left Behind Act）所规定的大规模标准化成绩测试中的学生考试结果，作为评估学生学习状况的主要指标。然而，大规模标准化成绩测试并非尽善尽美，其实际效用与预期往往相去甚远。这些测试分数有时无法精准反映学校教育效果，甚至在增值评价中也可能无法准确揭示教师的教学成效。尽管增值评价因基于统计数据及其复杂性而被视为高度科学的方法，通过大规模标准化成绩测试得出的推定似乎具有高度的权威性，但实则存在诸多限制。例如，标准化成绩测试的结构和内容覆盖范围有限，其固有的偏见可能导致测试分数无法真实反映学生的学习和成绩情况。此外，这些测试为学生的绩效评估提供的信息极为有限，无法全面有效地衡量学生在知识深度、批判性、分析性或创造性思维能力以及解决上下文问题能力等方面的表现[1]。即便测试项目总数达到40—50个，甚至看似涵盖了数百

---

[1] Sean P. Corcoran, *Can Teachers be Evaluated by Their Students' Test Scores? Should They Be? The Use of Value-Added Measures of Teacher Effectiveness in Policy and Practice*, Providence, RI: Annenberg Institute for School Reform, 2010, p. 87.

个更复杂的项目，但对于捕捉学生所学信息的广度和深度而言，其有效性仍值得质疑。这些考试主要调查了标准中所涵盖的知识和技能领域，但在完成其日益重要的任务（如对教师是否可能被解雇或可能获得绩效工资做出高风险推断）时，其深度和广度均显不足。

由于增值评价的结果往往是一个相对值，而非绝对值。它只能反映出学生在一定时间段内的进步或退步程度，而无法直接给出学生在某一具体学科或知识点上的具体掌握情况，以及在衡量学生的非认知能力方面存在一定的局限性。因此，在对增值评价结果的分析中，我们需要认识到增值评价虽然是一种重要的教育评估手段，但我们在使用它时必须保持审慎和客观的态度。同时，我们还需不断探索和完善评估方法，以更准确地反映学生的学习情况和教师的教学效果，为教育决策提供更为科学、有效的依据。

二 增值评价能够准确评估学生的知识和能力水平

在对增值评价的探讨中，众多研究者坚信，大规模标准化成绩测试作为一种评估工具，能够有效且准确地衡量学生的知识与能力水平。这一信念尤其体现在那些尚未深入探究教育测量与测试领域复杂性的学者和从业者群体中，他们认为，通过标准化的测试方法，可以更为客观、公正地评估学生的学习成果，进而为教育决策提供有力的数据支持。

然而，虽然通过大规模标准化成绩测试可以获得学生的增值分数，将其作为一种评估学生学习、教师教学、学校办学等进步幅度和努力程度的评价指标，但可能会受到随机误差和系统误差的影响。随机误差通常与测量噪声相关联，在增值评价测试中可能表现为评估过程中不可预见、不可控的因素所导致的误差。评估者的主观判断偏差、评估工具的不稳定性、评估环境的不一致等，都可能导致增值结果的随机波动。例如，当环境影响下的学生情绪歪曲了测试分数并错误地放大或降低了分数，使其远离我们所要观察和捕捉的"真实"值时，就容易产生随机误差，这种误差通常具有偶然性，且难以完全消除。系统误差则可能表现为评估体系设计上的缺陷或评估过程中的固定偏差，评估标准的不明确、评估方法的不科学、评估人员的固定倾向等，都可能导致增值结果的系统性偏差，它通常等同于测量偏倚或构造独立方差（Construct-Irrelevant Variance，CIV），即外部因素持续地（虽然是错误地）夸大或缩小变量的测量值，从而扭曲其解释与有效性。举例来说，在教师告知学生，他们的考试成绩将决定其自身是否被开除或获得奖金时就会发生这种情况，因为学生可能会在测试过程中以不自然或异常方式做出一些反应。又比如当学生在考试中除了"只是将任务完成得很好"之外没有其他动机驱动时也会发生这种情况，导致测验成绩低估了学生实际的知识掌握情况及能力表现。无论是学生可能认为大规模标准化成绩测试没有任何影响，还是测试会给他们带来严重后果，认为考试十分重要，这两种情况通常都会分别导致低估或高估测试分数，使测试分数远离"真实"分数，并更有可能出现解释错误。

尽管增值评价可以减少一些系统误差，但由于测量工具的局限性、评价者的主观性、样本选择的随机性和一些外部干扰因素等的影响，因此很难减少随机误差。更为关键的是，当这些误差每年对一定比例的教师产生实质性影响，如造成他们绩优工资、晋升或解聘之间的差别时，情况就会变得更加复杂和敏感。这些误差不容忽视，因为它们直接影响到教育决策的正确性。一旦基于不准确的增值评价结果做出决定，就可能对教师的工作积极性、学校的整体氛围以及学生的学习体验产生负面影响。

三 增值评价得出的考试分数是学生在校学习情况的有力指标

在增值评价的潜在预设中，大规模标准化成绩测试所得出的考试分数被视为学生在学校学习成果的综合反映，并被视作衡量学生学业进步的有效指标。然而，实际状况却远非如此简单。考试分数实际上是在众多校内外因素交织影响下的产物。

首先，在校园内部因素方面，教学质量与方法、学习资源与设施的完善程度、课程的难度与设置等均在不同层面上作用于学生的学习效果与考试表现。赵红霞和杜国龙在其研究中强调，学校作为个体教育获得的重要阵地，其教育活动对于提升学生学业水平具有显著影响，师生关系的融洽以及学习氛围的积极均能有效推动学生学业成就的提升。此外，校外因素亦不容忽视，它们包括学生的家庭背景、学习动机、心理状态、课外知识的积累以及天赋智力等，这些因素同样对学生的考试分数产生了深远影响。在大规模标准化成绩测试中，那些在教育上处于"风险"状态的学生群体——如经济贫困者、英语语言障碍者、文化孤立者以及具少数种族背景的学生——往往表现不佳，他们在测试中普遍获得较低分数。实际上，考试成绩与学生的人口统计信息以及环境背景之间存在显著的相关性，以至于有时可以利用其中一项（如学生的人口统计信息）来近乎精确地预测另一项（即学生的考试成绩）。

因此，学生在校园内的学习过程是一个复杂且多维度的现象。尽管通过大规模标准化测试得到的考试分数在一定程度上能够反映学生对特定知识点的掌握情况，但它却无法全面展现学生在校园内的学习状况，仅凭考试分数对学生的学习情况进行增值评价显然是不够准确的。有时，即便学生在某次考试中取得了高分，也并不意味着他们在所有学习领域均表现出色；反之，低分亦非必然就代表学生在校园内的学习情况不佳，盲目将学生的增值分数归因于在校学习的成果是不可取的。

四 使用增值评价评估核心学科的重要性高于其他未经测试的学科

增值评价所涉及的测试科目往往因教育阶段、地域和学校特性而呈现出多样性。在通常情况下，增值评价主要聚焦于学生在核心学科上的学业进展与表现。然而，鉴于通过使用大规模标准化成绩测试来评估学生在科学、艺术、体育等非核心学科领域的学习成效比较困难，这些领域往往被边缘化，未能得到充分的重视。测试内容往往对教学内容产生导向作用，意味着某些学科领域相较于其他领域在测试中占据着更为突出的地位。

随着我国教育理念的不断演进，素质教育的重要性日益凸显，它强调学生的全面发展，不仅关注学生的考试成绩，更重视其品德、智力、体魄、美感、劳动等多方面的成长。在这一背景下，增值评价若忽视非核心

第六章 增值评价之辩：质疑与批判的视角

学科的测试，显然是不合时宜的。因此，我们有必要重新审视增值评价的科目设置，确保其能够全面、客观地反映学生的学业进步和综合素质发展。除了语文、数学、英语外，其他如科学、历史、地理、艺术、体育等科目的表现也应当成为评价的重要部分。这些科目不仅能够帮助学生建立全面的知识体系，还能培养他们的创新思维、实践能力以及审美情趣。首先，这些科目为学生提供了更为全面的知识体系。科学能够培养学生的逻辑思维和实验能力，历史可以帮助学生理解人类文明的发展脉络，地理能让学生认识地球的自然和人文环境，艺术则有助于提升学生的审美能力和创造力，而体育则能够增强学生的身体素质和团队协作能力。通过全面考虑学生在这些科目上的表现，增值评价能够更准确地反映学生的综合素质和能力。其次，这些科目在学生的个人成长和未来发展中扮演着重要角色。科学、历史、地理等科目能够帮助学生形成对世界的全面认识，艺术、体育等科目则能够提升学生的综合素质和社交能力。这些能力对于学生在未来的学习、工作和生活中至关重要。此外，考虑这些科目也有助于推动学校的多元发展。如果只关注语文、数学、英语等核心科目，可能会导致学校的教学资源过度集中，忽视其他科目的发展。而在把握核心科目教学的基础上，考虑科学、艺术、体育等非核心科目的增值评价，能够鼓励学校更加全面地发展各个学科，为学生提供更为丰富多样的学习体验，构建高质量人才培养体系，以促进人的自由全面发展。最后，考虑这些科目还能够更全面地评估教育教学的效果。通过对比学生在不同科目上的增值情况，可以了解不同教育方法和策略对不同学科的影响，进而为优化教育教学提供更为准确的依据。

非核心科目如艺术、体育等，对于学生的个性发展、身心健康以及社会适应能力等方面都具有重要作用。这些科目的学习经历和成果，同样是学生学习进步的重要体现，但这些非核心科目几乎不被纳入增值评价考虑范围。我国倡导素质教育、强调评价方式的多样性和科学性以及强调学生的全面发展，增值评价在关注核心科目的同时，也应考虑非核心科目的测试，以更好地体现素质教育的理念。

五　增值评价的结果可以用于对教师质量进行因果推测

鉴于增值评价关注的是一段时间内学生的发展情况和进步程度以及教师教学质量是影响学生学业成就的关键因素之一，由此，在增值评价实践中常存在一个潜在的假设：增值评价的结果与教师教学质量之间存在着直接的因果联系。具体而言，若增值评价显露出学生在学业上的显著进展，则可据此推断教师教学质量较高，对学生的学习产生了积极的助推效应；反之，如果学生的进步表现平平甚至有所倒退，则可能反映出教师教学质量存在不足，亟待改进。

然而，这一观点建立在若干极端且未经充分验证的假设之上，且这些假设往往缺乏必要的实证检验。在衡量学生学业表现时，增值评价所依赖的大规模标准化成绩测试本身存在固有的局限性。一方面，学生成绩的变化受到众多因素的交织影响，包括但不限于教学质量、学习策略、家庭背景、个人兴趣及健康状况等。例如，作为对其学习能力的评估和判断，自我效能感实际上反映了学生对他自己学习的信心和期望。这种信心和期望在初中生中起着重要作用，并且会对他们的学习活动和成果产生影响。学习兴趣是内在驱动力，它直接影响学习策略的使用，并通过自我效能感间接地影响学习策略，最终再由学习策略影响成绩。增值评价主要聚焦于成绩变动本身，难以精确剥离并识别这些复杂因素导致成绩变化的特定原因。另一方面，增值评价更适合于评估整体趋势或平均水平的变动，而非个别学生的具体情况。对于个别学生而言，其成绩变化可能受到更多特殊因素的影响，这些因素在增值评价中通常难以准确捕捉和阐释。实际上，增值评价的核心目的仅在于量化学生成绩随时间推移而发生变化的程度，而非将成绩的增长直接归因于特定的因素（如教师、学校等）。这些假设从本质上讲是统计学家、计量经济学家等为了简化处理复杂现象而采用的"必要假设"，以便于在运用大规模标准化成绩测试时进行操作。

然而，我们必须清醒地认识到，若错误地将这种存在缺陷的测量方法应用于对教师、学校或地区的教育效果进行因果分析，无疑将加剧评估问题的复杂性，甚至可能误导决策者的判断。增值评价的结果，虽然在一定程度上能够反映学生的学习进步情况，但并不能完全等同于教师教学质量的高低。这是因为增值评价本身存在局限性，无法涵盖教师工作的全部内容，也无法完全排除其他影响因素的干扰。因此，尽管增值评价的结果可以作为一种参考信息，帮助我们了解学生的学习进步情况，但我们不能将其作为教师质量因果推断的直接依据。

六 排除其他变量，增值效果可直接归因于教师贡献

在增值评价的探讨中，有一种假设认为，通过对先前成绩以及其他学生背景变量进行统计控制，可以剥离这些变量随时间推移而对学生学习和成绩产生的潜在影响，进而将大规模标准化测试所揭示的增值效果直接归因为教师的贡献，并据此进行因果效应的推断。

价值增长模型，包括 SGP 增长模型在内，均纳入学生前几年的考试成绩作为关键变量，以"控制"那些已知的可能干扰学生学习和成绩评估的无关因素。部分模型还进一步引入学生其他背景变量，以尝试更全面地控制外部影响。然而，研究表明，用于增值评价分析的数据库所包含的可用变量往往相当有限。即便是最为丰富多样的变量集合，也难以将教师的贡献从众多交织在一起的学生成长因素中清晰地剥离出来。因此，我们不能期待通过统计手段来实现这一假设。在考虑学生的测试历史和其他社会人口变量时，尽管这些变量丰富且详尽，但依然无法有效消除对学生这一年度到下一年度的学习和成绩至关重要的那些影响因素。假设这些变量在相似学生群体中保持不变是缺乏充分依据的。同样，在将数据汇总以进行教师评估时，假设能够平均化学生特定情况和事件的影响，也是存在争议的。即使通过控制某些可用变量，统计学家也无法确保能够控制那些无法测量或难以控制的相关变量（如学生动机水平）。这些因素综合起来，会对学生的成长产生深远的影响，而单纯通过操控特定因素，则无法完全抵消那些未知因素所带来的广泛效应。

统计学家在尝试解决这一问题时，可能会提出通过考虑不可见变量与

可见变量之间的关联性来减少偏差。然而，实际研究表明，即使采用最复杂的控制手段，非随机安置在增值分析中所引发的偏差水平仍然会对结果产生显著影响。即使是最先进和精细的增值评价模型，可能也无法全面考虑随时间推移而对学生成绩产生影响的多种因素，从而无法得出关于教师效能的充分有效推论[1]。

在未解决这些假设的局限性的情况下，我们不能简单地将分数的提高完全归因于教师个人的影响。增值评价作为一种评估手段，其统计控制假设在现实中可能难以成立，尤其是在未充分考虑众多难以获取或永远无法量化的变量（如学生日常出勤率、课后活动、辅导情况、家长参与、资源获取、先前教师的残余效应、多位教师的累积效应，以及学生的天赋、动机、关注度、在线资源获取和校外技术支持等）时。因此，即便进行了增值评价，我们也无法完全消除所有偏见因素，从而进行准确有效的因果推断。

七　通过一系列方法可以减轻或解决非随机分配所引起的问题和误差

从中国教育的实际情况来看，学生的择校过程主要依赖非随机分配机制。一方面，家长在学生的学校选择上扮演着重要角色，特别是在私立学校领域，这些学校拥有相对灵活的招生政策，能够基于其自身的办学理念与特色设定择校标准，家长则可根据其自身需求与孩子特性进行筛选。另一方面，以分数为主导的择校模式广泛存在且影响深远。学校通常依据学生的考试成绩，特别是中考、高考成绩来决定录取与否，学生的学习成绩因此成为进入优质学校的关键因素。

在增值评价假设中，非随机分配所引起的问题和误差可以相互抵消，或者通过使用复杂的统计数据（如学生固定效应、嵌套数据）来使这种非随机效应变得可容忍、可忽视。然而，研究显示，即使是最为复杂的统计数据也无法有效地抵消非随机分配所带来的不利影响。

---

[1] Junzo Ishii and Steven G. Rivkin, "Impediments to the Estimation of Teacher Value-Added", *Education Finance and Policy*, Vol. 4, No. 4, October 2009, p. 520.

第六章 增值评价之辩：质疑与批判的视角

首先，我国非随机分配学生的分配方式在使用增值评价时确实会面临一些问题。增值评价的核心是对学生学业成绩或其他方面的进步幅度和努力程度进行评价，而非仅仅基于他们的起点或绝对成绩。然而，在非随机分配的情况下，学生之间的起点差异可能较大，这可能会影响到增值评价的准确性和公平性。具体来说，非随机分配可能导致学生群体之间存在显著的差异，这些差异可能源于家庭背景、社会经济地位、教育资源等多种因素。在这种情况下，即使两所学校或两个班级的教育质量相同，但由于学生起点不同，他们的增值表现也可能存在显著差异。这就使得增值评价的结果难以直接比较，也难以准确反映学校和教师的教育效果。其次，非随机分配所产生的误差往往具有复杂性和多样性，它们之间很难相互抵消。尽管是非随机分配，教室之间的学生群体在学术能力、家庭背景、学习态度等方面仍然会存在差异，然而，这些差异可能会影响学生的学业成绩，在这种情况下，教师之间的成绩差异可能更多地反映了学生群体的差异，而非教师教学效果的差异。这种情况下的误差性质不同，无法相互抵消。教师的教学能力、经验和方法同样会对学生的学习成果产生显著影响。如果教师的分配不是随机的，而是基于某些特定的标准（如资历、经验等），那么这可能导致某些教师的教学水平普遍高于或低于其他教师。尽管可以通过控制变量和协变量的方式计算教师对学生成绩增值的影响，但常用的变量只能部分反映学生背景特征（如种族、性别、学生以前的成绩水平、家庭收入），一些难以观察和控制的学生特征（如行为、激励因素、支持系统和获取资源的机会等）可能会对测量结果产生更大影响，然而，这些因素无法被完全考虑在内。最后，即使使用复杂的统计数据处理方法，如学生固定效应、嵌套数据、分块策略、简化形式系数等，也并不能完全解决非随机分配所带来的问题。这些方法虽然能在一定程度上控制某些变量的影响，但仍然存在局限性。例如，学生固定效应可以控制学生个体特征的差异，但无法完全消除家庭环境、教育背景等潜在影响因素。嵌套数据和分块策略虽然能够处理更复杂的数据结构，但也可能引入新的误差和偏差。

因此，简单地认为非随机分配所引起的问题和误差可以相互抵消，或者通过复杂的统计数据处理就能使其变得可容忍、可忽视是不可取的。相反，应该正视非随机分配所带来的挑战，努力改进研究方法，提高研究的准确性和可靠性。这可能包括采用更为严格的统计设计、收集更全面的数据、运用更合适的统计方法等。同时，我们也应该保持对实际教育情境的敏感性和洞察力，以确保研究结果能够真正反映教师质量的实际情况。

八 增值评价分析和估计基于足够数量的数据，任何缺失的数据都是随机缺失的

在增值评价的实践过程中，通常假设增值评价分析建立在充足的数据基础上，并且任何数据的缺失都是以一种随机的方式发生的。然而，这一假设在实际操作中却存在显著的问题，引发了广泛的学术讨论与质疑。

相关研究显示，在增值评价的分析中，仅有约20%的学生拥有完整的五年测试成绩数据，这是被认为产生最佳增值评估结果所需的数据长度。此外，对于教师而言，数据的缺失情况同样严重，近一半的教师仅拥有一届学生的数据，而拥有两年以上学生数据的教师比例相对较低。这种数据缺失现象不仅普遍，而且呈现出非随机的特征。特别是在某些高需求学区，约有14%的学生存在测试成绩缺失的情况[①]。对于缺失数据的处理，不能简单地假设其为随机事件并从分析中加以剔除，以维持案例的完整性。这种做法可能导致分析结果产生偏差，例如，排除低分学生可能导致评估结果的膨胀。同时，在插补缺失的数据时，使用模拟得分替代或估算缺失学生的情况也是不适当的，尤其是在数据非随机缺失的情况下。实际上，学生数据的丢失往往以高度非随机的方式发生，这种缺失现象不容忽

---

① Sean P. Corcoran, *Can Teachers be Evaluated by Their Students' Test Scores? Should They Be? The Use of Value-Added Measures of Teacher Effectiveness in Policy and Practice*, Providence, RI: Annenberg Institute for School Reform, 2010, p. 87.

视。缺失数据的学生通常集中在流动性高、贫困程度深、缺勤率高的学校，且这些学生的测试成绩往往低于同龄人。这种非随机缺失可能会导致分析结果的选择偏差，进而严重影响增值估计的准确性。此外，除了数据缺失问题外，还存在数据错误的情况，如学生与教师联系不正确、学生年级错误、已离校学生仍存在于数据记录中等。尽管这些错误在清理或清除后对结果和结论的影响可能较小，但它们的存在仍然被视为重要问题，需要引起足够的重视和妥善处理。

尽管数据缺失是增值评价中常见的问题之一，但当某些关键数据无法获取或缺失时，评估人员往往难以获得完整的信息，从而难以准确反映被评价对象的真实情况。这种情况下，评估结果可能过于片面或失真，无法为决策者提供准确可靠的参考。如果样本选择不够随机或存在偏差，那么评估结果就可能受到特定群体或个体特征的影响，从而失去普遍性和代表性。数据错误可能导致评估结果出现偏差或错误，严重影响评价结果的可靠性和有效性。因此，在进行增值评价时，我们必须充分认识到这些问题对评估结果的影响，并采取有效措施加以解决，以确保评价结果的客观性和有效性。只有这样，我们才能为决策者提供准确可靠的参考，促进中国教育事业的健康发展和战略规划的顺利实施。

九 班级规模不会影响增值评价结果的准确性

在增值评价中，通常假设班级规模对增值评价结果的准确性不产生直接效应。增值评价的核心聚焦于学生个体在学业上的进步与发展，而非班级规模等外部变量。其核心目的是衡量学生在特定时间段内相较于其初始状态的学业增值，即学生的进步幅度与努力程度，而非班级的整体表现或平均水平。然而，尽管在理论框架内班级规模不被视为直接影响增值评价的关键因素，但在实际教育情境中，班级规模可能间接影响学生的学业进步，进而对增值评价的结论产生潜在影响。

具体而言，班级规模对增值评估准确性的影响体现在多个层面。规模较小的班级往往能够构建更为紧密和谐的师生关系，有利于教师更精准地把握每位学生的学习进展与个性发展。在这种环境下,学生的参与度和学习动力可能得以提升,从而有助于学业表现的增强。然而,当班级规模过大时,教师可能难以充分关注到每个学生的个性化需求,进而影响教学质量。此外,过大的班级规模还可能引发课堂纪律问题,对学生的学习效果产生负面影响。这些因素都可能对增值评价造成干扰,使得学生的学业进步难以被准确评估。此外,班级规模亦对增值评价结果的稳定性产生影响。研究表明,班级规模越小,增值评价结果的稳定性就越易受到挑战。这可能是因为在小规模班级中,学生的学习表现更易受到个别因素(如个人特点、家庭背景等)的影响,从而导致他们在学习上表现出现较大的波动,进而影响增值评价的准确性。在增值评价实践中,规模较小的班级可能更容易凸显学生的学业进步,但小样本量也可能导致误差偏离增值估算值,并增加趋向平均水平的倾向。因此,研究者可能误将小规模班级教师的表现归因于平均水平,而非其实际教学成效,这对小班教师的增值评估构成了挑战。同时,小班教师在获得相对较高的增值分数时可能受到积极影响,而在得分较低时则可能遭受不公平的待遇。这一现象同样适用于规模较小的学校,因为小规模的抽样调查对班级的影响更为显著。这导致教授小班和规模较小学校的教师更易受到增值评估结果所带来的奖惩影响。因此,增值评价技术人员强调使用缩减的估计值来考虑测量误差以及多年估计值以产生更准确的分类,以缓解这一问题。

在增值评价中,尽管班级规模不被视为直接影响评价结果准确性的因素,但在实际操作中,它可能通过一些间接的方式对评价结果产生影响。为了降低班级规模对增值评价结果的影响,我们可以采取一些具体的措施。例如,在评价过程中,我们可以对不同规模的班级进行分组比较,以消除班级规模差异所带来的潜在影响。还可以通过增加评价样本的数量和多样性来提高评价结果的代表性和准确性。总之,虽然班级规模不是增值评价中直接影响结果准确性的主要因素,但我们仍需要对其潜在影响保持警觉,并在必要时采取相应措施来降低其影响。

第三节 关于增值评价成果的质疑

一 增值评价应该被用作评估教师、学校或地区的质量

由于增值评价的结果既强调对象在特定时间段内的进步和发展，又关注学校或教师对学生学业成绩影响的净效应，故在增值评价的实践过程中，其测评结果通常被用作评估教师、学校或地区的教育质量，但这一做法存在一定的局限性。

目前有两种常见的教育绩效评估方式。一种是基于国家规定的考试成绩的百分比来衡量学生表现；另一种是评估学生在该学年内取得的进步情况。基于国家规定的考试成绩的百分比来衡量学生表现，这是一种客观、可量化的评估方式。这种方式通常依据国家或地区教育部门设定的统一考试，通过学生的考试成绩来评价他们的学习成果。这种方法具有标准化的特点，能够确保评估的公正性和一致性，也方便学校和家长了解学生在整体水平上的表现。然而，仅仅依赖考试成绩来衡量学生表现也存在一定的误区。考试成绩可能无法完全反映学生的综合素质和能力，例如创新能力、合作能力、实践能力等。此外，考试成绩还可能受到多种因素的影响，如考试难度、考试环境等，因此不能作为衡量学生表现的唯一标准。后一种评估方式关注学生在该学年内取得的进步情况。这种评估方式更加注重学生的个体差异和发展过程，而不是仅仅关注他们在某一时刻的表现。通过评估学生的进步情况，可以更全面地了解学生的学习态度、努力程度和成长轨迹。这种方式有助于鼓励学生持续努力，发现他们自己的潜力和优势，促进他们的全面发展。一份研究报告显示，82%的受访者表示，衡量学校表现的最佳方式是纵向衡量学生所获得的收益，这意味着衡量学校表现的最佳方式是通过衡量教师（或学校/学区）随着时间推移而为学生学习增加的"价值"。然而，有研究者发现，虽然增值评价能反映学生在学业上的进步，但并不能全面反映教师、学校或地区在教育教学方

面的整体表现①。决定学生学习的最有利的因素是社会资本、智力、先前和早期的学习经历等,这些因素很可能会永远抑制基于增值评价结果的有效性。同样,考虑到教育教学是一个复杂的过程,涉及多个方面的因素,如教学方法、课程设置、学生参与度等。成绩是一个复杂的结构,而增值评价则仅代表了一系列成绩指标中较为薄弱的部分,因此无法依靠任何单一的衡量标准来全面评估学生随着时间推移所取得的进步。最后,增值评价的结果也具有一定的波动性。学生在不同时间段的学业进步可能受到多种因素的影响,如考试难度、心理状态等。这种波动性使得增值评价的结果难以稳定地反映教师、学校或地区的教育质量。仅仅以增值评价作为唯一的评估标准,可能忽略了其他重要的教育要素,导致评估结果不够全面和准确。这些因素都可能影响学生的学业进步,而与教师、学校或地区的教育质量并不直接相关。

增值评价的结果能够在一定程度上反映教师的教学水平和努力程度,发现不同学校、不同地区在教育资源、教学方法等方面存在的差异和不足。同时,在追踪评价过程中,它能够提供诊断性预测与反馈,激励并协助学校改进教育工作。然而,由于教育教学过程中影响因素的多样性、学生学业成绩结构的复杂性和不稳定性,我们无法直接将增值评价作为评估教师、学校或地区的标准,否则可能会导致不公平的评估结果,而应该采用更为全面、多元化的评估体系来评价教师、学校或地区的教学质量,并注重评估过程的公正性和透明度。

二 解聘存在教学质量问题的教师,考试成绩将会得到提升

增值评价作为一种评估教师教学效果的方法,它密切关注学生在教师指导下的进步程度。通过增值评价,可以识别出那些教学效果不佳的教师,并采取相应的措施来改进他们的教学。如果学校决定解雇这些教师,那么,从理论上说,那些教学能力更强、更受学生欢迎的教师将有机会替

---

① 胡娟、徐鑫悦:《高等教育增值评价:缘起、争论及反思》,《复旦教育论坛》2006年第6期。

代他们，从而提高整体的教学质量，提升学生的考试成绩。如果没有采取这种做法，学校可能永远不会进步。然而，事实往往却并非如此。

从学生考试成绩的归因来看，学生的考试成绩受多种因素，包括家庭背景、个人努力、学校环境、教学资源等的影响。仅将成绩提升归因于解聘在教学质量上存在问题的教师过于简单化，这一做法忽略了教育过程的复杂性。教师对学生学业成绩的影响不仅取决于教学技能，还包括他们对学生的关怀、激励和对教学内容的掌握。例如，雷浩等人的数据分析结果显示，作为教师所展现的积极行为之一——教师关怀行为，不仅直接影响学生的学业成绩，还通过将学习效能感作为中介变量而对学生学业成绩产生间接影响。此外，解聘教师可能会在短期内对其他教师和学生造成不确定性和压力，影响教学和学习环境。例如，可能会在短期内影响学生情感和学习动力，从而对其成绩产生负面影响。长期而言，频繁的教师更换可能会对学校文化和学生表现产生负面影响。从增值评价的运行机制来看，在"教师效率"是用标准术语量化的情况下，实际无效的教师并不像人们通常所认为的那么多，增值评价估计的计算方法将任何一组教师中50%的教师定位为相对无效（即通过与平均值的比较低于平均效率）。因此，通过统计比较，总会有一些教师仅仅因为他们落在钟形曲线的错误一边而显得效率相对较低。但由于教师"增加"的"价值"不是以绝对值计算的，增值评价分析采取的方法无法严格估计学校教师实际上有多少是无效的，它无法帮助我们准确地对教师进行有效与无效的类别判定。例如，教授大量高分学生的学校或教师的增值可能会受到"天花板效应"的影响。考试分数的上限在结构上限制了学生考试成绩的提高，由于成绩优异学生的初始分数接近分布的顶部，他们几乎没有提高的空间，教授这部分学生的教师往往在增值评价结果中被判定为"无效"。教师增值评价的"天花板效应"的一个典型案例是纽约四年级教师 Sheri Lederman 的案例，她在评估中获得最低的增值评级后起诉了国家[1]。最终，纽约最高法院在听取了多

---

[1] Alexandra Resch and Eric Isenberg, "How do Test Scores at the Ceiling Affect Value-Added Estimates?" *Statistics and Public Policy*, Vol. 5, No. 1, May 2018, p. 3.

名专家证人的证词后裁定对 Lederman 的评级是"武断的"。

尽管教师很重要，但他们并没有问责制支持者愿意相信得那么重要。将教师从教育系统中清除出来会产生未知的影响，但这一影响可能会远远低于预期。教育质量的提升需要持续的努力，包括教师培训、教学方法改进、课程内容更新等。简单地解雇教师可能无法解决根本问题，甚至可能破坏学校的稳定性和教育的连续性。在考虑解雇有问题的教师之前，应当考虑是否有合适的替代方案，如是否有足够资质的教师来接替，以及是否有支持新教师和学生的过渡计划。因此，虽然在某些情况下，移除表现不佳的教师对学生成绩可能有正面影响，但这不应被视为提高学术成绩的普遍解决方案。必须考虑教育过程的复杂性和多维度，以及教师更换对学校生态的整体影响。

三 增值评价能激发教师改进教学的动力，从而提高学生的成绩

增值评价能够量化学生的进步，帮助教师更清晰地了解教学效果，从而有针对性地改进教学方法和策略。同时，根据增值评价的结果采取适当的激励和约束措施可以激发教师的积极性和责任感，促使他们更加努力地投入教学工作中，并促使那些因为担心被惩罚或解聘而表现不佳的教师进行改进。这种积极和消极的激励因素将提高投入质量（即教学），从而提高在教育生产中的产出质量（即学生成绩）。

经过深入分析，我们发现增值评价的结果虽然能够为教师提供与教学效果等相关的反馈信息，但目前尚无确凿的研究证据表明，增加教师获取基于增值评价的信息量会切实提升他们理解或运用这些信息的能力。这主要源于增值评价所依据的信息主要来源于大规模标准化成绩测试，此类测试主要聚焦于课程标准所涵盖的知识和技能领域，其深度并不足以满足诊断或指导教学的需求。同时，将基于增值评价的信息用作推动教育改进的杠杆能有效提升学生的学业成绩或成长水平也是缺乏相应文献或数据支撑的。与此同时，我们应当认识到，教育是一个复杂且多维度的过程，无法仅通过单一的增值评价和激励约束机制来解决所有问题。多项研究指出，

教师并非仅仅依赖学生考试成绩的提升来获取经济奖励,以此促进学生进步。他们改进教学的动力源自多方面,包括个人的教育理念、专业素养、职业追求等。虽然激励和约束措施可能在一定程度上激发部分教师提升教学质量的积极性,但也可能导致他们在教学行为上采取战略性调整,如产生"教学对标"现象,即仅教授考试内容,导致教师或学校在教学过程中忽视其自身的特点和优势,盲目追求某种固定的标准或模式,从而丧失教学个性和创新性,这无疑削弱了教育的全面性和深度。此外,过分强调外部激励和约束可能忽视教师的内在动机,如他们对教育的热情和对学生成长的承诺。从长期来看,过度依赖增值评价和激励措施可能会给教师和学生带来过度的压力和焦虑,反而不利于教学质量的提升和学生学习效果的提升。因此,在推进教育改革和提升教学质量的过程中,我们需要综合考量多种因素,而非单一依赖增值评价和激励约束机制。

增值评价作为教育评价领域的一种重要方式,具备潜在的激励效应,能够根据相应的评价结果激发教师改进教学的动力,进而有望促进学生学业成绩的提升。然而,我们必须清醒地认识到,增值评价仅仅是诸多评价方式中的一种,其效果的实现并非孤立的,而是需要与其他教育措施和条件相互配合、共同作用。在实施增值评价的过程中,教师应充分结合其自身的教学实际以及学生的个性特点,对增值评价的结果进行深入分析,识别教学中的优点和不足,进而调整和优化教学方法。盲目依据增值评价的结果对教师采取奖励和惩罚措施这种做法存在诸多潜在的问题与局限性,应该通过合理的评价和激励措施,激发教师的教学热情和积极性,促进教师的专业成长和教学质量的提升。在这个过程中,增值评价可以作为一个重要的参考依据,但不应该成为唯一的评价标准。

第七章 基于增值评价体系的集团化办学实施效果

在当前的教育领域,集团化办学作为一种新兴的教育模式,正逐渐受到广泛的关注和深入的研究。该模式通过整合教育资源、优化教育结构,旨在提升教育质量和效率,进而实现教育的全面发展。然而,如何评价集团化办学的实施效果,成为教育研究者和实践者面临的一个重要课题。增值评价作为一种关注学生学习进步和学校教育成效的评价体系,为我们提供了一种全新的视角和工具。本章旨在探讨增值评价体系下的集团化办学实施的理论概况以及实证研究效果。

第一节 增值评价视角下集团化办学概述

一 引言

在过去数年间,提升经济困难背景下学校的教育机遇以及确保全民获得公正且优质的教育资源,已成为全球各国政府政策制定的焦点议题。特别是在英国、澳大利亚及西班牙等国家,集团化办学策略已逐步演变为一种旨在促进学校整体发展的有效途径。所谓集团化办学,即指两个或更多学校基于共同目标,形成协作共同体,其核心目标在于通过合作框架促进

第七章 基于增值评价体系的集团化办学实施效果

成员学校间在资源、知识、技能及培训等方面的互补性交流,进而实现教育质量的提升和学校整体的改进。然而,通过对相关文献的深入审视与分析,当前集团化办学领域研究存在若干不足。具体而言,这些不足主要体现在以下三个方面:

首先,针对集团化办学模式对学校效能的影响,从增值评价的视角进行深入分析的研究尚显不足。增值评价作为一种评估学校效能的方法,其核心在于衡量学生在一段时间内学业进步的程度,从而对学校的教育质量进行更为公正的评价。尽管现有研究已经初步揭示了集团化办学对学生学业成绩、教师工作动机、学校领导力及管理效率等方面的积极作用,尤其是对学生在数学、语文及英语等关键学科的学业成绩的正面贡献[1],但这些成果可能受到学校外部多种因素的影响。为了更准确地评估集团化办学的实际效能,有必要采用增值评价方法,将学生的学业进步与社会经济地位、家庭背景等外部因素进行分离,从而更精确地衡量学校教育活动对学生学业成绩的实际贡献。通过这种方法,研究者可以更客观地评估集团化办学模式对提升学校整体效能的作用,为教育政策的制定和实施提供更为科学的依据。因此,未来的研究应当更加关注从增值评价的角度出发,对集团化办学的效能进行全面而深入的探讨。

其次,关于集团化办学的研究,方法论方面的局限性是一个显著问题。目前,定性研究方法在该领域的应用较为广泛,而定量研究和混合方法研究的应用则相对不足。虽然定性研究能够提供深入的见解和理解,但其缺乏标准化的数据分析程序,这限制了研究者在案例分析中识别和纠正选择偏差的能力。此外,定性研究在证据呈现和数据解释过程中的主观性也可能增加对集团化办学效果评估的复杂性。为了克服这些局限,采用定量研究方法,特别是利用多层次模型分析技术来处理复杂的队列数据,对于准确评估集团化办学对学校效能的影响至关重要。通过定量方法,研究

---

[1] Christopher Chapman and Daniel Muijs, "Collaborative School Turnaround: A Study of the Impact of School Federations on Student Outcomes", *Leadership & Policy in Schools*, Vol. 12, No. 3, October 2013, p. 200.

者能够对大量数据进行系统分析，从而提供更加客观和普遍适用的结论。此外，定量研究还可以通过统计手段控制潜在的混杂变量，从而更准确地估计集团化办学的效果。因此，未来的研究应当着重考虑引入和加强定量研究方法，以及探索混合方法研究的可能性，以期获得更为全面和可靠的研究成果。

此外，现有研究在样本选择上存在地域性偏差，主要集中于西方国家的案例上，而对中国集团化办学的实践和意义则缺乏足够的关注和研究。中国的学校集团化办学实践已有二十余年的历史，其间形成了多种类型的集团化模式，例如城乡互惠社区和密集教育社区等，旨在缩小教育资源分配上的差距。近年来，中国在不同绩效水平的学校之间推广集团化办学模式，以促进教育质量的整体提升，这一趋势日益明显。鉴于中国独特的教育环境和社会文化背景，以及集团化办学在中国教育体系中的广泛实施和深远影响，将中国学校的集团化办学实践纳入研究样本，对于深入理解该模式在中国特定社会文化和教育体系中的作用机制和效果具有重要的学术价值和现实意义。

二 集团化办学

集团化办学是指在学校之间构建紧密的合作关系，并在校园内部营造合作学习的环境，以实现共同的教育振兴和发展目标[1]。在不同地区，尽管术语和具体实施方案存在差异，但其核心理念是一致的。部分学者特别指出，"联盟"（Federation）这一术语通常用于描述一种创新的学校发展策略，该策略通过促进人员、资源的共享以及课程开发等方式，对表现优异的学校与表现不佳的学校进行整合，以实现教育资源的优势互补[2]。此

---

[1] Christopher Chapman and Daniel Muijs, "Collaborative School Turnaround: A Study of the Impact of School Federations on Student Outcomes", *Leadership & Policy in Schools*, Vol. 12, No. 3, October 2013, p. 200.

[2] Daniel Muijs, "Improving Schools through Collaboration: A Mixed Methods Study of School-To-School Partnerships in the Primary Sector", *Oxford Review of Education*, Vol. 41, No. 5, July 2015, p. 563.

外,"改进网络"(Improvement Networks)或"网络学习"(Networked Learning)等概念也应运而生,用以描述学校间形成的协作联合体。在中国的教育体系框架内,集团化办学模式通常体现为一所绩效卓越的学校与若干绩效相对较低的学校之间的合作。这些学校在统一的管理系统、课程设置、教学方法和评估体系下运作,通过整合各自的优势资源和能力,推动系统的改革与创新,旨在实现教育资源的均衡分配和教育质量的整体提升。此种模式不仅有助于优化教育资源配置,还能够促进教育公平,确保每个学生都能享受到高质量的教育服务。

集团化办学作为一种教育改革策略,不仅在中国得到广泛实施,而且在国际上受到了普遍关注和推广。其目的在于通过集中优质教育资源、优化管理结构和提升教育服务质量,从而提高教育系统的整体效能,尤其是在提升表现不佳的学校方面发挥着重要作用。在国际上,集团化办学的实践和策略呈现出多样化的趋势。例如,美国通过特许学校管理组织来扩大教育选择和提高学校运营效率;英国推行学校联合会或网络学习社区计划,以促进学校间的合作与交流;智利实施学校改进网络策略,旨在通过建立学校间的协作关系来提升教育质量。这些做法均得到了相关研究的支持,研究表明集团化办学能够有效地促进教育改善和教育公平。为了全面评估集团化办学的效果,研究者采用了多种研究方法,接下来将从定性、混合和定量研究方法三个方面进行介绍。

Ainscow等人通过案例研究揭示了在一定条件下,集团化办学能够为学生提供更丰富的学习机会,并有效满足学业弱势群体的教育需求。此外,Hernández等人针对同一地区内参与学校网络的九个中心学校进行了案例分析,基于参与式和协作方法进行了案例研究,发现参与学校网络促进了新的组织结构的形成,并在中心学校之间建立了关于工作策略的共识和对功能的深入反思。2023年,Wei等人通过深度访谈和政策文件分析,提取了丰富的国际文献和实证数据,对中国两个城市的地方教育部门在集团化办学过程中的作用进行了定性研究。研究结果表明,地方教育部门在集团化办学的实施中扮演着关键角色,并具有显著的影响力。

同时，学术界也采用混合研究方法对集团化办学进行了深入探讨。例如，Christopher Chapman 结合定量和定性研究方法，探讨了集团化办学的本质及其对教育发展的重要性。研究指出，学校间的合作有助于资源共享，并提升学校的整体发展水平。而 Daniel Muijs 则运用混合方法研究了低绩效小学与高绩效小学之间的合作模式，其中高绩效学校作为导师或支持者，对低绩效学校提供指导和帮助[1]。

此外，一些研究人员专门利用定量数据来评估集团化办学的有效性。Sammons 等人通过对英国国家评估和考试数据的定量分析，发现通过建立网络学习社区，中学在英语成绩上取得了显著提升。然而，对于小学而言，并没有充分的证据证明其英语成绩的提高速度快于全国平均水平，或者有效缩小了成绩差距。Chapman 和 Muijs 的研究则通过定量方法展示了集团化办学对学生学业成绩的积极影响。特别是当教育集团的目标是通过整合不同成绩水平的学校来提升教育标准时，其影响力尤为显著[2]。Pan 和 Chen 通过调查研究方法深入分析了网络学习社区的效果及其影响因素，他们得出了这一结论：网络学习社区计划显著正向影响了教师变革的开放性。

这些研究全面分析了集团化办学的概念，并从多角度探讨了其实际应用和有效性。尽管集团化办学具有明显的优势，但目前的研究尚不足以直接得出其显著影响了学校效能的结论。对集团化办学的评估需要基于学校发展的连续时间线，收集充足的数据以作为合作有效性的结论性证据。这表明未来的研究应当继续深化，以更全面地理解集团化办学的长期效应和潜在价值。

---

[1] Daniel Muijs, "Improving Schools through Collaboration: A Mixed Methods Study of School-To-School Partnerships in the Primary Sector", *Oxford Review of Education*, Vol. 41, No. 5, July 2015, p. 563.

[2] Christophe Chapman and Daniel Muijs, "Collaborative School Turnaround: A Study of the Impact of School Federations on Student Outcomes", *Leadership & Policy in Schools*, Vol. 12, No. 3, October 2013, p. 200.

三 学校效能

学校效能这一概念，源于20世纪60年代末Coleman等人关于"教育机会平等"的里程碑式研究报告。该报告揭示了一个重要发现，即学校对学生学业成绩的直接影响相对有限，而学生的成绩更多地受到其所处的社会环境和个人背景因素的影响。这一发现在20世纪70年代初期引发了对学校效能的批判性审视，并推动了教育系统研究与评估方法的发展。尽管学校效能的概念已得到广泛讨论，但其定义尚未在学术界达成一致。Mortimore认为，学校效能体现在学校促使学生在其原有能力基础上取得超出预期的进步。而Hargreaves则将学校效能视为学校利用其智力资源和社会关系，实现包括学术成就和道德美德在内的预期教育目标的能力。Sammons和Bakkum进一步将学校效能定义为学校在考虑学生初始属性的基础上，促进学生达到或超越预期成就的程度。

学校效能的评估是一个多维度的复杂过程，其定义和影响因素在学术界存在多种解释和理解。根据不同的视角，学校效能的评估可以归纳为三种主要的分析框架。从社会满意度的角度出发，学校效能的评估侧重于衡量学校在满足其利益相关者期望和需求方面的表现。这些利益相关者包括校长、教师、管理机构、学习者以及公众等。在此框架下，有效的学校被定义为那些能够成功满足这些多元需求的教育机构。从目标实现的角度来看，如果学校能够在规定的时间内完成其设定的目标，那么该校就被视为有效。学校效能可以通过其使用特定资源实现既定目标的能力来衡量。这些资源通常是可量化的，并且得到了教育者和教育机构的广泛认可。从经济学视角出发，学者进一步将学校效能视为学生素质变化的函数，即在比较投入与产出时，学校效能体现在学生学习成绩的提升上。Cheng将投入分为非货币性投入和货币性投入，并将输出分为内部和外部两类，进一步细化了经济学视角下学校效能的评估。

随着对学校效能评价认识的深入，学者逐渐认识到学校效能评价是由多种因素相互作用的结果。因此，评估框架已经从简单的"投入—产出"

模型演变为一个包含多个层面的复杂评估体系。为了区分学校效能的提升是由教师和学校内部因素的改进所致，还是由不可控的外部因素所引起，经济学中的"增值"概念被引入作为衡量学校促进学生成长的标准。这种增值评估方法有助于更准确地识别和评价学校效能的改进情况。

四　基于增值评价的学校效能评估

"增值"概念最初源自经济学领域，它描述了投入与产出之间的差异，并用于衡量产品的基本组成部分所创造的价值。在教育研究领域，Eric Hanushek 于 1971 年首次借鉴经济学中的增值概念，将其用于评估受公共政策干预的变量与教育成果之间的相关性，从而开辟了教育增值评价的新篇章。自 20 世纪 70 年代起，西方发达国家，如英国和美国，开始对增值评价方法进行广泛探索和研究。田纳西大学的 William L. Sanders 提出的增值评价方法尤其获得了显著的成功。Sanders 开发了一套名为桑德斯模型的统计系统，并通过全面的连续研究验证其有效性。此后，随着统计技术的进步，美国和英国独立发展了多层次模型技术，为增值方法论提供了更为精确和可靠的分析工具。进入 21 世纪，增值评价的概念在全球范围内得到了更广泛的重视，并衍生出多种不同的实施举措。例如，英国在 2002 年于英格兰和威尔士引入了学校效能的增值评价模型，并在随后的几年中实施了全面的"多重"增值评价，以全面评估学校效能。2007 年美国高等教育自愿问责制（Voluntary System of Accountability）采用了"增值"概念来评估教学质量，并使用回归法计算了 2007 年的增值指数。随着教育技术和评价方法的持续发展，增值评估和多层次模型技术已被全球广泛采纳，成为评价学校效能的重要工具[1]。

　　研究的广泛证据支持了这样一个观点：与基于原始分数的评估相比，增值数据更能准确地评价学校的效能。原始分数数据的局限性在于，它未

---

[1] Chunlei Gao and Xueke Bi, "Stability and Consistency of School Effects: Evidence from Senior High Schools in China", *School Effectiveness and School Improvement*, Vol. 34, No. 3, May 2023, p. 358.

能充分考虑影响学生学业表现的多种因素，以及学校对这些因素的控制能力，如学生的先验学术水平等。因此，原始分数可能无法公正且客观地反映学校的真实教学成效。相反，学校增值分数通过衡量学生集体学业进步的程度，提供了一种更为全面的评价方法。这种进步可能受到学校无法完全控制的外部因素的影响，增值模型能够对这些因素进行调整，从而更准确地评估学校对学生学习成绩的净贡献。通过应用增值模型，学校管理者可以获得更精确的数据，以指导他们制定更为明确和有效的决策，进而提升学校的教学质量和整体表现。因此，采用增值方法来分离和识别学校对学业成绩的具体影响是恰当的，它不仅关注学校内部因素的作用，也考虑了与学生学业成绩相关的其他潜在变量。这种方法论的运用有助于提供更为细致和深入的见解，促进教育政策和实践的持续改进。

第二节 增值评价视角下集团化办学实证研究

一 样本选择

本项研究选取了2014—2018年在中国中东部地区完成初级中学三年级教育，并在2017—2021年参加了普通高等学校招生全国统一考试（高考）的学生群体作为研究对象。为了确保研究的准确性，学生被编入与其完成初级中学三年级教育年份相对应的队列，例如，2014年参加初级中学学业水平考试（中考）并于2017年参加高考的学生被归类为2017年队列的一部分。研究样本涵盖了81959名参与者，这些数据代表了5个不同年份的学生全体。研究构建的数据库涵盖了约50所高中，这些学校被划分为两个对照组：参与集团化办学的学校与未参与集团化办学的学校。纳入本研究的学生需满足以下标准：成功完成中考与高考，并且在高中三年学习期间持续在同一所高中就读。关于纳入分析的学生和学校的具体数量如表7-1所示。

表7-1　　　　　　　　　　学校和学生统计数据

年份	2017	2018	2019	2020	2021
学生总数（人）	15354	16738	16605	16590	16672
合作学校（所）	16	20	21	21	22
非合作学校（所）	29	30	29	28	27
学校总数（所）	45	50	50	49	49

在中国教育体系中，中考和高考构成了中等教育水平的两个关键性标准化评估环节。这两个考试在组织、实施和管理等方面均遵循严格的统一标准，并采用科学严谨的程序，以确保评估结果的高信度和高效度。本研究选取语文学科作为分析的重点，原因在于其相较于其他学科具有更为明显的综合性特征。根据《普通高中语文课程标准（2022年版）》，语文教育的整体性不仅涵盖了人文关怀，也包括了语言作为工具的实用性。此外，该课程标准还强调了语言技能、批判性思维、文化认知、美学鉴赏以及跨学科知识整合的重要性。鉴于此，本研究在市教育局的支持下，搜集了五个队列（2017—2021年）的中考语文（入学水平）和高考语文（毕业水平）成绩数据。中考语文的满分为120分，而高考语文的满分为150分，这一点在分析时需予以特别注意。为了进行增值评价分析，我们对各队列的入学和毕业水平的分数进行了标准化处理，以消除不同总分尺度带来的影响。具体而言，我们依据全市学生总体数据，对中考和高考成绩进行了标准化转换。表7-2展示了标准化后的均值和标准差，为本研究的增值分析提供了基础数据。

表7-2　　　　　　　　　　语文成绩描述性统计

年份	入学水平 平均数	入学水平 标准差	毕业水平 平均数	毕业水平 标准差
2017	87.71	11.65	87.99	17.73
2018	90.06	11.15	90.99	17.43

续表

年份	入学水平		毕业水平	
	平均数	标准差	平均数	标准差
2019	89.94	9.51	96.63	17.51
2020	89.50	11.50	93.28	19.52
2021	88.60	11.80	93.85	19.78

二 变量选择

本项研究所选取的变量被划分为两个不同的层次：个体层次（学生层面）和群体层次（学校层面）。在选择解释变量时，本研究以现有的学术文献为基础，并遵循控制原则，确保纳入的变量能够覆盖学校影响之外的其他因素。入学水平作为增值模型中的一个关键前提，对于评估学生在教育过程中的进步具有重要意义。在学生层面的变量中，性别和学科类别被认定为对学业成绩具有显著影响的因素，而这些因素是学校层面所无法控制的。现有研究表明，家庭因素对学生的学业成绩具有显著影响，但随着学生年龄的增长，家庭因素的影响力可能会逐渐减弱。鉴于此，本研究并未将学生的家庭背景因素纳入作为协变量。在学校层面的变量中，学校能够在一定程度上控制入学人数、学校类别、性别比例和学科类别比例等因素。因此，本研究的方法论可能为学校提供了一种有价值的手段，以部分减轻这些因素对学业成绩的影响。本研究所采用的具体变量如表7-3所示。

表7-3　　　　　　　　　　模型中使用变量

学生层面变量	描述
入学水平	2014年至2018年学生中考语文成绩转化为N（0，1）分
性别	男生=0，女生=1
学科类别	文科=0，理科=1
学校层面变量	描述

续表

学生层面变量	描述
入学人数	不同学校的学生总数
学校类别	民办学校 =0，公办学校 =1
性别比例	男生人数占不同学校学生总数的比例
学科类别比例	理科学生人数占不同学校学生总数的比例
毕业水平	2017 年至 2021 年学生高考语文成绩转化为 N（0，1）分

三 研究方法

2008 年，OECD 对增值模型进行了分类，将其划分为五大类别：线性回归模型、方差成分模型、固定效应模型、多变量随机效应响应模型以及增长曲线分析模型。在本研究中，我们选取了多层线性模型（Hierarchical Linear Modeling，HLM）作为主要的分析方法，原因在于 HLM 在评估学校效能方面具有显著的优势。HLM 能够有效地整合存在于个体（学生）和群体（学校）水平的信息，并计算出每个层面上的系数和截距的独立估计值[1]。此外，HLM 在增值评估中的应用允许使用残差作为学校和学生层面的增值测量指标，其中正值的残差表明学校的教学方法对学生的学业进步做出了超出其背景因素预期的贡献[2]。基于 HLM 的这些优势，本研究采用该方法来评估学校效能。分析的初步步骤包括构建基本的 HLM 模型，从考虑学生嵌套在学校结构中的空模型出发，逐步引入解释变量，构建更为复杂的增值模型。通过建立回归方程，可以评估不同层次变量对学生学业成绩的影响，并将学校层面的残差作为衡量增值的指标。为了检验 2017 年至 2021 年合作学校与非合作学校在潜在增值分数上的差异，本研究运用 HLM 和 T 检验进行了分析。使用 SPSS 26.0 软件进行基本的描述性统计分析，而 HLM 的估算则通过 Mplus 8.0 软件完成。

---

[1] Anthony S. Bryk and Stephen W. Raudenbush, *Hierarchical Linear Models: Applications and Data Analysis Methods*, Thousand Oaks: Sage Publications, 1992, p.109.

[2] Sucheera Mahimuang, "Factors Influencing Academic Achievement and Improvement: A Value-Added Approach", *Educational Research for Policy and Practice*, Vol.4, No.1, April 2005, p.13.

四 研究结论

(一) 学校效能的增值评估模型

1. 空模型

在本研究中，组间和组内方差的数据详细列示于表 7-4。在空模型的背景下，学生水平的残差方差被表示为 σ^2，而学校水平的残差方差则表示为 τ_{00}。组内相关系数（Intraclass Correlation Coefficient, ICC）是衡量数据层次结构的一个重要指标，其计算公式被定义为 $\rho = \tau_{00}/(\sigma^2 + \tau_{00})$。根据 Cohen 1988 年的研究，ICC 值若超过 0.059，则表明组间差异显著，支持采用多层次模型进行分析[1]。

通过数据分析，我们观察到 ICC 的值介于 0.444 和 0.555 之间，均显著高于 0.059 的临界值。这一结果表明，学生学业成绩中存在显著的学校层面效应，从而为构建多层次模型提供了有力的依据。

表 7-4　　　　　　　　　　**空模型结果**

年份	2017	2018	2019	2020	2021
组间方差（σ^2）	.595	.704	.456	.570	.516
组内方差（τ_{00}）	.588	.566	.569	.553	.531
组内相关系数（ρ）	.503	.555	.444	.508	.493

2. 多层次模型

在多层次模型中，我们纳入了学生和学校层面的预测变量来估计学生学业成绩的增值。在学生个体层面，纳入的预测变量包括入学时的学业水平、性别以及学科类别；在学校层面，考虑的变量则涵盖了学生人数、学校的类型、性别比例以及学科类别比例。

---

[1] Jacob Cohen, *Statistical Power Analysis for the Behavioral Sciences* (2nd ed.), New York: Routledge, 1988, p. 123.

表7-5展示了一个多层次回归模型结果,该模型旨在探究学生个体层面和学校组织层面变量对学生学业成绩的影响。分析结果表明,所纳入的各个变量对学生学业成绩均具有统计学上的显著影响。具体来说,通过对连续五年数据的分析发现,入学时的学业水平对学生成绩有显著的正向影响。以2017年队列的数据为例,在控制其他变量的情况下,入学水平每提升一个百分点,学生的成绩平均提高0.384分。此外,性别也对学生的学业成绩产生了显著的影响($p<0.001$),在所有5个队列中,具有相似背景特征(如入学水平和学科类别)的女生的学业成绩普遍优于男生,且这种性别差异在统计上具有显著性。

在学校组织层面,学生人数与学生学业成绩呈现出正向相关性,即相较于招生规模较小的学校,招生规模较大的学校的学生在考试中取得了更高的成绩,这一趋势在2018年至2021年的队列中均得到了统计学上的验证(p值均小于0.05)。此外,学校类型对学生学业成绩也有显著影响。例如,2021年队列的分析结果显示,与民办学校相比,公办学校对学生学业成绩的正向影响要低0.311分,这表明学校的所有制性质也是影响学生学业成绩的一个重要因素。

(二) 集团化办学与非集团化办学学校效能比较

1. 学校队列增值数据对比

为了深入探究参与集团化办学与未参与集团化办学学校之间的效能差异,本研究将50所学校依据其参与情况划分为合作型和非合作型两组,并依据年份分类进行整理(详见表7-1)。通过应用HLM,对2017年至2021年的队列数据进行了增值分数估计。根据每年的增值排名,学校被划分为四个不同的绩效区间:第一梯队(75%—100%)、第二梯队(50%—75%)、第三梯队(25%—50%)以及第四梯队(0—25%)。每个队列的增值分数,包括相应的95%置信区间和反映学校效能的排名。若学校的置信区间下界显著高于均值,则表明该校的增值分数显著高于平均水平;相反,若置信区间上界显著低于均值,则表明该校的增值分数显著低于平均水平。其他学校的增值分数与均值无显著差异。

第七章 基于增值评价体系的集团化办学实施效果

表7-5 估计增值的HLM结果

	2017		2018		2019		2020		2021	
	相关系数	标准误	相关系数	标准误	相关系数	标准误	相关系数	标准误	相关系数	标准误
常数	-.507	.437	1.612**	.576	-1.415***	.365	-1.092**	.375	-.055	.263
入学水平	.384***	.009	.375***	.009	.440***	.008	.407***	.009	.435***	.009
性别	.120***	.012	.141***	.012	.062***	.011	.085***	.011	.113***	.011
学科类别	-.001	.004	.105***	.012	.000***	.000	.000	.000	.001*	.000
学生人数	.001	.000	.001**	.000	.001***	.000	.001***	.000	.001***	.000
学校类别	-.095	.111	-.382***	.132	-.057	.118	-.187	.110	-.311***	.091
性别比例	-.645	.641	-2.937***	.868	1.742**	.568	1.139	.605	-.491	.426
学科类别比例	1.146***	.280	.518***	.059	-.009***	.004	-.001	.003	-.003	.002
学生残差 (σ^2)	.504***	.006	.487***	.005	.478***	.005	.473***	.005	.444***	.009
学校残差 (τ)	.087***	.022	.156***	.033	.107***	.023	.111***	.024	.071***	.015
f^2										
学生水平（%）	14.3		13.4		16.0		14.5			
学校水平（%）	57.8		56.3		37.9		38.2		41.7	

说明：f^2 为效应量大小；* 表示 $p<0.05$，** 表示 $p<0.01$，*** 表示 $p<0.001$。

整理的数据揭示了在第一梯队中合作学校的数目从 2017 年至 2021 年逐年增加，分别为 2、5、6、5、8 所，而非合作学校的数量为 10、7、6、7 和 5 所；在第二梯队中，合作学校的数量从 2017 年至 2021 年分别为 2、7、8、9 和 8 所，而非合作学校的数量为 8、6、5、4 和 4 所；第三梯队合作学校的数量从 2017 年至 2021 年分别为 7、6、5、5 和 4 所，而非合作学校的数量为 5、5、7、6 和 8 所；在第四梯队中，合作学校的数目在五年内分别为 5、2、2、2 和 2 所，非合作学校的数量则为 6、11、11、10 和 10 所。从学校数量对比来看，第一梯队中合作学校的数量呈现上升趋势，而在第四梯队中，非合作学校的数量更多，这一现象表明学校间的合作可能显著提升学校的教育效能。进一步分析发现，合作学校的增值分数普遍优于非合作学校，且差距较为显著。例如，2017 年，合作学校的增值分数普遍低于非合作学校，因为大多数增值分数高于零平均值的学校为非合作学校。然而，到了 2018 年，情况发生了显著转变，合作学校的增值分数开始超过非合作学校。至 2021 年，超过 80% 的合作学校展现出正的增值分数，而非合作学校则普遍呈现负的增值分数。综合 2017 年至 2021 年的队列数据分析结果，合作学校的增值分数呈现上升趋势，越来越多的学校的增值分数超过平均水平。这一趋势表明，合作学校在学校效能方面相较于非合作学校具有显著的优势。此外，这一实证研究结果也为集团化办学模式的有效性提供了有力支持，证实了参与集团化办学的学校在提升学校效能方面的潜在优势。

2. 增值分数的 T 检验

为了深入评估合作学校与非合作学校在增值分数方面的差异，本研究对比了两类学校的平均增值分数，结果呈现于表 7-6。研究结果显示，在集团化办学的初期阶段，非合作学校的增值分数超过了合作学校。随后，两类学校的增值分数均呈现出上升趋势，但在各个时间点上，合作学校的增值效应均显著高于非合作学校。

为了进一步阐释合作办学与非合作办学学校之间的增值效应差异，本研究对相关数据进行了 T 检验，检验结果同样列示于表 7-6。根据 T 检验的分析结果，2017 年队列中合作学校的效能低于非合作学校（T = -9.575，p < 0.001），而在其他年份中，合作学校的效能则高于非合作学校。这一现象的原因在于 2014 年为集团化办学的起始年份，2017 年毕业的学生群体是首批完全经历集团化办学周期的学生。因此，经过集团化办学初始的磨合期之后，从第二年起，合作学校的效能开始显现出提升趋势。

这些研究发现表明，随着集团化办学实施时间的延长，合作学校相较于非合作学校展现出更为显著的有效性提升。在学校类别的比较中，合作学校证明了其更高的附加值，这一结果揭示了在集团化办学教育环境中，学生的初始学业表现与最终学业水平之间存在着显著的正向关联。这些发现为集团化办学模式的有效性提供了实证支持，并为未来教育政策的制定和学校管理实践的改进提供了重要的参考依据。

表 7-6   2017—2021 年合作学校与非合作学校的 T 检验

年份	学校类别	样本量	均值（标准差）	T
2017	合作学校	7401	-.269（.694）	-9.575***
	非合作学校	7949	-.156（.761）	
2018	合作学校	8172	.006（.711）	13.173***
	非合作学校	8565	-.1489（.800）	
2019	合作学校	8904	.119（.678）	8.985***
	非合作学校	7701	.017（.774）	
2020	合作学校	8883	.177（.729）	6.571***
	非合作学校	7707	.103（.725）	
2021	合作学校	9334	.095（.632）	10.857***
	非合作学校	7329	-.024（.775）	

说明：N = 学生人数；* 表示 $p<0.05$，** 表示 $p<0.01$，*** 表示 $p<0.001$。

五　小结

集团化办学作为提升学校效能的策略之一，在数十年的教育实践中得到了广泛应用。尽管如此，学术界普遍认为，仅依据学生的原始分数来评价学校的效能可能会产生误导。与之相对，增值评价方法通过衡量学生在教育过程中的学业进步，提供了一种更为精确的学校效能评估手段。在当前中国教育背景下，政府正大力推动集团化办学的实施，但其对学校效能的具体影响尚缺乏充分的实证证据。因此，采用增值评价方法来评估集团化办学的效果，已成为教育研究领域的一项紧迫任务。

本研究的目标是基于增值评价的视角，对集团化办学的效果进行评估。通过 HLM 分析 2017 年至 2021 年中国高中生的语文成绩进步，本研究旨在探究学生个体层面和学校组织层面对学业进步的贡献因素。在中国，中考和高考作为具有高信度和效度的标准化考试，语文成绩的综合性特征使其成为评估学校效能的理想指标。本研究选取了中考语文成绩（学生入学水平的指标）和高考语文成绩（学生毕业水平的指标）的数据，覆盖 2017 年至 2021 年的 5 个队列。数据根据学生完成高中教育的年份进行了编码，并在此基础上进行了深入分析。

本研究首先对增值评估模型中的学生成绩进行了分析。在空模型的基础上，计算得到的 ICC 值介于 0.444—0.555，显著高于 0.059 的阈值，这表明数据具有明显的层次结构，适合采用多层次分析方法。在构建的 HLM 中，我们进一步探讨了学生个体层面和学校组织层面的因素对学生学业成绩的影响。研究结果清晰地揭示了所选的 7 个变量对学生学业成绩均具有不同程度的预测作用。在学生个体层面，分析结果表明，入学时的学业表现是预测学生高中毕业时学业成绩的重要因素。这一发现与先前的研究结果相吻合，众多研究均强调学生的初始学业水平在很大程度上决定了他们最终的学习成果，显示出先前表现良好的学生往往具备较强的认知能力和学习习惯，这可能会持续影响他们的后续学习。鉴于学生在学习经历和社会经济地位上的多样性，他们的成绩可能呈现出不同水平的差异。因此，学校质量的评估需要从发展性评价的角度出发，构建科学严谨的增值评估模型，涵盖从入学到毕业的全过程。此外，本研究还发现，在性别方面，女性学生更有可能获得较高的语文成绩，这一结果与不同国家的研究发现相一致。性别刻板印象被认为是影响学生认知能力和学习动机的关键因素

第七章 基于增值评价体系的集团化办学实施效果

之一,最终可能影响他们的学业成绩。越来越多的研究致力于设计和实施旨在减少教育性别偏见的策略①。在学校组织层面,学生人数等不可扩展的教育和人口特征对学生的毕业成绩具有显著影响,这些因素在评估学校效能时需要得到适当的控制,以确保学校问责制的公平性。例如,将本研究纳入的总体学生人数作为人口控制变量,发现其对学生学业成绩有显著影响。这与先前的研究结果一致,一些研究认为,招生规模较大的学校可能因为规模经济的优势,能够提供更好的专业指导和更高效的行政管理,从而有利于学生学业成绩的提升。

基于2017年至2021年的队列数据,运用HLM和T检验的残差估计方法,对合作与非合作学校的增值分数进行了深入分析。研究结果进一步支持了学校效能提升与集团化办学之间的密切联系。与现有的研究发现相一致,众多实证研究均表明集团化办学模式对学校的改进和学生学业成绩的提升具有显著的正面效应②。集团化办学通过促进资源、教育理念和专业知识的共享,能够有效地增强教师的专业实践能力,并缓解学校间的发展不平衡,特别是对于教育系统中处于不利位置的边缘化学生群体。教育资源的共享在提升学生学业成绩方面的重要性已被先前研究所肯定,而本研究进一步提出,将表现优异的学校与表现较差的学校相连接,是提升学校效能并促进教育公平的有效策略。通过对连续5个队列的数据分析,本研究发现集团化办学模式的有效性随着时间的推移而逐步增强。这一现象与政府的持续支持密切相关,尤其是在近年来政府对教育领域的投资显著增加的背景下。在中国特有的教育环境中,这种由注重数量扩张向追求质量提升的转变,促进了学校间的合作与交流,从而显著提升了整体的教育水平。

---

① Eugenia Ganea and Valentina Bodrug-Lungu, "Addressing Inequality in Vocational Technical Education by Eliminating Gender Bias", *Revista Romaneasca Pentru Educatie Multidimensionala*, Vol. 10, No. 4, December 2018, p. 136.

② Daniel Muijs, "Improving Schools through Collaboration: A Mixed Methods Study of School-To-School Partnerships in the Primary Sector", *Oxford Review of Education*, Vol. 41, No. 5, July 2015, p. 563.

在教育研究的方法论领域，尽管已有实证研究观察到集团化办学对提升学校效能的潜在益处，但大多数研究并未从增值评估的角度深入探讨这些益处。在中国的高中选拔过程中，学生的学习成绩是主要依据，而学习成绩受到多种因素的影响，导致不同学校间的结果存在显著差异。增值评估方法能够有效地控制那些学校无法控制的外部因素，从而提供更为可靠的学校效能评估结果。本研究通过实证分析，采用增值评估框架来评估集团化办学对学生学业进步的影响，为集团化办学模式的进一步发展提供了独特的学术贡献。此外，与大多数仅从整体角度分析集团化办学促进作用的研究不同，本研究连续五年收集了初中和高中教育数据，为集团化办学在促进学生学业成绩方面的显著影响提供了全面的定量支持。对于教育实践而言，本研究的结果表明，为了全面提升教育质量，学校间的合作努力是不可或缺的。对于学校层面的利益相关者而言，承担起通过建立资源交换和教师培训计划来支持这些合作举措的责任是至关重要的。这不仅有助于优化教育资源的分配和利用，还能够促进教育公平，确保所有学生都能获得高质量的教育机会。

第八章 基于增值评价的学校效能的稳定性和一致性

学校效能作为衡量学校整体运行状况和教育质量的重要指标,一直以来都受到教育工作者和研究者的高度关注。学校效能的稳定性和一致性,更是评估学校长期发展和教育效果的关键要素。尤其是在中国这样一个教育大国,探讨学校效能的稳定性和一致性,对于提升教育质量、优化教育资源配置、促进教育公平具有深远的意义。本章聚焦于中国中部城市的选定学校,旨在深入探讨基于学生分数的学校效能的稳定性和跨学科一致性。

第一节 学校效能的稳定性与一致性概述

一 引言

学校效能主要是指特定教育政策或学校参与对学生学业成绩的影响程度。对学校效能的研究可追溯至 20 世纪 80 年代,其研究成果对于明确学校责任以及指导家长进行学校选择具有显著意义。特别是在美国,自 2001 年《不让一个孩子掉队法案》颁布以来,考试成绩被教育部门及家长广泛用作衡量学校效能的主要指标。然而,学术界的共识逐渐倾向于认为,单一的考试成绩并不足以全面、客观地反映学校效能的真实面貌。

为更科学地评估学校效能,一些研究转向探究学校效能随时间的稳定性和不同学科间的一致性。Dumay 等人以及 Minaya 和 Agasisti 在其研究中,均将这两者视为学校效能研究的基本维度和测量标准。Marks 进一步强调,这些维度不仅具有科学属性,而且是学校效能研究的核心问题[1]。在文献中,稳定性指的是学校效能能够跨越时间的变迁而保持其影响力;一致性则指学校对不同学科的影响程度具有相似性。研究指出,关于学校影响的一致性和稳定性的探讨,能够为学校责任体系的完善以及家长择校决策提供新的思路和方向。

目前,学校增值效能的一致性和稳定性在英国、美国和葡萄牙等国已受到广泛研究,然而在中国,相关的研究尚显不足。鉴于此,本章基于中国本土的教育数据,深入探讨了我国学校效能的稳定性和一致性,以期为我国教育政策的制定和学校管理的改进提供科学依据。

二 学校效能的稳定性

在 20 世纪 80 年代,出现了中小学学校效能稳定性研究,成为教育领域一个备受关注的研究课题。经过数十年的发展,这一研究领域已经逐渐分化为两大主要分支:建模研究与实证研究。

(一) 学校效能稳定性建模

传统上,衡量学校效能稳定性的常用模型是分层线性模型,这一模型基于传统多元回归技术。在构建这些分层线性模型时,研究者选择了一系列变量,这些变量涵盖了学校信息、学校实施的教育措施以及学生的社会经济背景,它们主要作用于学生、班级和学校三个层面。Thomas 等人进一步探讨了学校效能随时间变化的线性关系,并据此构建了四个模型:模型 A、B、C 和 D。其中,模型 A 和 C 属于调整后的增值模型,而模型 B 和 D 则保持原始形态。模型 A 和 B 假定存在线性关系,通过比较发现调整后的

---

[1] Gary N. Marks, "The Size, Stability, and Consistency of School Effects: Evidence from Victoria", *School Effectiveness and School Improvement*, Vol. 26, No. 3, October 2014, p. 397.

第八章 基于增值评价的学校效能的稳定性和一致性

模型与原始模型在效能稳定性方面并无显著差异，大约一半的学校在固定的时间周期内呈现出稳定的增值趋势。相对而言，在模型 C 和 D 中，这两个模型假定存在非线性关系，仅有少数学校在固定的时间周期内展现出稳定的进步。然而，不论模型的假设如何，Thomas 等人均指出，原始模型和线性模型往往比非线性模型和增值模型表现出更强的相关性。Dumay 等人在先前研究的基础上，利用多列纵向数据构建了三个分层线性模型：原始增长模型、残差增长模型和多水平增长模型。他们通过对这三个模型的结果进行比对分析，得出结论：原始模型展现出了最高的稳定性（0.462—0.756，而多水平增长模型的估计稳定性则相对较低（-0.188—0.490）。此外，他们还发现，学生的初始特征是影响学校稳定性的重要因素。

Leckie 深入探讨了估计学校效能稳定性和一致性的常用方法，即分别拟合模型，这种方法假设学校间无关联，且学校对各科目的影响相互独立。然而，此种估计方法可能导致结果偏差，其根源在于模型中常用的贝叶斯估计。一方面，为克服此偏差，Leckie 提出，通过直接基于联合增值多级多响应模型的参数计算稳定性和一致性，能够考虑学校间的相互联系，从而避免错误。该模型不仅考虑了协变量和聚类效应的相关性，还通过链接多个方差来估算不同学生群体在不同科目中的表现。另一方面，Guarino 等人对比了击败赔率（BTO）与增值评价模型之间的差异。BTO 通过横断面分析，比较预测与实际学校表现分数，以此判断学校是否"超越"其预期表现。Guarino 等人指出，BTO 与增值评价之间的差异主要源于建模决策相关因素和非随机分配的偏差。BTO 的一大优势在于其能将结果组合成因变量，而增值评价则主要基于测试分数，较难适应总体结果测量。然而，BTO 易受到非随机分配的学校学生的影响，而增值评价则不然。因此，Guarino 等人得出结论，在高风险问责制下衡量学校效能时，采用包含先前考试成绩、其他学生特征和学校固定效应的学生水平回归模型更为可取。

（二）学校效能稳定性的实证研究

关于学校效能稳定性的实证研究起始较早。Luyten 在 1994 年利用荷兰中学的数据，对学校效能跨年份和科目的稳定性进行了深入分析，并得出重要结论，即学校效能展现出显著的跨年份和科目稳定性。Ma 提出，尽管学校效能在不同学科间呈现出稳定性，但这种稳定性可能因具体学科而有所差异。他进一步发现，学校的背景特征对效能稳定性具有显著影响。Raudenbush 则进一步探讨了家庭背景、先前的学业成绩、学校贫困率等多种因素对学校效能稳定性的影响。他利用华盛顿州 1998 年至 2002 年的学生数据进行实证研究，并在控制校长和教师等相关因素后，发现二年级至五年级学生的增值稳定系数在 0.40 和 0.30 之间，数学的增值稳定系数则在 0.33 和 0.62 之间。Luyten 和 de Wolf 指出，学校特征也是影响学校效能稳定性的重要因素，而学生背景和氛围的变动可能导致学校效能的波动。Marks 认为，学校效能的稳定性还与学校效能的类型有关。他将学校效能划分为总效能和增值效能两部分，并通过分析澳大利亚维多利亚州中小学的数据发现，总效能的稳定性普遍高于增值效能，且中学相较于小学展现出更高的稳定性[1]。Timmermans 和 van der Werf 进一步拓展了 Marks 的研究，通过构建增长曲线模型来综合分析学校效能的稳定性和一致性。他们的研究结果支持了 Marks 的结论，即学校总效能的稳定性指数普遍高于增值效能。他们指出，增值效能的不稳定性可能源于多种因素，包括统计模型的调整以及对学校本身影响的误解等。

关于增值效能稳定性的波动，Agasisti 和 Minaya 经过深入研究，提出教师效能与学校增值效能稳定性的变化之间存在密切关联。他们借助意大利的数据，发现不同学校群体的增值效能稳定性并非由学生先前的学业成绩或社会经济背景所决定，而是取决于教师队伍的整体素质。然而，Lloyd 和 Schachner 对此持有不同观点，他们强调学校特征（包括教学因素和非教学因素）在学生成长过程中的重要性不容忽视。为验证这一观点，他们利用马萨诸塞州公立学校学生的管理数据，对中学在八年级和十年级数学成绩方面的增值影响进行了评估。研究结果表明，尽管学校对学生成长的

---

[1] Gary N. Marks, "The Size, Stability, and Consistency of School Effects: Evidence from Victoria", *School Effectiveness and School Improvement*, Vol. 26, No. 3, October 2014, p.397.

第八章 基于增值评价的学校效能的稳定性和一致性

初期影响可能相对较小，但与学校相关的非教学因素可能对学生未来认知技能的发展及整体成长产生更为持久和深远的影响。这一发现为我们深入理解和优化学校教育环境提供了新的视角。

三 学校效能的一致性

除了对学校增值效能稳定性的深入探究外，跨学科学校效能的一致性同样是教育研究中不可或缺的一环。在小学教育领域，Mandeville 和 Anderson 对学校效能的一致性展开了系统研究[①]。他们精心收集了美国 423 所学校 2083 名学生的数据，并详细分析了数学与语言学科之间的相关性，发现其相关系数介于 0.63 和 0.70 之间。这一发现有力地证明了学校对各个学科的影响具有一致性，且在同一年级的学生群体中表现出高度的一致性。Ma 在加拿大新不伦瑞克省进一步拓展了相关研究。他利用六年级学生在数学、科学、阅读和写作四个学科的成绩数据，构建了一个三水平线性模型。Ma 的研究结果显示，学校内各科目之间的相关性（0.40—0.62）相较于学校之间的相关性（0.53—0.80）稍低，但学校的增值效能在不同科目之间仍然呈现出一致性。在哥伦比亚，Rodríguez-Jiménez 对高中阶段的学校效能一致性进行了类似的研究。她利用 2000 年至 2010 年高中生的信息，构建了一个三水平线性模型，并纳入了学生的社会经济地位、文化水平以及性别等作为调整变量。她的研究揭示出，语言学科与自然科学之间的相关性高达 0.72—0.83，而语言学科与社会科学之间的相关性也达到了 0.77—0.82。这一发现进一步强化了学校增值效能在不同学科间一致性的观点。此外，Rodríguez-Jiménez 还观察到，在某一学科表现优异的学生，在另一门非数学学科中往往也有出色的表现，这进一步印证了学校效能跨学科一致性的现象。

受国外研究的启发，国内学术界也开始涌现出关于学校增值效能一致

[①] Garrett K. Mandeville and Lorin W. Anderson, "The Stability of School Effectiveness Indices across Grade Levels and Subject Areas", *Journal of Educational Measurement*, Vol. 24, No. 3, September 1987, p. 203.

性的深入探讨。Ma 等人通过构建分层线性模型，对来自中国的 529 名八年级初中学生的数据进行系统分析[①]。他们发现，生物学与地球科学之间展现出最高的相关系数（0.968），而科学探究技能与物理学之间的相关系数则相对较低（0.888）。这些实证数据有力地支持了学校跨学科增值效能的一致性。作者进一步指出，在中国社会背景下，由于教育体制对学校的严格要求以及对学生全面发展的高度重视，学生在某一科学科目上的优异表现往往预示着他们在其他科学科目中同样能够脱颖而出。

四 中国的教育政策和背景

近年来，中国政府为推动教育发展、优化教育资源配置，持续出台了一系列改革举措。在资金投入方面，数据显示，2017 年中国教育总投入已达到 42557 亿元，至 2020 年更是增长至 53014 亿元，而在 2021 年，这一数字已逼近 6 万亿元。随着中国经济建设的蓬勃发展，教育经费呈现出逐年递增的趋势，这充分表明了中国政府对教育事业的重视与支持。除了加大教育投入外，中国还致力于教育体制的改革与创新，旨在构建更加科学、合理的教育体系，促进教育公平。其中，教育评估制度的改革尤为关键。2020 年，中共中央、国务院联合发布了《新时代深化教育评价改革总体方案》，这一指导性文件强调了改进综合评价、充分利用信息技术等原则，以提升教育评价的科学性、专业性和客观性。同时，这一文件还针对现行评价体系的不足，提出了推广增值评价等改革措施。为进一步深化评价体系的改革，2021 年 3 月，教育部等六部门联合发文，对全国义务教育质量评价工作进行了具体指导。该文件明确要求加快建立面向素质教育发展的义务教育质量评价体系，并强调评价工作应更加注重成果评价与增值评价相结合的科学方法。

中国的教育改革并非仅聚焦于教育评价的某一维度，而是致力于在招

[①] Xin Ma, Meng Fan, and Xingkai Luo, "Consistency of Science Achievement across Science Subjects among Chinese Students and Schools", *Studies in Educational Evaluation*, Vol. 56, March 2018, p. 124.

生政策、教学制度以及试卷结构等多个层面实现深度变革。在这一过程中，各地区结合其自身的区域特点，制定和实施了针对性的区域教育政策。特别是在义务教育阶段（即小学和初中），学生通常遵循学区划分原则进行择校，即在教育部门指定的学校就读，而非自主选择。这种持续且全面的教育改革使得中国的教育形势不断演进和变化。

鉴于这一背景，我们不禁要提出一个问题：中国学校增值效应的稳定性和一致性是否与其他国家相一致？为了深入探究这一问题，我们开展了相应的实证研究，以期为这一议题提供更为严谨和深入的解答。

第二节 学校效能的稳定性与一致性实证研究

一 研究目的

本研究旨在深入探究华中地区学校效能的稳定性和一致性。研究者收集了2014年至2021年中部地区52所高中共计82312名学生的全国普通高等学校招生统一考试（高考）及初中生学业考试（中考）成绩，并依序将其划分为5个研究队列。在中国教育体系中，高考和中考作为大规模的标准化考试，具有广泛的代表性和影响力。本研究采用了总体效应与学生学校模型等先进的统计方法，对收集到的数据进行系统分析。我们重点从稳定性和一致性两个维度对学校效能进行评估，旨在揭示中国学校效能的整体状况，并探讨中国特有的教育环境对学校效能的潜在影响。

具体而言，本研究旨在解决以下两个核心问题：

(1)在5个研究队列中，语文和英语的总学校效能以及学校增值效能的稳定性如何？

(2)在5个研究队列中，语文和英语的总学校效能以及学校增值效能的一致性程度如何？

二 研究数据

本研究样本来源于华中地区考试委员会所提供的2017年至2021年52

所学校共计 82312 名学生的高考和中考数据。在数据处理阶段,我们严格遵守隐私保护原则,对学生和学校信息进行了匿名化处理,确保个人隐私不被泄露。同时,我们获得了考试委员会和相关学校的正式同意,允许将这些数据用于本研究。

为进一步深入分析,我们将连续五年的学生数据划分为五个队列,每个队列均进行连续三年的随访。具体而言,第一队列的学生在 2014 年参加中考,随后在 2017 年参加高考;第二队列至第五队列的学生则分别在 2015 年及之后连续几年参加中考,相应地,在 2018 年及之后连续几年参加高考。各队列的样本量如表 8-1 所示。

表 8-1　　　　　　　　　　样本组成

数量	列1 (2014—2017年)	列2 (2015—2018年)	列3 (2016—2019年)	列4 (2017—2020年)	列5 (2018—2021年)
学生（人）	15301	16785	16703	16805	16781
学校（所）	49	50	51	51	52

三　研究变量

在本研究中,我们按照学生与学校两个层面对变量进行了细致的分类。在前人研究的基础上,我们选定学生的中考语文成绩、中考英语成绩、中考总成绩、高考语文成绩和高考英语成绩作为学生层面的核心变量。其中,语文和英语成绩是衡量学生学习特定学科能力的重要指标,而总分则能反映学生的综合学习效果。中考和高考作为中国教育体系中的两大标准化考试,其成绩数据为深入研究学校效能提供了宝贵资料。中考成绩能够反映学生在进入高中前的学业基础,而高考成绩则代表了学生在高中阶段的学习成果。需要注意的是,我们并未选择两次考试中的数学成绩作为变量,这是因为文科与理科学生使用的是不同的数学试卷,缺乏可比性。此外,鉴于中国高中生的文理科分类特点,我们特别引入了学生类别（文科或理科）作为补充变量。在中国教育体系中,文科和理科学生分别

第八章 基于增值评价的学校效能的稳定性和一致性

对应着不同的学科组合,例如,高考中文科学生需考查政治、历史和地理,而理科学生则需考查物理、化学和生物。因此,学生在语文和英语方面的表现成为研究其学习成绩的合适选择。至于学生背景信息,我们参考了 Gustafsson 的研究,选择了学生性别作为另一个重要变量。性别在此作为虚拟变量,旨在对比分析基线信息收集中男生和女生的学业表现差异。

在学校层面,我们根据以往的研究,选择了以下学校基本特征变量:学生人数、学校性质(公立或私立)以及男生比例。为深入探究中国高中教育的现状,我们还特别关注了学校层面文科学生的比例。这些学校层面的变量不仅揭示了学校的背景信息,还为我们提供了丰富的教育生态分析视角。具体而言,学生人数能够直观反映学校的规模大小,学校性质则体现了学校教育资源的来源与配置方式。此外,性别比例作为虚拟变量,有助于我们在学校层面比较男生和女生在学业表现上的差异。同时,文科学生比例作为描述学校学生群体构成的重要指标,也被纳入本研究中。在数据处理阶段,我们严格处理了缺失值,以确保数据的完整性和准确性。随后,我们对这些变量进行了描述性统计分析,结果如表 8-2 所示。

四 研究方法

在教育科学研究中,层次线性模型(HLM)已成为处理多层次嵌套数据的标准工具。HLM 在探究不同变量对学校、教师或学生表现的影响时,能够有效地估计学校和教师层面的效应,为理解教育系统的复杂性提供了有力支持[1]。该模型在处理嵌套数据时,能够更精确地量化群体效应,并为每个层级提供具体的回归方程,从而深化我们对教育现象的理解。鉴于 HLM 在处理嵌套数据和多层变量方面的优势,它成为研究多级嵌套数据(如学生和学校)的理想选择。考虑到本研究涉及学生和学校两个层面的嵌套数据和变量,我们亦决定采用 HLM 作为分析框架。采用 Mplus 8.0 和

---

[1] Anthony S. Bryk and Stephen W. Raudenbush, *Hierarchical Linear Models: Applications and Data Analysis Methods*, Thousand Oaks: Sage Publications, 1992, p.109.

表 8-2　基本统计学校信息和学生变量

变量	列 1 平均值	列 1 标准差	列 2 平均值	列 2 标准差	列 3 平均值	列 3 标准差	列 4 平均值	列 4 标准差	列 5 平均值	列 5 标准差
学生层面										
中考语文	87.56	11.96	89.98	11.31	89.73	10.18	89.27	11.77	88.54	11.85
中考英语	85.77	25.12	80.85	25.10	79.62	23.92	81.25	24.62	82.72	23.53
中考总分	458.07	82.29	469.14	86.60	479.07	82.33	535.95	98.39	543.32	100.91
高考语文	87.78	18.08	90.91	17.65	96.34	18.14	93.02	19.73	93.88	19.78
高考英语	83.76	34.63	86.05	35.58	88.81	33.01	87.25	33.07	92.00	34.34
性别	1.47	.50	1.46	.50	1.47	.50	1.47	.50	1.46	.50
学科类别学校层面	1.55	.50	1.52	.51	1.51	.51	1.53	.51	1.56	.51
学生数量	464.64	191.48	470.52	226.22	462.93	224.49	469.84	224.23	471.56	217.94
学校性质	1.20	.40	1.23	.42	1.22	.41	1.23	.42	1.23	.42
男生比例	.53	.07	.54	.07	.53	.07	.53	.06	.54	.07
文科生比例	.45	.21	.52	.21	.49	.21	.48	.21	.45	.22

第八章 基于增值评价的学校效能的稳定性和一致性

SPSS 26.0 软件对数据进行分析。参考 Goldstein 和 Marks[①] 的模型，我们首先基于 HLM 构建了排除解释变量的总效应模型：

$$Level\ 1: Y_{ij} = \beta_{0j} + r_{ij}$$
$$Level\ 2: \beta_{0j} = \gamma_{00} + u_{0j}$$
(8.1)

其中，Y_{ij} 为学生 i 在学校的语文或英语成绩，为学校效果，γ_{00} 为学校 j 的平均成绩，r_{ij} 为学生层面的残差，u_{0j} 为学校层面的残差。我们使用总效能模型获得了学校总效能，以学校层面的学生平均成绩表示。

从总效能模型中，我们获得了每年的学生（σ^2）和学校水平（τ_{00}）方差，并使用公式8.2计算了每个队列的模型的组内相关系数（ICC），如下所示：

$$ICC = \rho = \tau_{00} / (\tau_{00} + \sigma^2)$$
(8.2)

ICC，即组内相关系数，是组间方差与总方差之比，用于衡量组间和组内度量变化的相对程度。该系数被用作衡量数据对 HLM 拟合度的指标。当 ICC 值大于.059 时，通常认为数据符合 HLM 的适用条件[②]。在本研究中，我们选定了一系列变量来构建分析模型。具体而言，在学生层面，我们选取了学生性别、学生类型（文科或理科）以及学生成绩作为学生水平变量。而在学校层面，我们则纳入了学校学生总数、学校性质（公立/私立）、文科学生比例以及男学生比例等变量。基于上述变量，我们构建了一个两级的 HLM，旨在计算学校的增值效应。为便于表述，我们将此模型称为基于变量的学生—学校模型。在该模型中，学校的增值效能是通过学校层面的残差 u_{0j} 来体现的。具体的学生—学校模型可以表达为：

Level 1：

$$Y_{ij} = \beta_{0j} + \beta_{1j} \times ATSC_{ij} + \beta_{2j} \times ATSE_{ij} + \beta_{3j} \times ATST_{ij} + \beta_{4j} \times NCUU_{ij} / NUCE_{ij} + \beta_{5j} \times Subjectcategory_{ij} + \beta_{6j} \times Gender_{ij} + r_{ij}$$

[①] Gary N. Marks, "The Size, Stability, and Consistency of School Effects: Evidence from Victoria", *School Effectiveness and School Improvement*, Vol. 26, No. 3, October 2014, p. 397.

[②] Jacob Cohen, *Statistical Power Analysis for the Behavioral Sciences* (2nd ed.), New York: Routledge, 1988, p. 123.

Level 2：

$$\beta_{0j} = \gamma_{00} + \gamma_{01} \times StudentNumber_j + \gamma_{02} \times Genderratio_j + \gamma_{03} \times \\ Subjectcategoryratio_j + \gamma_{04} \times SchoolNature_j + u_{0j} \quad (8.3)$$

在水平 1 中，$ATSC_{ij}$（中考语文成绩）、$ATSE_{ij}$（中考英语成绩）、$ATST_{ij}$（中考总分）、$NCUU_{ij}$（高考语文）、$NUCE_{ij}$（高考英语）、$Subjectcategory_{ij}$（学科类别）和 $Gender_{ij}$（性别）是学生水平变量。β_{1j} 到 β_{6j} 指的是相应协变量的斜率，r_{ij} 是学生水平误差项，均值为 0，方差为 σ_2。在水平 2 中，我们选择 $StudentNumber_j$（学生人数）、$Genderratio_j$（男生比例）、$Subjectcategoryratio_j$（文科生比例）、$SchoolNature_j$（学校性质）作为学校水平协变量。γ_{00} 至 γ_{04} 指学校层面变量的斜率。

五 研究结论

本项研究涉及的 52 所学校被系统地随机编码为 1101—1152，以确保数据的匿名性和分析过程的客观性。首先，通过总效应模型，我们计算了学校总效应，并使用原始学校平均学生分数来表示它们。随后，为了深入探究学校层面的增值效能，我们进一步构建了学生—学校模型。通过该模型，我们成功地估算出学生在学校层面所获得的增值分数，这一指标能够有效地反映学校的增值效能。

基于上述两个模型的结果，我们进一步计算了学校效能的稳定性和一致性，经过初步的数据估算和深入的分析，我们得出了结论。

（一）方差构成和变异

本研究首先对总效应模型及其在学生—学校模型中产生的方差进行了细致的分析。根据表 8-3 所展示的学校效能的方差分解，可以观察到校内和校际组成部分的方差分布情况。

在总体效应模型中，学校内部和学校之间的初始方差均呈现出显著性，但两者之间的差异并不具有统计学意义。考虑到不同队列的 ICC 值介于 0.44—0.54，本研究将变异的一半归因于学校层面，另一半归因于学生个体。表 8-3 的第二部分展示了学生—学校模型的方差。学生—学校模型的方差分析揭示了在纳入学生和学校两个层面的变量后,学校内部和学校之间的方差得到了显著的改善。与总体效应模型相比,学生—学校模型中每个队列的 ICC 值范围缩小至 0.06—0.11,这表明在控制了学生层面的变量后,学校间的差异得到了有效的降低。Minaya 和 Agasisti 的研究结果与本研究结论相似,其调整后模型中的 ICC 值的范围在 0.07—0.15,进一步证实了大部分变异存在于学校内部。

当引入学校层面的解释变量后,校际方差显著下降,降幅超过 90%。与此同时,在纳入学生层面的变量后,校内方差减少了超过 40%。这些方差的变化表明,通过引入解释变量,模型在解释校内和校际未观测到的变异方面取得了显著的进步。此外,方差的减少也反映出所包含的解释变量显著提升了模型的解释力。值得注意的是,尽管校内方差有所降低,但校际方差在引入解释变量后仍然较大。

(二) 不同模型下学校效能的稳定性

在对学校效能的方差进行详尽分析之后,本研究进一步计算了基于总效应模型和学生—学校模型的总体学校效能与增值学校效能。随后,利用 SPSS 26.0 软件进行的相关性分析,本研究获取了语文和英语学科各队列间的相关系数,这些系数被用作衡量学校效能稳定性的指标。表 8-4 详细展示了稳定性分析的结果。

表 8-4 的第一部分展示了在未引入任何解释变量的总效应模型中的稳定性系数。由于没有添加变量,总效应模型的跨队列相关性最高,语文为 0.714,英语为 0.723。除列 1 外,语文的相关系数范围为 0.465—0.714,英语的相关系数范围为 0.497—0.723。表 8-4 的第二部分则展示了纳入学生和学校层面变量的学生—学校模型的相关性结果。在该模型中,语文的最高相关系数为 0.604,而英语的最高相关系数为 0.699。在排除第一列的情况下,语文的相关系数范围为 0.398—0.604,英语的相关系数范围为 0.447—0.699。

表8-3 总效应模型和学生—学校模型的方差估计

		列1		列2		列3		列4		列5	
		语文	英语	语文	英语	语文	英语	语文	英语	语文	英语
总模型	组间变异数	194.508	599.556	196.615	630.487	213.503	544.076	194.979	547.164	196.41	591.491
	组内变异数	210.447	547.658	193.426	551.936	215.531	543.697	255.504	544.534	247.101	566.696
	总变异数	404.955	1147.214	390.041	1182.423	429.034	1087.773	450.383	1091.689	443.511	1158.187
	组内相关系数	.48	.54	.50	.53	.50	.50	.43	.50	.44	.51
	组间变异数	14.95	25.81	11.068	14.994	11.612	14.994	13.347	19.913	12.002	13.603
	组内变异数	123.101	225.984	119.451	218.979	119.467	218.979	134.292	224.284	124.593	221.237
	总变异数	138.051	251.794	131.059	233.973	130.88	233.973	147.639	244.197	136.595	234.84
	组内相关系数	.11	.10	.09	.06	.05	.06	.09	.08	.09	.06
学生—学校模型	方差间变化量(%)	-92.31	-95.70	-94.10	-97.62	-94.79	-97.24	-93.15	-96.36	-93.89	-97.70
	方差内变化量(%)	-41.46	-58.74	-38.24	-60.33	-44.48	-59.72	-47.42	-58.81	-49.58	-60.96

第八章 基于增值评价的学校效能的稳定性和一致性

表8-4 按模型类型划分的群组间学校效能的相关性

<table>
<tr><th colspan="2"></th><th colspan="5">语文</th><th colspan="5">英语</th></tr>
<tr><th colspan="2"></th><th>列1</th><th>列2</th><th>列3</th><th>列4</th><th>列5</th><th>列1</th><th>列2</th><th>列3</th><th>列4</th><th>列5</th></tr>
<tr><td rowspan="5">总效应模型</td><td>列1</td><td>1</td><td></td><td></td><td></td><td></td><td>1</td><td></td><td></td><td></td><td></td></tr>
<tr><td>列2</td><td>.027**</td><td>1</td><td></td><td></td><td></td><td>-.024**</td><td>1</td><td></td><td></td><td></td></tr>
<tr><td>列3</td><td>-.012</td><td>.617**</td><td>1</td><td></td><td></td><td>-.075**</td><td>.619**</td><td>1</td><td></td><td></td></tr>
<tr><td>列4</td><td>-.034**</td><td>.624**</td><td>.714**</td><td>1</td><td></td><td>-.095**</td><td>.621**</td><td>.723**</td><td>1</td><td></td></tr>
<tr><td>列5</td><td>.072**</td><td>.574**</td><td>.465**</td><td>.613**</td><td>1</td><td>.055**</td><td>.588**</td><td>.497**</td><td>.622**</td><td>1</td></tr>
<tr><td rowspan="5">学生—学校模型</td><td>列1</td><td>1</td><td></td><td></td><td></td><td></td><td>1</td><td></td><td></td><td></td><td></td></tr>
<tr><td>列2</td><td>.037**</td><td>1</td><td></td><td></td><td></td><td>.001</td><td>1</td><td></td><td></td><td></td></tr>
<tr><td>列3</td><td>.030**</td><td>.508**</td><td>1</td><td></td><td></td><td>-.049**</td><td>.563**</td><td>1</td><td></td><td></td></tr>
<tr><td>列4</td><td>.027**</td><td>.545**</td><td>.604**</td><td>1</td><td></td><td>-.048**</td><td>.539**</td><td>.699**</td><td>1</td><td></td></tr>
<tr><td>列5</td><td>.115**</td><td>.511**</td><td>.398**</td><td>.523**</td><td>1</td><td>.079**</td><td>.474**</td><td>.447**</td><td>.589**</td><td>1</td></tr>
</table>

说明：** 表示 $p<0.01$。

通过对比分析，本研究发现学生—学校模型的相关性低于总效应模型。具体而言，在第三列和第四列中，总效应模型的语文相关系数为 0.714，而学生—学校模型的相关系数则降至 0.604。同样地，在第二列和第三列之间，总效应模型的英语相关系数为 0.619，而学生—学校模型的相关系数为 0.563。尽管如此，学生—学校模型的相关性结果仍高于 Dumay 等人先前研究所报告的相关系数，后者不超过 0.60。

此外，本研究的结果还表明，队列间的相关系数并未随着队列间隔的增加而降低。例如，在表 8-4 中，英语总效应模型的第二列和第三列之间的相关系数为 0.619，而第二列和第四列之间的相关系数则为 0.621。在语文的学生—学校模型中，第二列和第三列之间的相关系数为 0.508，而第二列和第四列之间的相关系数增加至 0.545。这一发现表明，学校效能的稳定性不仅存在于相邻队列之间，而且存在于非相邻队列之间。

（三）办学质量和学校效能的稳定性

为了验证学校排名与学校效能稳定性之间的关系，本研究选取了排名位于后 0—25 百分位数和前 75—100 百分位数的学校作为分析对象。表 8-5 详细展示了排名在前 25% 的学校在总效应模型和学生—学校模型下的稳定性系数。

研究结果显示，在总效应模型和学生—学校模型中，排名位于前四分之一的学校均展现出较高的相关性。具体而言，在语文学科中，总效应模型的相关性系数范围为 0.759—0.926；在英语学科中，相关性系数范围为 0.693—0.948。学生—学校模型的相关性同样显著，语文的相关性系数范围为 0.822—0.932，英语的相关性系数范围为 0.714—0.948。这些高相关系数不仅存在于相邻队列之间，也存在于非相邻队列之间，如总效应模型中语文的列 3 与列 4 之间的相关系数为 0.926，列 3 与列 5 之间的相关系数为 0.912。这些高稳定性系数表明，排名位于前四分之一的学校在效能稳定性方面表现良好。

表 8-6 则展示了排名位于最低 25% 的学校在总效应模型和学生—学校模型下的稳定性系数。与排名最高的四分之一学校相比，排名最低的学

第八章 基于增值评价的学校效能的稳定性和一致性

表8-5 按模型分类排名前四分之一的学校的跨群体学校效能相关性

<table>
<tr><th colspan="2"></th><th colspan="5">语文</th><th colspan="5">英语</th></tr>
<tr><th colspan="2"></th><th>列1</th><th>列2</th><th>列3</th><th>列4</th><th>列5</th><th>列1</th><th>列2</th><th>列3</th><th>列4</th><th>列5</th></tr>
<tr><td rowspan="5">总效应模型</td><td>列1</td><td>1</td><td></td><td></td><td></td><td></td><td></td><td></td><td></td><td></td><td></td></tr>
<tr><td>列2</td><td>.804**</td><td>1</td><td></td><td></td><td></td><td>.693**</td><td>1</td><td></td><td></td><td></td></tr>
<tr><td>列3</td><td>.828**</td><td>.908**</td><td>1</td><td></td><td></td><td>.819**</td><td>.924**</td><td>1</td><td></td><td></td></tr>
<tr><td>列4</td><td>.759**</td><td>.895**</td><td>.926**</td><td>1</td><td></td><td>.765**</td><td>.920**</td><td>.948**</td><td>1</td><td></td></tr>
<tr><td>列5</td><td>.824**</td><td>.856**</td><td>.912**</td><td>.918**</td><td>1</td><td>.756**</td><td>.890**</td><td>.896**</td><td>.920**</td><td>1</td></tr>
<tr><td rowspan="5">学生—学校模型</td><td>列1</td><td>1</td><td></td><td></td><td></td><td></td><td></td><td></td><td></td><td></td><td></td></tr>
<tr><td>列2</td><td>.822**</td><td>1</td><td></td><td></td><td></td><td>.718**</td><td>1</td><td></td><td></td><td></td></tr>
<tr><td>列3</td><td>.835**</td><td>.890**</td><td>1</td><td></td><td></td><td>.790**</td><td>.736**</td><td>1</td><td></td><td></td></tr>
<tr><td>列4</td><td>.764**</td><td>.827**</td><td>.929**</td><td>1</td><td></td><td>.726**</td><td>.755**</td><td>.948**</td><td>1</td><td></td></tr>
<tr><td>列5</td><td>.845**</td><td>.857**</td><td>.936**</td><td>.932**</td><td>1</td><td>.714**</td><td>.786**</td><td>.896**</td><td>.920**</td><td>1</td></tr>
</table>

说明：** 表示 p<0.01。

表8-6 按模型分类排名后四分之一学校的跨群体学校效能相关性

		语文					英语				
		列1	列2	列3	列4	列5	列1	列2	列3	列4	列5
总效应模型	列1	1					1				
	列2	.199**	1				.174**	1			
	列3	.025	.337**	1			.299**	.323**	1		
	列4	-.122**	-.105**	.216**	1		.056*	-.162**	-.361**	1	
	列5	-.116**	.144**	.630**	.293**	1	.201**	.125**	.250**	.360**	1
学生—学校模型	列1	1					1				
	列2	.204**	1				.044*	1			
	列3	.528**	.282**	1			.250**	.328**	1		
	列4	.046*	.022	-.224**	1		.067*	-.096**	-.197**	1	
	列5	.228**	.171**	.166**	.235*	1	.244**	.191**	.314**	.406**	1

说明：* 表示 $p<0.05$，** 表示 $p<0.01$。

第八章　基于增值评价的学校效能的稳定性和一致性

校在相关性方面表现出显著的降低。在总效应模型中，语文的相关性系数范围为 -0.122—0.630，但大多数值低于0.300；英语的相关性系数范围为 -0.361—0.360。在学生—学校模型中，语文的相关性系数范围为 -0.224—0.528，但大多数值同样低于0.300；英语的相关性系数范围为 -0.197—0.406。表8-6的数据揭示了排名位于底部四分之一的学校在效能稳定性方面存在显著的不足，不仅与相邻队列之间的相关性低，与非相邻队列之间的相关性也较低。例如，在语文的总效应模型中，列2与列3之间的相关性系数为0.337，而列2与列4之间的相关性系数则降至 -0.105。这些较低且不稳定的相关性系数表明，排名位于底部四分之一的学校在效能稳定性方面存在较大问题。

（四）各科目学校效能的一致性

本研究进一步探讨了跨学科领域内学校效能评估结果的一致性。在完成稳定性分析的基础上，本研究分别对语文和英语学科进行了学校总效能与增值效能的一致性估计。一致性的程度通过相关系数来体现，而表8-7则详细展示了这些分析结果。

表8-7　　　　　　　按科目模型划分的各群体学校效能的一致性

	总效应模型	学生—学校模型
列1	.960**	.953**
列2	.945**	.824**
列3	.948**	.880**
列4	.947**	.940**
列5	.960**	.960**

说明：** 表示 $p<0.01$。

表8-7的左侧部分展示了总效能模型的分析结果，该结果阐释了语文与英语学科在学校总效能上的一致性。在该模型框架内，语文与英语学科的学校总效能之间的一致性系数介于0.945—0.960。这一发现表明，学校

在语文和英语学科的总效能评估中表现出高度的一致性,即在语文学科表现优异的学校往往在英语学科同样表现突出。

表8-7的右侧部分则展示了学生—学校模型的分析结果,该结果证实了学校增值效能在语文和英语学科上的一致性。在该模型中,语文与英语学科的学校增值效能的一致性系数范围为0.824—0.960。尽管该模型下的平均一致性系数略低于总效能模型,但一致性系数超过0.80仍然表明,在学校增值效能方面表现出色的学校在语文学科取得进步的同时,很可能在英语学科也有所提升。

六 讨论

在本研究中,我们深入探讨了学校效能的稳定性与一致性,这两个概念在教育研究领域中占据了重要地位,并且在过去40年里受到了持续的关注。稳定性与一致性的概念为评估学校是否达到"良好表现"的标准提供了一种更为严谨和可靠的方法论框架。鉴于中国教育投资和政策经历的显著变化[①],学校维持其优异表现的能力变得尤为关键。因此,对中国学校效能的稳定性与一致性的研究,不仅具有重要的实践意义,也具有深远的理论意义,有助于理解和评估教育政策的成效,并为未来的教育投资与改革提供指导。

本研究采用了华中地区52所高中连续8年(2014—2021年)的数据,对学校效能的稳定性和一致性进行了实证分析。这一研究时段的选择与以往聚焦于小学和初中的研究形成对比,专注于高中阶段,这是因为在中国教育体系中,高中阶段是学生教育路径中的关键节点。学生通过中考选择高中,并在三年后参加高考,这两个标准化考试因其良好的信度和效度,为评估学校效能提供了坚实的量化基础。

本研究首先分析了总效应模型和学生—学校模型的方差,并观察了方差的变化情况。在比较两种模型时,我们发现学生—学校模型在减少学校

[①] Jian Li and Eryong Xue, "Reimaging the Panorama of International Education Development in China: A Retrospective Mapping Perspective", *Educational Philosophy and Theory*, June 2022, p. 3.

第八章 基于增值评价的学校效能的稳定性和一致性

间和学校内部差异方面的效果显著优于总效应模型，其中学校间差异的减少超过了90%，学校内部差异的减少也超过了40%。这一发现与Gustafsson、Minaya和Agasisti的研究相比，后者报告的学校间和学校内部差异的减少均未超过60%和40%。本研究中变量的选择，包括学生性别、文理科类别以及学校层面的男生和理科学生比例，与中国高中教育的具体情境密切相关，这可能是导致方差减少幅度加大的原因。

其次，本研究计算了所有学校基于总效应模型和学生—学校模型的稳定性，发现相关系数在两种模型中多数均高于0.50，这一阈值被Timmermans和van der Werf认为是学校效能稳定性的指标。本研究的结果进一步证实了先前研究的发现，即学校总效能的稳定性指数通常高于增值效能的稳定性指数，且高中阶段的稳定性高于小学和初中阶段[1]。值得注意的是，本研究中学校增值效能的相关系数（0.398—0.699）普遍高于Fricke等人的研究结果（小于0.50），这可能归因于高考的压力，这一压力要求学校持续保持高效的教育质量[2]。对于队列1的稳定性差异，本研究通过回顾2014年的政策文件，发现中考和高中招生政策的改革导致了该队列稳定性的降低。2015年，随着教育政策的再次改变和稳定，学校效能也趋于平稳，这表明政策变动对学校效能具有显著影响。此外，本研究发现学校效能的相关性并未随着队列间隔的增加而降低，这可能与中国高中稳定的招生政策有关，导致每年学校录取的学生水平相似，从而表现出相似的成长趋势和增值成就。

在检验学校排名与学校效能稳定性之间的关系时，本研究根据语文增值分数对学校进行了排名，并选择了排名最高和最低四分位数的学校进行

---

[1] Anthony S. Bryk and Stephen W. Raudenbush, *Hierarchical Linear Models: Applications and Data Analysis Methods*, Thousand Oaks: Sage Publications, 1992, p. 109; Xin Ma and Lingling Ma, "Modeling Stability of Growth between Mathematics and Science Achievement during Middle and High School", *Evaluation Review*, Vol. 28, No. 2, May 2004, p. 104.

[2] Xin Ma, Meng Fan, and Xingkai Luo, "Consistency of Science Achievement across Science Subjects among Chinese Students and Schools", *Studies in Educational Evaluation*, Vol. 56, March 2018, p. 124.

稳定性分析。与 Lloyd 和 Schachner 的研究相似，本研究发现排名靠前的学校在总体效能和增值效能上表现出更高的稳定性，而排名靠后的学校则没有表现出同等水平的稳定性。这一发现与中国的教育环境有关，其中排名靠前的学校通常拥有更优质的教育资源，包括教师和设施，这吸引了更多有才华的教师[1]，并通过招生政策吸引了一流的学生。

最后，本研究分析了学校效能在不同学科间的一致性。研究发现，学校总效能的一致性系数在 0.945—0.960，而增值效能的一致性系数在 0.824—0.960，这一结果与 Marks 的观点相符，即总体学校效能比增值学校效能更为一致[2]。此外，本研究的一致性系数高于 Rodríguez-Jiménez 的研究结果，表明中国学校效能在不同学科间具有高度的一致性。这一发现可能受到中国社会对学术成功的普遍期望的影响，这种期望推动了学生和学校在所有科目上的努力[3]，导致学校效能在语文和英语学科上的高一致性。这也表明，在学校一门学科上取得进步往往与其他学科上的表现呈正相关。

综上所述，本研究为中国高中教育领域提供了关于学校效能稳定性与一致性的深刻见解，并揭示了教育政策变动对学校效能的潜在影响。这些发现对于理解教育投资的长期效果、指导教育政策制定以及优化学校管理和教学实践具有重要的理论和实践意义。

本研究在执行过程中仍然存在若干局限性，这些局限可能对研究结果的解释和推广造成一定的影响。首先，本研究的数据集中并未包含学生的家庭背景和流动性信息，尤其是缺乏关于学生家庭经济状况的详细数据。这一遗漏可能导致研究未能充分考量家庭因素对学生学校效能表现的潜在

---

[1] Mark Hoekstra, Pierre Mouganie, and Yaojing Wang, "Peer Quality and the Academic Benefits to Attending Better Schools", *Journal of Labor Economics*, Vol. 36, No. 4, February 2018, p. 841.

[2] Gary N. Marks, "The Size, Stability, and Consistency of School Effects: Evidence from Victoria", *School Effectiveness and School Improvement*, Vol. 26, No. 3, October 2014, p. 397.

[3] Xin Ma, Meng Fan, and Xingkai Luo, "Consistency of Science Achievement across Science Subjects among Chinese Students and Schools", *Studies in Educational Evaluation*, Vol. 56, March 2018, p. 124.

影响。其次，与采用成长评估问卷并结合学校反馈或学生自我评估的研究方法不同，本研究主要依据两项关键的标准化测试——中考和高考的成绩作为评估学校效能的依据。这种依赖标准化测试的方法可能与使用问卷调查的方法在结果上存在差异，因为不同的数据来源和评估手段可能会揭示出不同的效能维度。最后，本研究的数据跨度存在三年的间隔，在这段时间内未能进行增值计算，这可能会影响对学校效能连续变化的准确捕捉。增值模型的缺失可能导致对学校效能稳定性和一致性的评估不够全面。针对上述局限性，未来的研究可以通过收集更为全面的数据集，包括学生的家庭背景信息和流动性数据，以及采用更为精细的增值模型来减少误差，提高研究的准确性和可靠性。此外，未来研究还应考虑纳入多种评估手段，以获得关于学校效能更为全面的理解。通过这些改进，可以进一步提升研究的深度和广度，为教育决策提供更加坚实的实证基础。

第九章 增值评价之多水平中介模型的应用

在教育和组织管理等领域的研究中，存在着大量的嵌套数据结构，例如学生在班级内，班级在学校内，学校在地区内等。每个层级都有其特征和影响因素。为了分析学生在班级、学校或地区等多个层级上的表现，并考虑这些层级之间的相互影响，常常会使用多水平模型。而多水平中介模型是在多水平模型基础上建立的，用于探索多层次数据结构中的中介关系。在这种模型中，除了考虑自变量和因变量之间的关系外，还引入一个或多个中介变量，用于解释自变量对因变量的影响机制。举例来说，在本章中，我们将探讨班级水平的课堂逆境（自变量）如何影响学生的学业表现（因变量），以及这一影响是否受到班级水平的教学清晰度（中介变量）的中介作用。

第一节 多水平中介模型各变量及其关系概述

一 理论背景

本章的理论基础基于生态系统理论和期望—价值理论。生态系统理论通常用于理解从个体内部特征与社会文化背景之间相互作用的关系，这些

第九章 增值评价之多水平中介模型的应用

关系存在于不同水平上。具体来说，该理论强调个体直接或间接受到多个环境系统的影响。在这些环境中，微系统被认为是个体直接参与和面对的环境，是与个体内部特征互动的第一层。课堂逆境是对与班集体特征相关的多方面风险因素的总称，反映了直接、面对面的具有挑战性的课堂群体特征[1]，是微系统的一部分。课堂逆境对学习成绩的不利影响已经被证明[2]，而对学术自我概念的影响则相对较少。根据自我增强假设，培养积极的学术自我概念是提高学习能力的有效途径。因此，为了理解课堂逆境与学生发展之间的关系，本章在评估学生学业表现时包括了数学成绩和学术自我概念。

教师是课堂的建设者，他们在教育生态系统的微观系统中起着至关重要的作用。生态系统理论强调系统之间的相互作用。面对高水平的课堂逆境，教师不是被动的旁观者，而是教学的主体。课堂逆境导致教师抑郁症状增加和教学情绪下降。教学情绪直接与学生的个体内部特征和学术成就相关[3]。此外，根据期望—价值理论也生成了教师期望如何影响学生发展潜力的模型。该模型的核心是期望者生成了对预期对象的积极愿景，然后期望者采取期望行动形成特定的预期结果[4]。课堂逆境预测了高风险的课堂群体特征。先前的研究表明，教师倾向于对高风险的班级群体持较低的学术和认知期望。当教师的期望降低时，就会导致其教学行为的变化（例

---

[1] Tashia Abry, Crystal I. Bryce, Jodi Swanson, Robert H. Bradley, Richard A. Fabes, and Robert F. Corwyn, "Classroom-Level Adversity: Associations with Children's Internalizing and Externalizing Behaviors across Elementary School", *Developmental Psychology*, Vol. 53, No. 3, March 2017, p. 497.

[2] Tashia Abry, Kristen L. Granger, Crystal I. Bryce, Michelle Taylor, Jodi Swanson, and Robert H. Bradley, "First Grade Classroom-Level Adversity: Associations with Teaching Practices, Academic Skills, and Executive Functioning", *School Psychology Quarterly*, Vol. 33, No. 4, December 2018, p. 547.

[3] Xin Chen and Linhai Lu, "How Classroom Management and Instructional Clarity Relate to Students' Academic Emotions in Hong Kong and England: A Multi-Group Analysis Based on the Control-Value Theory", *Learning and Individual Differences*, Vol. 98, August 2022, Article 102183.

[4] Lena Hollenstein, Christine M. Rubie-Davies, and Christian Brühwiler, "Teacher Expectations and Their Relations with Primary School Students' Achievement, Self-Concept, and Anxiety in Mathematics", *Social Psychology of Education*, Vol. 27, October 2023, p. 567.

如教学清晰度），进而影响学生的学术成就和学术自我概念[1]。

最后，宏观系统反映了社会文化背景对学生成长的影响，包括社会价值观、习俗、法律、政策等。宏观系统在文化和概念上阐明了教师应该如何对待学生，他们教授什么内容，以及学生为何努力。从这一理论视角来看，考虑不同的文化背景可能会为学生发展提供重要的国际比较视野。

二 学业表现

学业表现的一个重要指标是标准化的学术成就，这为学生提供了班级内的等级排名。随着现代教育评价的改革，许多研究主张将学生自我评价纳入评估其学业表现的范围。学术自我概念是对学生特定学科能力的主观评估[2]。数学是科学学科的基础部分。关于大鱼—小池塘效应（BFLPE）的研究表明，数学自我概念存在跨文化的普遍适用性[3]。因此，在本章中，我们将重点放在数学成绩和数学自我概念上。

事实上，许多大规模研究已经证明了学生水平上数学自我概念与成绩之间的显著关系。例如，Szumski 和 Karwowski 用在波兰初中一年级学生中所收集的纵向数据，发现更高的数学自我概念预测了更高的成绩。值得注意的是，这种现象不仅在个体水平上被观察到，而且在班级水平上也有所体现。然而，在另一个例子中，Granziera 等人证明了成绩自我概念在学生水平上显著预测了成绩，但在学校水平上没有。

综上所述，有必要将数学成绩和自我概念同时纳入学业表现指标中。此外，在学生水平上，学术自我概念与成绩之间的关系已经得到了广泛的证

---

[1] Ridwan Maulana, Marie-Christine Opdenakker, and Roel Bosker, "Teachers' Instructional Behaviors as Important Predictors of Academic Motivation: Changes and Links across the School Year", *Learning and Individual Differences*, Vol. 50, August 2016, p. 147.

[2] Munirah Shaik Kadir and Alexander Seeshing Yeung, "Academic Self-Concept", in J. Hattie and E. M. Anderman, eds., *International Guide to Student Achievement*, New York: Routledge/Taylor & Francis Group, 2012, p. 62.

[3] Jiesi Guo, Herbert W. Marsh, Philip D. Parker, and Theresa Dicke, "Cross-Cultural Generalizability of Social and Dimensional Comparison Effects on Reading, Math, and Science Self-Concepts for Primary School Students Using the Combined PIRLS and TIMSS Data", *Learning and Instruction*, Vol. 58, December 2018, p. 210.

明。然而，在班级水平上，学术自我概念与成绩之间的关系尚不够清晰。因此，我们研究的重点是在班级水平上探讨数学自我概念与成绩之间的关系。

三 课堂逆境和学业表现

Abry 等人引入课堂逆境一词来描述班集体的风险特征，这些特征存在于课堂层面①。课堂逆境取决于教师对学生风险因素的客观评估（例如健康状况不佳、学术准备不足、语言能力不足和缺勤）。先前的实证研究表明，上述个体风险因素与班级学术成就呈负相关。例如，Gottfried 和 Ansari 对班级水平的长期缺席率进行了研究，发现高水平的长期缺席通常与班级水平的较低学术成就相关。重要的是，从社会生态系统的角度来看，单一风险特征的出现通常与其他领域风险同时出现。例如，班级中存在健康状况不佳的青少年通常会导致辍学率的提高，甚至可能对班级纪律产生不利影响。这意味着学生经常处于受多个领域风险累积影响的学习环境中，而不是受单一组分的影响。累积逆境（如课堂逆境）对学业表现的影响比单一逆境因素的影响更为显著。

研究表明课堂逆境与学术成绩之间存在联系。在高逆境的课堂中学习可能加剧学生的内化（如焦虑和抑郁）和外化（如违法和攻击性）行为②。同时，在高逆境的课堂中教学的教师往往表现出更多的抑郁症状。课堂逆境对学生和教师的这些不利影响最终会降低学生的成绩。此外，Abry 等人采用滞后模型证明了课堂逆境对学生短期学业表现的影响及其对他们长期学业成就的影响③。Granger 等人发现课堂逆境与师生互动质量有

---

① Tashia Abry, Crystal I. Bryce, Jodi Swanson, Robert H. Bradley, Richard A. Fabes, and Robert F. Corwyn, "Classroom-Level Adversity: Associations with Children's Internalizing and Externalizing Behaviors across Elementary School", *Developmental Psychology*, Vol. 53, No. 3, March 2017, p. 497.

② Tashia Abry, Crystal I. Bryce, Jodi Swanson, Robert H. Bradley, Richard A. Fabes, and Robert F. Corwyn, "Classroom-Level Adversity: Associations with Children's Internalizing and Externalizing Behaviors across Elementary School", *Developmental Psychology*, Vol. 53, No. 3, March 2017, p. 497.

③ Tashia Abry, Kristen L. Granger, Crystal I. Bryce, Michelle Taylor, Jodi Swanson, and Robert H. Bradley, "First Grade Classroom-Level Adversity: Associations with Teaching Practices, Academic Skills, and Executive Functioning", *School Psychology Quarterly*, Vol. 33, No. 4, December 2018, p. 547.

关。在高逆境的课堂中，学生往往难以有效地与教师沟通，这可能阻碍学业成就。然而，这些研究主要集中在小学教室，很少涉及中学教室。在中学阶段，学生的数学自我概念和成绩仍在发展中。根据阶段环境适应理论，如果学生体验到发展适当的教学环境，他们将取得积极的学业成果。换句话说，当学生从小学过渡到中学时，课堂逆境与其的发展需求不匹配，这将对其积极的学术自我概念的形成产生不利影响。首先，班级群体特征不可避免地会影响学生学术自我概念形成的过程和结果。更高的课堂逆境可能面临着班级无法像默契的机器一样运转的困境，导致课堂气氛混乱和无序。许多研究证明了课堂氛围与学术自我概念之间的相关性。其次，实证研究表明，家庭逆境是学术自我概念清晰度的重要预测因素[1]。将其推广到课堂系统，课堂逆境更可能与学术自我概念呈负相关。

综上所述，课堂逆境是影响学生群体学术成绩的重要变量。然而，课堂逆境在学术自我概念方面是否起着相同的作用尚未得到足够关注。因此，我们假设课堂逆境可能与班级水平的学术自我概念呈负相关。

四 课堂逆境、教学清晰度和学业表现

Maulana 等人将教学清晰度描述为课程内容被呈现和解释的清晰度[2]。Bolkan 等人提出，通过清晰的互动和减少外部认知负荷，教学清晰度有助于学生的理解。根据这一定义，本章中的教学清晰度指的是教师解释知识的清晰程度。

教学清晰度不仅影响学生的学术自我概念，还影响其学业成绩。关于学术自我概念，Chen & Lu 发现，在英国和中国香港的课堂中，教学清晰

---

[1] Yunzi Xie, Yinqi Shen, and Jixia Wu, "Cumulative Childhood Trauma and Mobile Phone Addiction among Chinese College Students: Role of Self-Esteem and Self-Concept Clarity as Serial Mediators", *Current Psychology*, Vol. 43, May 2023, p. 5355.

[2] Ridwan Maulana, Marie-Christine Opdenakker, and Roel Bosker, "Teachers' Instructional Behaviors as Important Predictors of Academic Motivation: Changes and Links across the School Year", *Learning and Individual Differences*, Vol. 50, August 2016, p. 147.

度与数学自我概念的正相关性要强于课堂管理[1]。在最近的多水平研究中，教学清晰度与学生和班级水平的学术自我概念呈正相关。就学业成绩而言，研究表明，教学清晰度与个人和班级水平的成绩呈正相关。然而，这种正相关关系并不总是一致的，例如，TIMSS 2019 年中国香港八年级学生的数学数据表明，学业成绩与教学清晰度之间没有直接相关性。相反，在英国，学业表现与教学清晰度之间存在负相关关系。

目前，有限的证据表明，课堂管理在课堂逆境与学业表现的关系中起到了中介作用。教学清晰度是否起到类似的作用仍然是一个未解之谜。大量证据表明，高风险课堂群体的特征会不利于学生的学业表现，但是，教师可以通过合理分配教学时间来减轻这些负面影响。例如，Lazarides 等人证明，当教师花更多的时间利用先前的知识和经验来解释课程内容时，教学清晰度较高。当教师花更多的时间缓解课堂逆境时，他们就会花费较少的时间整合教学材料，导致教学清晰度降低，这可能导致学业表现降低。此外，高水平的课堂逆境削弱了积极课堂生态的发展，降低了课堂管理的质量，并增加了课堂控制的可能性。教学清晰度、课堂管理和课堂控制是学生学习动机和学业成绩的重要指标[2]。因此，有必要研究教学清晰度在课堂逆境与学业表现之间的中介作用。

综上所述，尽管理论上有证据表明教学清晰度对学业表现的影响，但对课堂逆境与教学清晰度之间关系的研究仍然不足。此外，在考虑到多水平的数据结构时还需要进一步细化，探讨教学清晰度在课堂逆境与学业表现之间的班级水平中介作用。

五 文化在课堂逆境、教学清晰度和学业表现中的作用

近年来，越来越多的教育研究讨论了东西方文化差异背景下教师的教

---

[1] Xin Che and Linhai Lu, "How Classroom Management and Instructional Clarity Relate to Students' Academic Emotions in Hong Kong and England: A Multi-Group Analysis Based on the Control-Value Theory", *Learning and Individual Differences*, Vol. 98, August 2022, Article 102183.

[2] Ridwan Maulana, Marie-Christine Opdenakker, and Roel Bosker, "Teachers' Instructional Behaviors as Important Predictors of Academic Motivation: Changes and Links across the School Year", *Learning and Individual Differences*, Vol. 50, August 2016, p. 147.

学清晰度和学生的学术自我概念①。然而，相对较少的研究涉及学生群体特征（例如课堂逆境）。一方面，在东亚的集体主义社会的课堂中，由于儒家思想的影响，教师扮演着重要角色。在课堂中，学生被期望认真听讲。教师通过清晰地解释课程内容和明确的期望来实现这一目标②。另一方面，在西方的个人主义文化中，学生被鼓励发展他们自己的独立思维和个人能力。在课堂中，学生通常更加注重个人发展而不是团队合作。尽管这两种文化背景下的教学清晰度概念在理论上有所不同，但现有的证据表明，学生和班级水平的学术自我概念与教学清晰度之间的关系在东西方文化中都是呈正相关的③。

然而，目前尚无研究探讨文化在课堂逆境、教学清晰度和学业表现三者之间的作用。在集体主义社会里，由于教师对学生学业成绩和行为的高期望，可能会看到课堂逆境与学业成绩之间更强的负相关性。而在个人主义文化中，学生更注重个人能力的发展，教学清晰度对学生成绩的影响可能更加显著。因此，本章还将探讨文化在课堂逆境、教学清晰度和学业表现之间的差异性。

六　研究假设

本章的目的是在班级水平上研究课堂逆境、教学清晰度和学生成绩之间的关系。为了研究这些关系，我们采取了一个由 3000 多名中学教师及其学生组成的数据集。根据文献所综述的相关理论和研究结果，我们提出了

---

① Jiesi Guo, Herbert W. Marsh, Philip D. Parker, and Theresa Dicke, "Cross-Cultural Generalizability of Social and Dimensional Comparison Effects on Reading, Math, and Science Self-Concepts for Primary School Students Using the Combined PIRLS and TIMSS Data", *Learning and Instruction*, Vol. 58, December 2018, p. 210.

② Xin Che and Linhai Lu, "How Classroom Management and Instructional Clarity Relate to Students' Academic Emotions in Hong Kong and England: A Multi-Group Analysis Based on the Control-Value Theory", *Learning and Individual Differences*, Vol. 98, August 2022, Article 102183.

③ Jiesi Guo, Herbert W. Marsh, Philip D. Parker, and Theresa Dicke, "Cross-Cultural Generalizability of Social and Dimensional Comparison Effects on Reading, Math, and Science Self-Concepts for Primary School Students Using the Combined PIRLS and TIMSS Data", *Learning and Instruction*, Vol. 58, December 2018, p. 210.

一个数学课堂的假设工作模型来解释上述关系（见图9-1）。

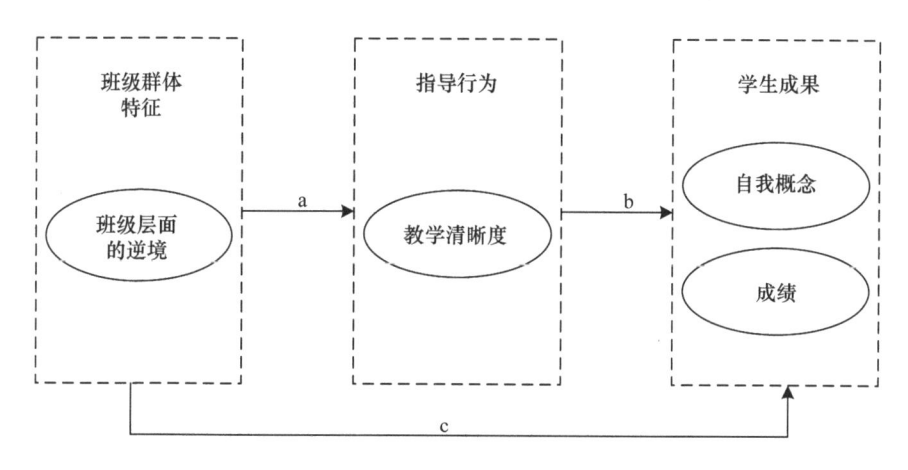

图9-1 理论工作模型

具体来说，我们在班级水平上做出以下假设，并将这些关系在东西方文化差异比较的视野中进行讨论。

假设-1（H1）：课堂逆境与教学清晰度呈负相关。

假设-2（H2）：课堂逆境与数学学业自我概念呈负相关。

假设-3（H3）：课堂逆境与数学成绩呈负相关。

假设-4（H4）：教学清晰度与数学学业自我概念呈正相关。

假设-5（H5）：教学清晰度与数学成绩呈正相关。

假设-6（H6）：教学清晰度在课堂逆境与数学自我概念之间起着中介作用，即课堂逆境通过降低教学清晰度来影响学生数学自我概念。

假设-7（H7）：教学清晰度在课堂逆境与数学成绩之间起着中介作用。

第二节 多水平中介模型实证研究

一 样本选择

本项研究数据来源于2019年发布的《国际数学与科学趋势研究》

（TIMSS 2019）中的八年级参与者，该研究由国际教育成就评估协会组织，并于2020年12月发布。TIMSS 2019是该协会四年一次的评估活动的第七次，旨在促进国际比较，并提供关于国家、国内、教育机构和课堂背景的全面洞察。共有39个国家和经济体参与了八年级TIMSS 2019评估，约有25万名学生和3万名教师参与其中。我们的分析仅包括完成学生和教师问卷的地区，因为课堂逆境信息仅来源于教师报告，而学术结果则通过学生报告展示。此外，为了确保对学业表现进行有意义的比较，在选择代表性地区时需要考虑以下标准[①]。第一个标准是经济发展水平较高，而第二个标准要求在八年级TIMSS 2019数学评估中排名前20位。根据这些标准，我们选择了五个亚洲经济体（包括新加坡和中国香港），代表了受儒家文化影响的社会。此外，芬兰、爱尔兰、澳大利亚、英国和美国被选为西方社会的代表。最终，我们的研究涵盖了51455名学生和3324名教师，其中，东方地区有1242名教师和21340名学生，西方地区有2082名教师和30115名学生。具体数据详如表9-1。

表9-1　　　　　　　　　东西方各地区教师和学生统计数据

	地区	学生（bsg_m7）	教师（btm_m7）	合并（bst_m7）
西方	澳大利亚	9060	450	18677
	英国	3365	142	6890
	芬兰	4874	389	16667
	爱尔兰	4118	565	8135
	美国	8698	536	17437
	总样本	30115	2082	67806

---

① Jiangping Chen, Chin-Hsi Lin, and Gaowei Chen, "A Cross-Cultural Perspective on the Relationships among Social Media Use, Self-Regulated Learning and Adolescents' Digital Reading Literacy", *Computers & Education*, Vol. 175, December 2021, Article 104322.

续表

	地区	学生（bsg_ m7）	教师（btm_ m7）	合并（bst_ m7）
东方	中国香港	3265	185	6659
	日本	4446	210	10974
	韩国	3861	228	9513
	新加坡	4853	306	9706
	中国台湾	4915	313	10038
	总样本	21340	1242	46890

二 变量选择

（一）课堂水平的逆境

课堂逆境是采用教师问卷来评估的，以限制他们对数学课程的相关因素的回答来衡量的。有七个项目几乎与 Abry 等人[1]的课堂逆境测量相同，即缺乏先决知识、营养不良、睡眠不足、旷课、行为问题（扰乱）、心理障碍和语言能力。参与者被要求根据从 1（完全不同意）到 3（非常同意）的评分标准来评级。为了确定课堂逆境的单维性，我们进行了探索性因素分析（EFA）。结果显示，所有项目在课堂逆境上的因子载荷都超过 0.45；因此，我们确定可以可靠地将这七个项目合并为代表课堂逆境的因素。此外，这两个地区的 α 系数也是可接受的（α West = 0.823，α East = 0.833）。

（二）教学清晰度

在 TIMSS 2019 中，教学清晰度的程度是根据学生对数学教师授课过程中对清晰度的感知来评估的。设计了五个项目来评估教学清晰度，如"我的老师给我的问题提供清晰的答案"。每个项目在 1（非常同意）到 4（非常不同意）的四级李克特量表上进行评分，然后进行反编码，以

---

[1] Tashia Abry, Crystal I. Bryce, Jodi Swanson, Robert H. Bradley, Richard A. Fabes, and Robert F. Corwyn, "Classroom-Level Adversity: Associations with Children's Internalizing and Externalizing Behaviors across Elementary School", *Developmental Psychology*, Vol. 53, No. 3, March 2017, p. 497.

较高的分数表示更高的教学清晰度。其信度也是可接受的，α West = 0.915 and α East = 0.908。

（三）数学自我概念

TIMSS 2019 的一个量表名为学生对学习数学的自信度，包含了与数学自我概念相关的项目。该量表的一个样本项目是"我不擅长数学"。该量表由五个项目组成，每个项目都在一个四级量表上评分（从 1 = 非常同意到 4 = 非常不同意）。为了确保较高的分数能够反映出较高的数学自我概念，其余的四个项目被反编码。由可靠性分析显示，该量表的内部一致性很高（α West = 0.921 and α East = 0.900）。

（四）数学成绩

我们利用 TIMSS 2019 八年级数学成绩量表对学生的数学成绩进行评估，该量表涵盖了四个不同的领域：数字、代数、数据与概率以及几何。项目反应理论（IRT）提供了五个合理值（P.V.s），通过评估每个学生的数学熟练程度来估计无偏的人口参数。我们将合理值相加，以确保较高的分数与较高的数学成绩相对应。

（五）协变量

先前的研究已经证明了学生社会化中存在性别成就差距。为了控制性别效应，本章使用了虚拟变量（girls = 1，boys = 2）。学生成就的另一个重要决定因素是家庭中的书籍数量，这有助于学生的学术语言理解。针对情境化数学任务的设计要求学生具备理解能力。在本章中，我们将书籍拥有量确定为从 1（0—10 本书）到 5（超过 200 本书）的连续量表。此外，在教师水平上，班级规模可能导致不同班级之间的成绩差异[①]。因此，在本章中我们控制了学生性别、书籍和班级规模。

---

① Wei Li and Spyros Konstantopoulos, "Does Class-Size Reduction Close the Achievement Gap? Evidence from TIMSS 2011", *School Effectiveness and School Improvement*, Vol. 28, No. 2, January 2017, p. 292.

三 分析过程

M-plus 8.0 被用于对整个东西方国家/地区的所有分析。除了数学成绩外，课堂逆境、教学清晰度和数学自我概念通常存在较少的数据缺失（分别为 8.0%、3.3% 和 4.9%）。利特等人的 MCAR 测试（Little & Rubin, 2019）被用于检验缺失数据机制，结果表明，缺失值是非完全随机的 $[\chi(922) = 2444.999, p < 0.001]$。因此，在项目级别上采用 MLR 估计器与完全信息最大似然估计（FIML）结合，以解决数据缺失问题。有证据表明，FIML 在处理缺失值方面优于多重插补方法。采用多水平结构方程建模（MSEM，2-1-1-1 模型）方法研究了一级（L1）学生和二级（L2）班级之间的关系。首先，我们的研究包括两种不同水平的数据，即班级水平和学生水平数据。班级水平上的课堂逆境直接来自教师问卷。教学清晰度和学业表现在学生水平上进行测量，可以聚合到第二级。其次，根据 Cohen 的说法，适度的组间差异由"ICC1 值 > 0.059"表示[①]。西方教学清晰度和数学自我概念的 ICC1 值分别为 0.240 和 0.083，而在东方它们分别为 0.221 和 0.068。此外，西方和东方群体的数学成绩的 ICC1 值分别为 0.526 和 0.422，这表明了多水平分析使用的合理性。因此，本章利用 M-plus 8.0 生成了四个步骤多水平中介模型。

模型 0：空模型显示了班级间相关系数，验证了 MSEM 的合理性（步骤 1）。

模型 1：这是一个控制模型，检验了学生背景变量对学业表现的影响（步骤 2）。

模型 2：在班级水平上测试了教学清晰度的中介效应。具体而言，教学清晰度被视为课堂逆境和数学自我概念（步骤 3）以及成就（步骤 4）之间的中介变量。

---

① Jacob Cohen, *Statistical Power Analysis for the Behavioral Sciences* (2nd ed.), New York: Routledge, 1988, p.123.

四 研究结果

(一) 描述性统计

所有变量之间的相关性如表9-2所示。表9-2显示了课堂逆境与教学清晰度之间呈负相关（r West $= -0.085$, $p < 0.01$; r East $= -0.053$, $p < 0.01$），以及与数学成绩之间呈负相关（r West $= -0.403$, $p < 0.01$; r East $= -0.137$, $p < 0.01$）。然而，教学清晰度与数学自我概念（r West $= 0.368$, $p < 0.01$; r East $= 0.339$, $p < 0.01$）和数学成绩（r West $= 0.179$, $p < 0.01$; r East $= 0.216$, $p < 0.01$）之间存在显著正相关性。

表9-2　　　　　　　各变量之间的相关性分析

	变量	1	2	3	4	5	6	7
1	课堂逆境	1	-.053**	.023**	-.137**	.033**	-.022**	-.201**
2	教学清晰度	-.085**	1	.339**	.216**	.016**	.040**	.018**
3	数学自我概念	-.109**	.368**	1	.430**	.172**	.146**	.010
4	数学成绩	-.403**	.179**	.493**	1	-.021**	.313**	.182**
5	学生性别	.054**	.041**	.143**	.006	1	-.024**	-.030**
6	书	-.215**	-.049**	.138**	.393**	-.075**	1	.066**
7	班级规模	-.062**	.021**	.067**	.123**	-.028**	.002	1

说明：** 表示 $p < 0.07$。

(二) 假设的结构模型

对东方和西方的 MSEM 模型拟合数据效果良好（结果详见表9-3）。所研究和控制变量的标准化路径系数分别在图9-2（西方）和图9-3（东方）中呈现。表9-4提供了对提出假设的具体间接路径分析结果的简单总结。

1. 直接效应分析

本章的 H1 已得到证实，即课堂逆境与教学清晰度之间存在负相关性。即使在控制班级和学生相关变量之后，课堂逆境在东方和西方仍然具有显著

第九章 增值评价之多水平中介模型的应用

的负面影响（West：β = -0.170，$p < 0.001$；East：β = -0.178，$p < 0.001$）。

关于课堂逆境如何影响班级水平的学业表现（H2 和 H3），我们的分析如图 9-2 所示，在西方，课堂逆境与数学自我概念（β = -0.338，$p < 0.001$）和数学成绩（β = -0.383，$p < 0.001$）均呈现显著负相关性。然而，图 9-3 显示，在东方，课堂逆境仅与数学成绩之间的负向关系显著（β = -0.280，$p < 0.001$）。

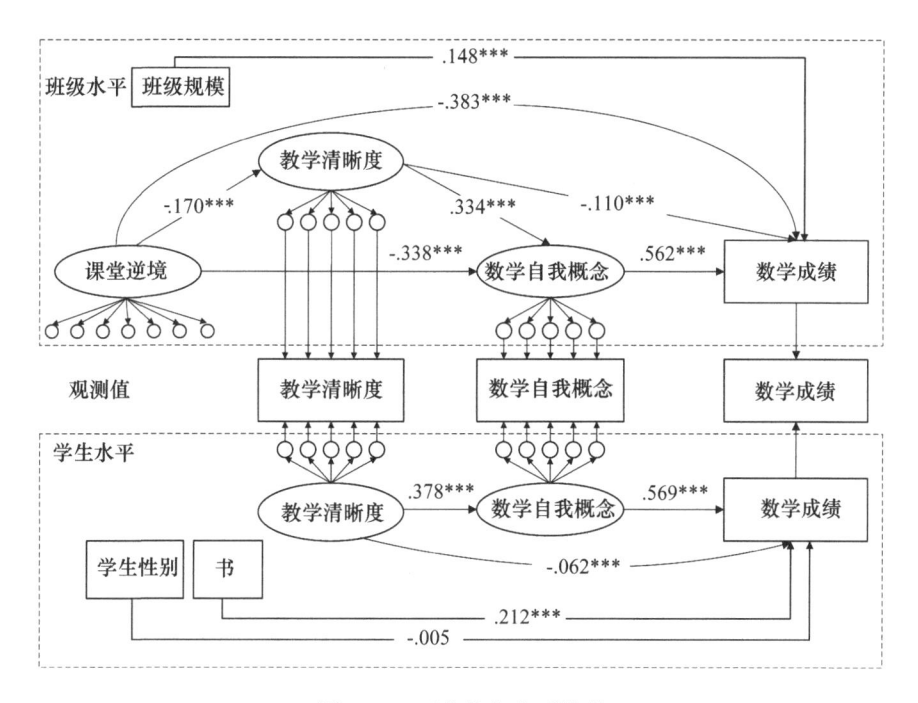

图 9-2　西方的多水平模型

说明：*** 表示 $p < 0.001$。

表 9-3　　　　　　　　　　　　**多水平中介模型**

	步骤1		步骤2		步骤3		步骤4	
	数学成绩		教学清晰度		数学自我概念		数学成绩	
	西方	东方	西方	东方	西方	东方	西方	东方
水平1								

续表

	步骤1		步骤2		步骤3		步骤4	
	数学成绩		教学清晰度		数学自我概念		数学成绩	
	西方	东方	西方	东方	西方	东方	西方	东方
性别	.076	.013	.076	.012	.000	-.071***	.005	-.070***
书	.279***	.247***	.279***	.248***	.219***	.186***	.212***	.180***
教学清晰度					.553***	.272***	-.062***	.033***
数学自我概念							.569***	.484***
水平2								
班级规模	.297***	.415***	.298***	.404***	.161***	.374***	.148***	.320***
课堂逆境			-.080*	-.108***	.071*	.190***	.562***	-.280***
教学清晰度					.300***	.373***	-.110***	.026
数学自我概念							-.383***	.398***

说明：* 表示 $p<0.05$；*** 表示 $p<0.001$。

H4 的目标是确定教学清晰度是否与班级水平的学业表现相关联。我们的研究结果表明，无论是在西方还是东方，教学清晰度对数学自我概念在班级水平上均有显著正效应（西方：$\beta=0.334$，$p<0.001$ 和东方：$\beta=0.439$，$p<0.001$）（H4）。然而，教学清晰度与数学成绩在班级水平之间的关系（H5）上，东西方的结果却不尽相同。图 9-3 显示，在东方样本中，教学清晰度与数学成绩之间的正向联系不具有统计学意义（$\beta=0.026$，$p=0.154$）。然而，在西方，图 9-2 显示了教学清晰度与数学成绩之间显著的负相关关系（$\beta=-0.110$，$p<0.001$）。

2. 多水平中介分析

多水平中介分析旨在研究教学清晰度在解释课堂逆境与学业表现之间负相关中的潜在中介作用。中介分析的结果见表 9-3 和表 9-4。

当数学自我概念作为学业表现指标时，我们的发现表明，教学清晰度在课堂逆境与数学自我概念之间起到了显著中介作用（H6），这一点在西方（$\beta=-0.057$，$p<0.001$）和东方（$\beta=-0.078$，$p<0.001$）地区的统计学上显著间接效应证实了。此外，中介效应量在不同地区有所变化，东

方地区观察到更大的效应量（PM=1.0），西方地区则较小（PM=0.14）。

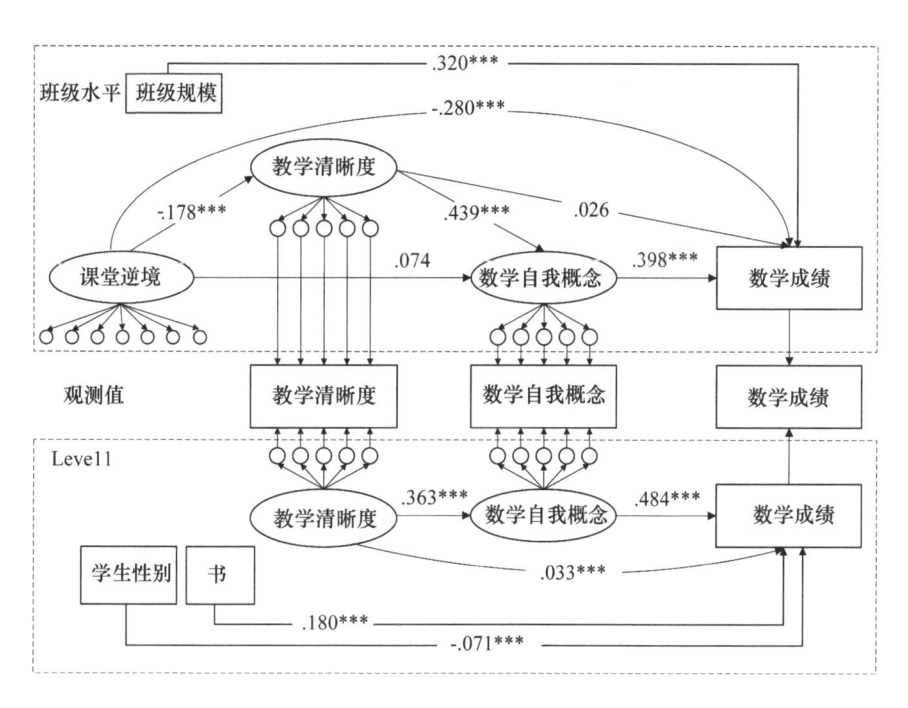

图9-3 东方的多水平模型

说明：*** 表示 p<0.001。

表9-4　　　　东西方在班级层面上的间接路径分析结果

间接效应	西方 Std.（S.E.）	[95% CI]	PM	东方 Std.（S.E.）	[95% CI]	PM
课堂逆境—教学清晰度—学业自我概念	-.057 (.012)***	[-.087, -.027]	.14	-.078 (.018)***	[-.125, -.032]	1.00
课堂逆境—教学清晰度—数学成绩	.019 (.005)***	[.005, .032]	.03	-.005 (.006)	[-.020, .011]	.02
课堂逆境—教学清晰度—学业自我概念—数学成绩	-.032 (.007)***	[-.049, -.015]	.06	-.031 (.008)***	[-.052, -.010]	.11

续表

间接效应	西方			东方		
	Std. (S.E.)	[95% CI]	PM	Std. (S.E.)	[95% CI]	PM
总效应（课堂逆境—数学成绩）	-.013 (.005)***	[-.025, -.002]	.02	-.006 (.020)	[-.058, .046]	.12

说明：*** 表示 p<0.001。

当以数学成绩作为学业表现的衡量指标时，在东方没有发现显著的总间接效应（$\beta = -0.006, p = 0.764$）（H7）。然而，有统计学上显著的链式中介效应表明，课堂逆境通过教学清晰度影响数学自我概念，最终减轻了课堂逆境对数学成绩的负面影响（$\beta = -0.031, p < 0.001, PM = 0.11$）。通过数学自我概念的间接路径是正向的，但不具有统计学上的显著性（$\beta = 0.030, p = 0.089$）。由于这两条路径具有相反的符号，它们相互抵消，导致总间接效应较小且不显著。

类似地，西方也存在着显著的链式中介（$\beta = -0.032, p < 0.001$）。此外，我们的发现表明，总间接效应的95%置信区间不包含零（参见表9-4），表明课堂逆境对学术成就既有直接影响，同时也有间接影响。通过数学自我概念的间接路径解释了总效应的32%（$\beta = -0.190, p < 0.001, PM = 0.32$）。通过教学清晰度的间接路径出现了意外的正向效应（$\beta = 0.019, p < 0.001$）。这主要归因于教学清晰度与成就之间的反向关系（见图9-2），这与 Chen 和 Lu 在个体水平上的发现相似[1]。

五 研究讨论

本章采用多层次中介模型研究了课堂逆境、教学清晰度和学业表现（学术自我概念和数学成绩）之间的关联性。研究表明，无论在西方还是东方，教学清晰度在课堂逆境和数学自我概念之间都起到了中介作用。然

---

[1] Xin Che and Linhai Lu, "How Classroom Management and Instructional Clarity Relate to Students' Academic Emotions in Hong Kong and England: A Multi-Group Analysis Based on the Control-Value Theory", *Learning and Individual Differences*, Vol. 98, August 2022.

而，课堂逆境与数学成绩之间的潜在机制在东西方之间存在差异。我们在本章中详细讨论了我们的发现及其意义。

（一）课堂逆境和教学清晰度

研究结果表明，在班级水平上，课堂逆境与教学清晰度呈负相关。该结果从理论上证明了课堂逆境对教学实践的影响，与先前的研究结果相似。受到更大程度课堂逆境影响的课堂，学生更可能会受到同班同学的行为干扰，这影响了学生感知教学清晰度的能力。

（二）课堂逆境、教学清晰度和学术自我概念

与假设一致，课堂逆境对数学自我概念产生了不利影响。然而，其影响大小在东西方之间存在差异。在西方，我们发现课堂逆境与数学自我概念之间的负相关关系可以部分通过教学清晰度来中介，即使在考虑到其他相关的学生和班级特征后仍然如此。根据期望—价值理论，难以控制的情境条件降低了教师的期望，导致学术自我概念下降。此外，当学生感知到具有挑战性的课堂氛围时，他们需要高度支持的教学行为，其中教学清晰度支持了学生学术自我概念的构建。在东方，研究结果表明教学清晰度在课堂逆境与数学自我概念之间的中介效应比在西方更显著。这可以归因于受儒家文化影响的学生倾向于缺乏对数学自我概念的认识。在课堂作为基本教学单元的国家/地区，教师的外部评价对促进学生学术自我概念至关重要。

（三）课堂逆境、教学清晰度、学术自我概念和成就

与 Abry 等人的发现一致[1]，结果显示，在东西方，课堂逆境与中学生数学成绩之间存在负相关关系。课堂逆境与数学成绩之间的这种负相关关系被证明是持续的且难以克服的。课堂逆境的高水平可能导致学习机会有限、师生关系差和出现抑郁症状，最终阻碍学生在中学阶段取得学术上的

---

[1] Tashia Abry, Kristen L. Granger, Crystal I. Bryce, Michelle Taylor, Jodi Swanson, and Robert H. Bradley, "First Grade Classroom-Level Adversity: Associations with Teaching Practices, Academic Skills, and Executive Functioning", *School Psychology Quarterly*, Vol. 33, No. 4, December 2018, p. 547.

卓越成就。

研究结果表明，在东方样本中，教学清晰度在课堂逆境与数学成绩之间的负效应上没有发挥中介作用。更令人惊讶的是，在西方，教学清晰度在课堂逆境与数学成绩之间的联系方面的中介作用显著为正。尽管这与传统教育理论相矛盾，但 Chen 和 Lu 在学生水平上也有类似的研究结果[①]。为了在进入中学后取得良好的数学学业成绩，学习者必须进行思考和逐步推理。语言清晰的教师能更好地在推理中表达常见的数学知识。逻辑推理性较高的数学是难以学习甚至难以教授的。课堂逆境会对教学清晰度产生负面影响，而受个人主义影响的西方学生可以通过独立解决问题来提高数学认知发展，相反，受听觉文化影响的东方学生可能需要额外的教学反馈来提升学生的数学成绩。

此外，研究结果表明，课堂逆境与数学成绩之间的负相关关系通过教学清晰度和数学自我概念两者的链式中介起作用。也就是说，教学清晰度通过数学自我概念与数学成绩相关联。在班级水平上，学生对教师的教学清晰度感知越多，他们的数学自我概念可能越强，进而提高了他们的数学成绩。这一发现与先前研究结论相似，即教学清晰度会引发学生的情感反应，促进他们的认知学习。本章中的链式中介模型也为生态系统理论环境之间的相互作用提供了证据。课堂逆境与青少年数学学习环境不匹配，这对学生的发展会产生不利影响。在数学课堂上，仅仅依靠教师的教学清晰度是不够的。学生是学习的主体，而数学自我概念是实现数学成绩有效提高的重要途径。因此，面对高水平逆境的课堂，不仅要关注教学清晰度，还要关注学生数学自我概念的积极转变。

（四）研究的不足与展望

尽管有必要开展进一步的研究，但我们的研究结果仍具有一定的现实意义。首先，本章探讨了在东西方样本中，课堂逆境与教学清晰度、数学

---

① Xin Che and Linhai Lu, "How Classroom Management and Instructional Clarity Relate to Students' Academic Emotions in Hong Kong and England: A Multi-Group Analysis Based on the Control-Value Theory", *Learning and Individual Differences*, Vol. 98, August 2022.

自我概念和数学成绩之间的直接或间接关联性。其次，高水平的课堂逆境与学生的发展需求不匹配，不利于教师清晰地阐述教学内容。这无疑给学校和管理者带来了巨大的挑战。然而，研究表明，由于过去经验的影响，有能力的教师善于应对课堂挑战，课堂结构更加清晰。学校管理者可以尝试为课堂逆境较多的班级选配专家教师，以实现课堂环境中师生的双赢。最后，研究表明，通过教学清晰度和学术自我概念的链式中介作用，课堂逆境与班级水平的学业成绩呈间接相关。这凸显了提高教学清晰度的必要性，对教师的专业素养也提出了更高的要求。教师需要对课堂风险因素进行全面评估，并为不同风险程度的班级提供相匹配的教学清晰度。

与任何研究一样，我们的研究至少有两个重大的局限性需要解决。首先，我们的横截面数据不能假设研究变量之间存在因果关系。然而，教师效能的相关模型已表明，课堂风险特征会影响教学清晰度，进而影响学生的学业成绩。我们需要厘清教学清晰度较差的教师在成绩和学术自我概念较差的课堂中任教时是否面临巨大的挑战。因此，未来的研究应在整个学年的多个时间点测量课堂逆境、教学清晰度和学生成绩，以深入了解其纵向过程。其次，本章对教学清晰度的测量仅反映了学生的看法，而处于不利教育环境中的学生对教学清晰度的估计可能较低。因此，未来研究需要开展更可靠、更客观的调查，评估与教学清晰度相关的特征。这将能够确保谨慎地解释相关结果，从而更全面地了解教学清晰度与学生成绩之间的关系。

第十章 非随机学生分配导致的偏差：中国高中增值评价的适用性

学生非随机分配的现象被视为可能对增值评价造成潜在偏差的关键因素。为了严谨地探讨此问题，并为其提供实证支持，需要借助更为详尽的实证研究，利用实际数据来深入分析非随机学生分配如何影响评价结果的准确性。本章将聚焦于中国某城市的高中学生及其所属的高中，旨在从中国的教育环境中获取关于此问题的深入见解和实证证据。通过系统地比较随机分配与非随机分配两种学生分配机制下学校效能的显著差异，深入探讨非随机分配对学生价值增值估计可能产生的偏差影响。

第一节 非随机学生分配导致的偏差概述

一 引言

随着教育研究的深入，研究人员与政策制定者日益将增值评价视为一种高效工具，用以精确评估学校或教师的绩效，并据此做出关键的人员决策。然而，基于增值评价的人员决策逐渐引发争议，因为诸多研究表明增值评价可能存在固有的偏见，这些偏见可能会不公平地影响教师与学校的

第十章 非随机学生分配导致的偏差：中国高中增值评价的适用性

奖惩①。在众多导致增值评价偏差的可能因素中，学生被非随机地分配给教师或学校的现象尤为突出②。

对于非随机学生分配所引发的偏差问题，高中阶段的特殊性体现得尤为显著，因为此阶段学生的非随机分配现象更为普遍且严格。尽管模拟研究已对此问题进行了初步探讨，但基于实际数据的实证研究仍显匮乏。鉴于普遍存在的学生非随机分配现象，本章选取了中国的高中作为研究对象。通过深入分析中国的高中的实证数据，旨在为非随机学生分配所导致的价值增值估计偏差问题提供有力的研究证据。此外，本章还将深入探讨现有的价值增值评价模型在评估非随机学生分配普遍存在的高中时的适用性。

二 增值评价偏差

增值评价模型通过量化教学行为对学生成绩的影响，为评估教师或学校效能提供了量化工具。然而，随着该模型的广泛应用和深入研究，研究人员对教师或学校效能估计的精确度提出了质疑③。这种质疑主要源于现实生活中的多种现象，包括学生成绩的测量误差、未观测变量的影响以及学生的非随机分配，这些现象均可能引发增值估计的偏差，进而影响学校和教师效能评估的准确性。

既往研究已对价值增值估计偏差的潜在原因进行了深入探讨。首先，学生考试成绩的测量误差是一个不容忽视的问题。在标准化测试的应用中，尽管力求精确，但测量误差仍难以完全避免。Rodriguez 和 Maeda 的元

---

① Noelle A. Paufler and Audrey Amrein-Beardsley, "The Random Assignment of Students into Elementary Classrooms: Implications for Value-Added Analyses and Interpretations", *American Educational Research Journal*, Vol. 51, No. 2, April 2014, p. 328.

② Cassandra M. Guarino, Mark D. Reckase, and Jeffrey M. Wooldridge, "Can Value-Added Measures of Teacher Performance Be Trusted?" *Education Finance and Policy*, Vol. 10, No. 1, January 2015, p. 117.

③ Noelle A. Paufler and Audrey Amrein-Beardsley, "The Random Assignment of Students into Elementary Classrooms: Implications for Value-Added Analyses and Interpretations", *American Educational Research Journal*, Vol. 51, No. 2, April 2014, p. 328.

分析显示，州成就测试的平均信度虽高达 0.92，但仍有研究显示，学生水平上的总变异约有 8%可归因于测量误差。Levy 等人进一步指出，在存在测量误差的情况下，价值增值估计的准确性将受到显著影响①。其次，未观测变量的影响亦不容忽视。Nicoletti 和 Rabe 认为，由于未观测到的学校、儿童和家庭特征，增值模型可能会产生潜在的偏差。Walsh 和 Isenberg 亦持相似观点，认为忽视学生的背景特征可能导致学生成长百分位数（Student Growth Percentile，SGP）模型产生偏差。学生的非随机分配问题亦被广泛讨论。由于学生的非随机分配所引起的增值估计偏差在欧洲和美国等国家中被多次提及②，Everson（2017）在回顾增值评价文献后指出，学生在学校和班级中的非随机分配已成为公认的限制对教师或学校效应进行因果解释的主要问题之一。

三　非随机分配学生所导致的增值评价偏差

非随机分配学生的现象被界定为基于某种意识的标准或策略，将学生群体特定地分配至特定的班级或学校。这种非随机分配往往与学生的学业特征显著相关③。一个显著的例子是将学业成绩优异的学生群体优先分配到教学资源相对丰富的学校。当学生在不同学校间的分配并非随机，而是基于学业成绩等非随机因素时，这将导致学校所服务的学生群体在学业成绩上呈现显著差异。这种差异可能会混淆学校在评估指标上的实际表现，进而对学校效能的评估造成不准确和不公平的影响。

（一）基于学业成绩的非随机学生分配偏差

具体而言，基于学生成绩的非随机学校分配可能催生出两种显著的学

---

① Jessica Levy, Martin Brunner, Ulrich Keller, and Antoine Fischbach, "Methodological Issues in Value-Added Modeling: An International Review from 26 Countries", *Educational Assessment, Evaluation and Accountability*, Vol. 31, No. 3, August 2019, p. 257.

② Cassandra M. Guarino, Mark D. Reckase, and Jeffrey M. Wooldridge, "Can Value-Added Measures of Teacher Performance Be Trusted?" *Education Finance and Policy*, Vol. 10, No. 1, January 2015, p. 117.

③ Steven Dieterle, Cassandra M. Guarino, Mark D. Reckase, and Jeffrey M. Wooldridge, "How do Principals Assign Students to Teachers? Finding Evidence in Administrative Data and the Implications for Value Added", *Journal of Policy Analysis and Management*, Vol. 34, July 2014, p. 32.

第十章 非随机学生分配导致的偏差：中国高中增值评价的适用性

生群体集中现象：现象一，高分学生（即高成就学生）倾向于聚集在特定学校；现象二，低分学生（即低成就学生）则倾向于聚集在另一些学校。这两种非随机分配现象均可能对价值增值的估计产生显著影响，并导致偏差。

对于现象一，当一所学校或教师负责大量高分学生的教学时，其增值效果可能受到"天花板效应"的制约。在学术研究中，"天花板效应"指的是由于考试成绩上限的结构性限制，学生的成绩提升空间被极大地压缩；对于高成就学生而言，他们的初始成绩已接近成绩分布的顶端，因此进一步提升的空间极为有限。Resch 和 Isenberg 的研究模型预测，多达40%的学生可能获得满分，并揭示了"天花板效应"可能导致教师增值评估的偏差[1]。一个典型案例是纽约四年级教师 Sheri Lederman，她因在评估中获得的增值部分得分最低而起诉该州。纽约最高法院在听取了多位专家证人的证词后，裁定对莱德曼的评级"武断和随意"，并指出其理由与"天花板效应"紧密相关，包括：（1）充分的证据表明增值评价对两端教师（如表现极优或极差的教师）存在偏见；（2）高绩效学生难以如低绩效学生那样显著地展示其学业成长。

对于现象二，当学校或教师负责大量低分学生的教学时，其增值成绩可能受到"地板效应"的影响。与"天花板效应"作用于成绩分布的高端不同，"地板效应"则作用于成绩分布的低端。一些政策制定者认为，由于低成就学生的初始成绩接近成绩分布的底部，他们具有巨大的提升潜力。因此，教授这些学生的学校或教师可能会获得过高的增值成绩估计。Resch 和 Isenberg 的研究表明，教授大量在预考中得零分的学生的教师往往会获得过高的增值成绩估计。这种现象可能导致教学水平或教学能力并不突出的学校或教师，在"增值效果"上却表现出优于真正的高效学校和教师的假象。

此外，一所学校或教师的"增值"效果可能持续高于另一所学校或其

---

[1] Alexandra Resch and Eric Isenberg, "How do Test Scores at the Ceiling Affect Value-Added Estimates?" *Statistics and Public Policy*, Vol. 5, No. 1, May 2018, p. 3.

教师，而后者所教授的低分学生人数较多。相反，一所学校或教师的"增值"效果可能始终低于另一所学校或其教师，后者所教授的高分学生人数较多。即使部分教师拥有的最高比例的学生已达到成绩上限（即"成绩天花板"），这些教师的"增值"评价仍呈现出较高水平。具体而言，他们发现，尽管一位数学教师有高达14%的学生已达到成绩天花板，但他依然获得了最高的"增值"估计值[1]。在这种情况下，进行因果解释变得尤为复杂。由于学生并非随机分配到学校，将学校教育的因果效应与其他影响学生成绩的因素（如学生背景、家庭环境等）分离开来具有显著难度。因此，学校或教师教授大量高分学生所获得的较高增值评价，是否源于其卓越的教学能力，还是仅仅因为学生本身的高水平？同样，学校或教师教授大量低分学生所获得的较低增值评价，是否应归因于其教学水平不足，还是学生本身水平较低？为了解决这些疑问，增值估计必须有效应对非随机分配学生所带来的挑战。若未能妥善处理这一问题，将难以准确地将学习成果归因于学校员工的实际努力和教学贡献。

（二）控制分配机制的相关研究

学者普遍认为，通过优化学生的分配策略，可以有效地缓解潜在的偏见问题。为了深入探究这一策略的有效性，部分研究者采用模拟研究法，通过构建模拟数据集来精准控制学生的分配条件。

Guarino等人构建了一组模拟数据，并将其区分为随机分配与非随机分配两大类别。在随机分配策略下，他们模拟了将顶尖教师分配给学业表现最佳的学生群体的场景；而在非随机分配策略下，他们则模拟了将教学水平较低的教师分配给表现最佳学生的情况。通过这一对比性模拟研究，他们发现，在随机分配的背景下，不同模型间的相关性显著增强，从而提升了教师有效性估计值的准确性。此外，Guarino、Reckase等人还进一步模拟了多样化的学生成绩数据集，以模拟现实中可能存在的不同学生分组和

---

[1] Alexandra Resch and Eric Isenberg, "How do Test Scores at the Ceiling Affect Value-Added Estimates?" *Statistics and Public Policy*, Vol. 5, No. 1, May 2018, p. 3.

第十章 非随机学生分配导致的偏差：中国高中增值评价的适用性

教师分配场景，从而更为全面地评估教师表现[①]。他们采用了三种主要的分配形式：一是随机分配；二是教师效果与学生成绩之间存在正向关联性的分配；三是教师效果与学生成绩之间存在负向关联性的分配。通过这一系列模拟研究，他们发现，即使在随机分配的理想条件下，也没有任何一种模型能够完全准确地捕捉真实教师的教学效果。他们因此推断，在现实世界更为复杂的场景中，这些模型的表现可能会更加不尽如人意。Rothstein指出，通过随机分配学生，可以有效地减轻非随机分配所带来的偏见，从而提高利用增值分数进行教育效果推断的可信度。这一策略的核心在于确保每个学生都有平等的机会接受优质教育，从而避免因学生分配不均而导致的评估偏差。

综上所述，以往研究多关注非随机分配条件下价值增值估计的偏差问题。虽然研究者已经通过模拟数据对比了随机分配与非随机分配条件下学校或教师的有效性估计，并揭示了非随机分配所带来的偏差，但这一结论在实际数据中的验证尚显不足。因此，未来的研究应进一步探索随机分配策略在实际教育场景中的应用及其效果，以推动教育评估的准确性和公正性。

本章选取中国高中作为研究对象，旨在借助这些学校的实证数据，深入探讨由非随机学生分配所引发的增值评价偏差现象。首先，我们系统地调研了中国高中现行的学生分配机制，并详细阐述了非随机分配模式下学生来源的集中趋势。其次，通过精密的实验设计，我们控制了学生分配过程，实现了将学生随机重新分配至各高中。在此基础上，我们对比分析了两种学生分配机制（即随机分配与非随机分配）下，学校效能评估中的价值增值模型所呈现出的差异。最后，基于上述实证研究的结果，我们审慎地探讨了当前价值增值评价模型在评估存在非随机学生分配现象的中国高中效能时的适用性。

---

① Cassandra M. Guarino, Mark D. Reckase, and Jeffrey M. Wooldridge, "Can Value-Added Measures of Teacher Performance Be Trusted?" *Education Finance and Policy*, Vol. 10, No. 1, January 2015, p. 117.

四 模型描述

在本章研究中，我们选取了 SGP（Simplified General Perturbations, SGP）模型和基于普通最小二乘法（Ordinary Least Square，OLS）的增值模型（Value Added Model，VAM）作为研究工具。这些模型的选定旨在以它们为范例，深入探究中国高中价值增值评估模型的实用性和有效性。接下来，我们将对这两种模型进行简要的介绍。

SGP 模型只包含除学生测试成绩变量以外的其他关键变量。此模型基于一种先进的统计方法，即分位数回归，通过比较每个学生的当前成绩与历史上具有相似测试成绩模式的学生群体，来精准地为其分配百分位排名。这种方法允许我们更全面地理解学生的学术成长和潜力，而不仅仅依赖于单一的测试成绩变量：

$$Q_{Ytk}(\tau \mid Y_{(t-1)k}, \cdots, Y_{1k}) = \sum_{j=1}^{t-1} \sum_{i=1}^{3} \emptyset_{ij}(Y_{jk}) \beta_{ij}(\tau) \qquad (10.1)$$

其中，τ 表示要估计的分位数，Y_{tk} 是学生 k 在当前时间 t 的得分，Y_{jk} 是学生 k 在先前时间 j 的得分，$\emptyset_{ij} Y_{jk}$ 表示先前时间 j 的第 i 个三次 B 样条基函数，而 β_{ij} 是三次 B 样条的系数。

VAM 在其基础假设中，预设了依赖变量与一系列自变量之间存在线性关系。以下展示的是一个简化的 VAM 模型范例，此模型在构建过程中，除了特别指出的测试成绩变量外，并未纳入其他潜在的协变量作为考虑因素：

$$A_{it} = \beta_0 + \beta_1 A_{i,t-1} + r_i \qquad (10.2)$$

这个方程中的 i 代表学生，而 t 代表时间。A_{it} 是第 i 个学生在时间 t 的当前测试成绩。$A_{i,t-1}$ 是第 i 个学生在时间 $t-1$ 的前一次测试成绩。斜率系数、截距和残差分别由 β_0、β_1 和 r_i 表示。假设残差误差项 r_i 与所有解释变量无关且方差齐性。值得注意的是，r_i 用于计算增值分数，例如学校 j 的价值增值分数为 $VA_j = \bar{r}_{ij}$。

SGP 模型和 VAM 的使用有三个注意点：

第十章　非随机学生分配导致的偏差：中国高中增值评价的适用性

（1）VAM 通常只使用线性效应。SGP 模型允许使用称为 B 样条的更灵活的曲线。

（2）通常使用 OLS 回归进行 VAM 分析，而使用分位数回归进行 SGP 模型分析[①]。

（3）使用聚合函数对各自的分布进行总结。对于 VAM，从回归中获得的学生水平残差按学校或教师进行平均，以衡量学校或教师的有效性。对于 SGP 模型，可以通过聚合函数（如平均值或中位数）将所有获得的学生 SGPs 汇总到教师或学校级别，以便使用中位数或平均值来评估学校和教师的相对表现。

五　在非随机分配背景下 SGP 模型的适用性问题

如前所述，SGP 模型在面对非随机分配的情况时，其评估结果较易受到潜在偏差的影响。为明确揭示这一点，下面我们将通过一个简化的范例来说明：当学生未能基于随机原则被分配至各学校时，两种典型的非随机分配现象——分配方案 1 和分配方案 2 如何对 SGP 模型的评估结果产生显著影响。

假设 1：有四所学校（S_1，S_2，S_3，S_4），它们的教学水平不同。具体排名为 $S_1 > S_2 > S_3 > S_4$。

假设 2：有四组学生，每组学生人数相同（A_1，A_2，A_3，A_4），分别属于上述四所学校。学生组 A_1 和 A_2 是高分学生组，具有相同的初始分数，$A_{1,T-1} = A_{2,T-1}$；学生组 A_3 和 A_4 是低分学生组，具有相同的初始分数 $A_{3,T-1} = A_{4,T-1}$；假设 $A_{1,T-1} = A_{2,T-1} > A_{3,T-1} = A_{4,T-1}$。

假设 3：由于 $S_1 > S_2 > S_3 > S_4$，因此大多数学生的测试成绩是不同的，即 $A_{1,T} = A_{2,T} > A_{3,T} = A_{4,T}$。

根据 SGP 模型的基本思想，我们需要比较每个学生在学术同伴（具有

[①] Cassandra M. Guarino, Mark D. Reckase, and Jeffrey M. Wooldridge, "Can Value-Added Measures of Teacher Performance Be Trusted?" *Education Finance and Policy*, Vol. 10, No. 1, January 2015, p. 117.

相同先验分数的学生群体）中的相对位置。因为学生 A_1 和 A_2 的先验分数相同，因此将 A_1 和 A_2 进行比较。同样，将学生群体 A_3 和 A_4 进行比较。在上述假设 1、2 和 3 的条件下，可能会出现以下结果：

结果 1：学校效能评估 $S_1 > S_2$，$S_3 > S_4$。学生团体 A_3 的 SGP 评分将高于学生团体 A_4 的 SGP 评分，即 $SGP_3 > SGP_4$。在校级层面汇总学生的 SGP 评分后，可以得到学校效能估计值 $S_1 > S_2$ 和 $S_3 > S_4$，这与假设 1 相符。

结果 2：学校效能评估 $S_1 = S_3$，$S_2 = S_4$，但 $S_3 > S_2$。将学生的 SGP 分数汇总到学校层面后，即使在假设 1 的条件下，学校 S_1 和学校 S_3 的中位数条件百分位数或非常接近平均条件百分位数，学校 S_2 和学校 S_4 也是如此。这将导致学校 $S_3 > S_2$。学校 S_3 的效能估计值向上偏斜，学校 S_2 的效能估计值向下偏斜。违反假设 1。

六 非随机分配背景下 VAM 的适用性问题

在学生根据成绩被非随机分配到学校的情况下，分配方案 1 的学校存在天花板效应，而分配方案 2 的学校存在地板效应。为了进一步探讨这种非随机分配对 VAM 的影响，以下将通过一个具体的案例，详细阐述分配方案 1 和分配方案 2 两种学生来源集中现象对 VAM 评估结果的潜在影响。

假设 1、假设 2、假设 3：与上述相同。

根据 VAM 的基本思想，在上述假设 1、2、3 的条件下，可能出现以下结果：

结果 1：学校效能评估 $S_1 > S_2 > S_3 > S_4$ 与假设 1 一致。

结果 2：学校效能估计 $S_1 > S_2$，$S_3 > S_4$，但 S_1，$S_2 < S_3$，S_4。学校 S_1 和学校 S_2 的学生价值增值空间有限，导致天花板效应。相反，学校 S_3 和学校 S_4 的学生有更多的提升空间，导致地板效应。违反假设 1。

在探讨这两个示例时，我们认识到学生的非随机分配可能会显著影响对学校教学效果的准确评估，从而导致偏颇的估计。然而，若能在实验设计之初便严格控制学生的分配方式，确保分配过程的随机性和公正性，那么将能够在很大程度上规避上述潜在问题，从而提高评估结果的可靠性和

第十章 非随机学生分配导致的偏差：中国高中增值评价的适用性

有效性。

第二节 增值评价视角下非随机学生分配导致的偏差实证研究

一 数据

（一）非随机分配背景下学生的相关数据

本章聚焦于中国中部某城市的中学生群体，他们于2018年完成九年义务教育，并于2021年从高中毕业。研究对象涵盖了他们就读的43所高中，包括公立和私立普通高中，这些高中在研究中被统一编码为2101—2143。本章研究收集了共计15027名学生的考试成绩数据，这些数据详细反映了他们在2018年初中学业水平考试（ATJHSS）和2021年普通高等学校招生全国统一考试（NUEAGUC）中的表现。需要强调的是，本章对学生考试成绩和其他相关信息的使用已获得考试委员会的正式授权，且所有学生及学校的信息均经过严格处理，以确保数据使用的合规性和隐私保护。

根据该市的招生政策，高中招生遵循"按成绩分批录取"的原则。公立高中被分为五个批次进行招生，而私立高中则与公立高中同步招生，遵循相同的招生方式。每所高中都有其固定的招生批次，录取过程从第一批次开始，直至第五批次结束。这一招生策略使得第一批次的高中学校在招生过程中享有提前录取优秀学生的优势，因此，这些学校往往聚集了大量学业成绩优异的学生。相反，第五批次的高中学校则主要集中了成绩较低的学生。从考试成绩来看，这种招生策略导致了明显的学生来源集中现象，即第一批次高中学校主要招收同一或相似高分段的学生，而第五批次高中学校则主要招收同一或相似低分段的学生。

根据相关政策规定，第一批和第二批高中学校需将各自招生计划的70%作为均衡生招生计划，并确保这一名额能够均匀分配到每一所初中。在此机制下，每所初中仅表现突出的学生方有资格获得均衡生招生计划，其录取分数可低于第一批和第二批高中学校的常规录取分数线，但幅度限定在40—50分。这一"均衡生入学"政策的实施，在一定程度上缓解了不同批次高中学校在学生来源上的差异性。

然而，尽管第一批和第二批高中学校通过降低录取分数线的方式录取了均衡生，但整体而言，这些被录取学生的平均分数仍然显著高于第五批高中学校所录取的学生。这一现象表明，这五批高中学校在学生来源上依然呈现出显著的差异性，特别是第一批与第五批高中学校之间。为了更具体地阐述这一差异，我们将基于学生成绩数据，计算每所高中学校的学生来源比率（Student Source Ratio，SSR），并通过数据展示五批高中学校之间学生来源的详细差异。

$$SSR = \frac{n}{N} \quad (10.3)$$

通过计算，2018年ATJHSS共有15027名学生的总平均分为551.46分。其中，N代表被学校录取的学生总数，n是总分超过551.46分的学生人数。所有高中的$SSRs$如表10-1所示。可以看出，第一批13所高中学校的$SSRs$都大于0.900，这意味着这些高中超过90%的学生在高中入学考试中总分超过551.46分。相反，第五批的4所高中学校的$SSRs$都为0.000，这意味着这些高中学校学生的总分都低于551.46分。这是按批次录取原则导致的学生来源集中现象。

表10-1　　　　　　　　**43所高中学校的描述性统计**

入学批次	学校编号	学校类型	学生人数	SSR 1[a]	SSR 2[b]
第一批	2101	私立	163	1.00	0.66
	2102	私立	203	1.00	0.47
	2103	公立	912	1.00	0.63
	2104	私立	208	1.00	0.60
	2105	公立	444	1.00	0.64
	2106	公立	417	1.00	0.60

第十章 非随机学生分配导致的偏差：中国高中增值评价的适用性

续表

入学批次	学校编号	学校类型	学生人数	SSR 1[a]	SSR 2[b]
第一批	2107	公立	619	1.00	0.62
	2108	公立	643	0.98	0.54
	2109	公立	711	0.96	0.54
	2110	公立	611	0.96	0.50
	2111	公立	860	0.95	0.52
	2112	公立	474	0.95	0.61
	2113	私立	435	0.92	0.47
第二批	2114	公立	457	0.92	0.65
	2115	公立	501	0.84	0.63
	2116	公立	574	0.57	0.43
	2117	公立	426	0.49	0.44
	2118	私立	124	0.49	0.60
	2119	私立	136	0.38	0.64
	2120	私立	418	0.38	0.49
	2121	公立	540	0.29	0.62
	2122	公立	255	0.21	0.65
	2123	公立	495	0.09	0.50
第三批	2124	私立	106	0.10	0.53
	2125	公立	383	0.04	0.69
	2126	私立	89	0.02	0.42
	2127	私立	178	0.02	0.57
	2128	私立	240	0.02	0.52
	2129	公立	307	0.01	0.56
	2130	公立	234	0.00	0.58
	2131	公立	283	0.00	0.49
	2132	公立	334	0.00	0.60

续表

入学批次	学校编号	学校类型	学生人数	SSR 1[a]	SSR 2[b]
第四批	2133	公立	418	0.16	0.56
	2134	公立	107	0.09	0.50
	2135	公立	151	0.05	0.64
	2136	公立	55	0.02	0.51
	2137	私立	254	0.00	0.54
	2138	公立	517	0.00	0.54
	2139	公立	192	0.00	0.61
第五批	2140	私立	143	0.00	0.66
	2141	公立	117	0.00	0.53
	2142	私立	196	0.00	0.50
	2143	私立	97	0.00	0.51
平均值				0.42	0.56
标准差				0.43	0.07

说明：a 在非随机分配情况下；b 在随机分配情况下。

在中国高中教育阶段，依据批次进行的录取原则所引发的学生来源集中现象，显著地体现了非随机学生分配的特征。基于这一录取原则以及我们计算得出的 SSR 值，前五批高中在学生来源上呈现出显著的差异性。具体而言，第一批高中倾向于吸引并聚集大量高分学生（分配方案1），而第五批高中则更多地集中了低分学生（分配方案2）。鉴于此类教育机构中普遍存在的非随机学生分配现象，中国高中增值评价模型的适用性和有效性必须受到审慎的考量。

（二）随机分配背景下的学生相关数据

《中华人民共和国义务教育法》第十二条明确规定，适龄儿童、少年享有免试入学的权利，而县级以上地方人民政府则有责任保障他们在户籍所在地学校就近入学。根据相关政策的指导，适龄儿童、少年的入学过程应遵循家庭住址的划分，以确保他们能够在相应的学校接受义务教育。

第十章 非随机学生分配导致的偏差：中国高中增值评价的适用性

在义务教育阶段，教育部或教育行政部门的首要任务是划定学校学区的范围。这一划分过程通常遵循以下原则：根据城市土地使用规划，合理划定每个学区的范围，以保障其合理性和平衡性；根据城市区域的人口分布，对每个学区的人口进行划分，以确保学区内学生人数的相对平衡；考虑城市区域内教育资源的分布情况，如学校数量等，以确保学区划分的科学性。

接下来，学生的入学分配则依据就近原则进行。具体实施步骤包括：根据教育局划定的学区范围，建立入学地址库；获取需要匹配的地址（即学生的住址），然后利用计算机系统将学生的住址与入学地址库进行精确匹配，从而为学生分配相应的学校。

这种就近入学的方式并不考虑学生的学业表现，其主要目标在于实现学生分布的相对均衡，缩小学校间的生源差距，从而有效避免生源集中所导致的同质化现象。因此，在本章中，我们假设2018年完成九年义务教育的初中生是依据就近入学的方式，而非基于成绩的非随机分配方式进入各自对应的高中。我们进一步假设，这些初中生被分配到了距离其住址最近的对应高中。

实施步骤：(1)参照教育部发布的义务教育阶段学校学区范围，建立高中入学地址库。(2)获取需要匹配的住址。我们的数据的一个关键优势是详细记录了每个初中学生的家庭住址，包括所在区、街道、村、门牌号等相关信息。(3)将需要匹配的地址准确地与入学地址库进行匹配，由计算机系统将学生分配到相应的高中。

我们通过模仿义务教育阶段学生的入学方式，假定初中生同样以这种方式被分配到高中。这种分配方式不依赖于学生的学业成绩，从而最大程度地控制了学生来源的随机性，并在随机分配学生的背景下获得了一批与学生相关的数据。

在按成绩分批次录取的原则下，会出现两个极端的群体，分别是分配方案1和分配方案2，学校之间的 SSR 差距非常明显。在随机分配学生后，每个学区的 SSR 基本维持在0.42和0.69之间（见表10-1）。在不随机分配学生到学校的情况下,学校之间的 SSRs 差异较大（$M=0.42$，$\sigma=0.43$）。在随机分配学生到学校后,所有学校的生源水平相似,学校的 SSRs 倾向于平均值（$M=0.56$，$\sigma=0.07$）。虽然上述的分班原则在某些方面无法实现完全随机分班,即使最先进的统计方法也无法有效抵消非随机分班做法所造成的不良影响。然而,非随机分班所导致的学生来源差异已被尽可能地消除,使非随机分班的影响在可容忍的范围内,甚至可以忽略不计。表 10-1 详细列出了通过随机分班产生的 43 所学校。

二 研究结论

本章采用了前述的价值增值评估模型（VAM）,以量化分析 43 所高中在随机分配（Random Assignment, RA）与非随机分配（Non-Random Assignment, NA）两种不同学生分配机制下的价值增值结果（VAs）。通过对比两种学生分配机制下学校 VAs 的差异,本章深入探讨了学生非随机分配对价值增值估计产生的潜在偏差问题。

表 10-2 呈现了在学生分配机制相同的情况下,利用不同模型估计的学校 VAs 之间的斯皮尔曼等级相关系数。在理想的随机分配情境下,我们预计不同模型间的相关系数会呈现出较高的水平,并且这一预期在本章中得到了验证。如表 10-2 所示,在 NA 情境下,VAM 与 SGP 中位数之间的相关系数为 0.716,表明两者之间存在一定程度的正相关关系；在 RA 情境下,这一相关系数显著上升至 0.890,显示了更高的正相关程度。此外,在随机分配情境下,VAM 与 SGP 中位数之间的相关系数也呈现出显著的增加,达到了 0.927,进一步证明了随机分配能够增强不同模型间估计结果的一致性。

表 10-2　NA 和 RA 背景下不同模型之间的斯皮尔曼相关系数

	NA			RA		
	SGP 中位数	SGP 平均数	VAM	SGP 中位数	SGP 平均数	VAM
SGP 中位数	1.000			1.000		

第十章 非随机学生分配导致的偏差：中国高中增值评价的适用性

续表

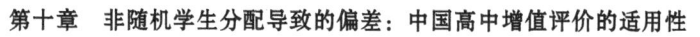

	NA			RA		
	SGP 中位数	SGP 平均数	VAM	SGP 中位数	SGP 平均数	VAM
SGP 平均数	0.981**	1.000		0.982**	1.000	
VAM	0.716**	0.741**	1.000	0.890**	0.927**	1.000

说明：** 表示在 0.01 水平（双侧）下相关性显著。

为了更直观地展示 43 所高中学校在两种学生分配机制下的入学机会差异，绘制了四分位散点图（如图 10-1、图 10-2 所示）。X 轴表示每所学校的 $SSRs$，Y 轴表示每所学校的 VAs。坐标轴交点处的数据为 43 所学校的 $SSRs$ 和 VAs 的平均值，作为坐标原点（$X_{\overline{SSRs}}$，$Y_{\overline{VAs}}$）。

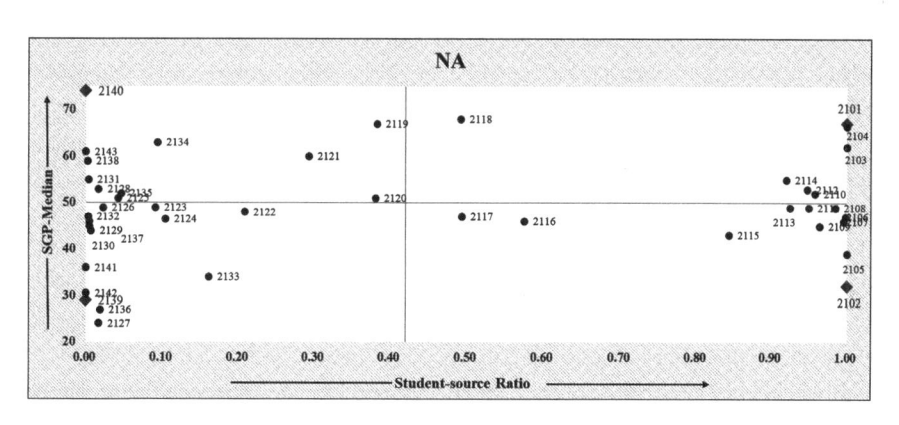

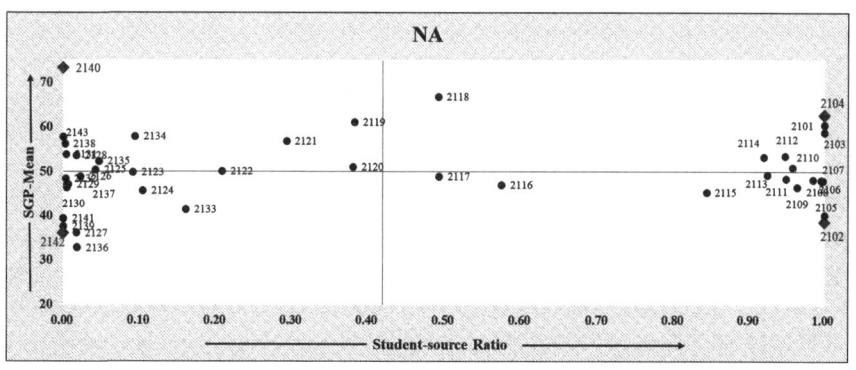

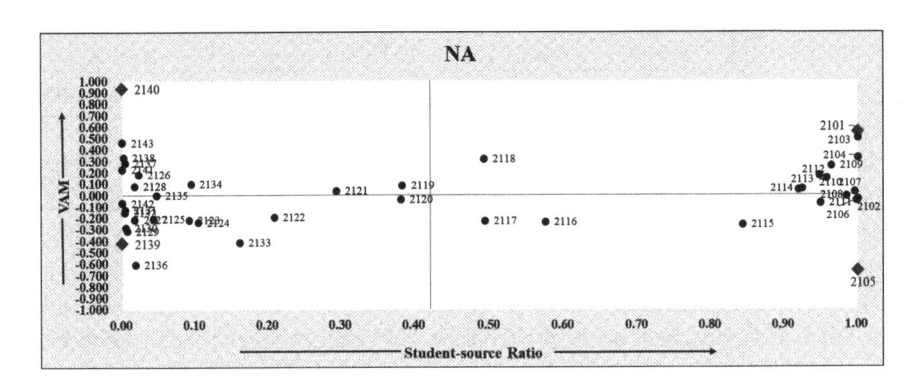

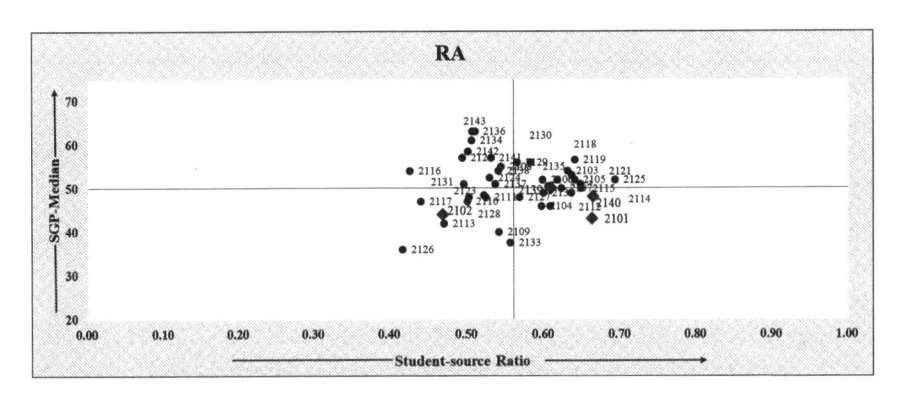

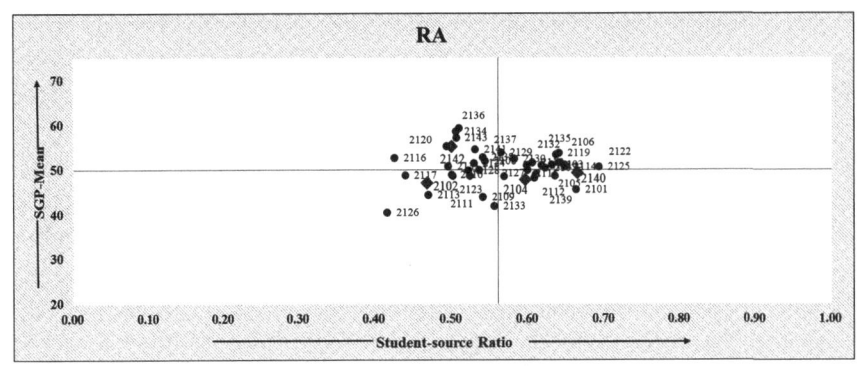

图10-1 在NA背景下,由三种模型生成的学校VA的四分位散点

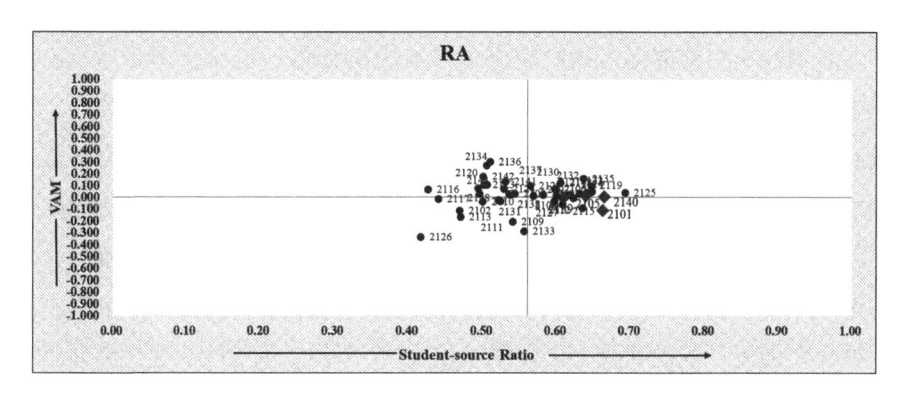

第十章 非随机学生分配导致的偏差：中国高中增值评价的适用性

图 10-2 在 RA 背景下，由三种模型生成的学校 VA 的四分位散点图

从图 10-1 的散点图可以看出，在 NA 情境下，由三种模型生成的学校价值在散点图上呈现出散布趋势，散点主要分布在 X 轴两端（见图 10-1）。相反，在 RA 情境下，三种模型生成的学校价值倾向于主要聚集在散点图坐标原点周围（见图 10-2）。分析表明，沿 X 轴的散点分布方向相反，是由于不同学生分配机制下的学生来源差异导致的。在学生被非随机分配到学校后，学校之间的学生来源水平存在显著差异。甚至有一些学校，比如 $SSR=1.00$ 或 $SSR=0.00$ 的学校，其学生来源极端，因此散点图上的散点会向 X 轴两端扩散。然而，在随机分配学生后，各学校的学生来源水平更接近 $SSRs$ 的平均值。因此，散点图上的散点会呈现出围绕散点图原点集中的趋势。

在 NA 的背景下，这四个红色散点分布在四个不同的象限中。即使对于学生来源水平条件相同的学校，也可以发现较大的 VAs 差异。例如，SSR 同样为 0.00 的学校 2140 和 2139 的 SGP 中位数位于 Y 轴的两端，差异很大。同样 SSR 为 1.00 的学校 2101 和 2102 也是如此。接下来，我们将 NA 中的红色散点与 RA 情境中的散点进行对应，并分别标记为红色。在 RA 中，标记为红色的散点明显显示出向原点汇聚的趋势。这表明，在 RA 下，无论学校拥有相似或不同的生源水平，学校间的 VAs 差异较小。这样，NA 和 RA 情境之间的象限散点图中红色散点的不同表现说明，NA 情境中的学校 VAs 比 RA 情境中的学校 VAs 表现更加离散。

表 10-3 中的数据为我们提供了强有力的证据，进一步验证了 NA 背景下学校间的 VAs 相较于 RA 背景下呈现出更高的离散性和不连续性。通过对表 10-3 中 NA 与 RA 两种背景下学校 VAs 的最大值、最小值以及它们之间差值的分析，可以明显观察到 RA 情境下学校间 VAs 的离散程度相对较小，而 NA 情境下的离散程度则显著增大。具体而言，在非随机分配的情况下，学校间 SGP 中位数的最大值与最小值之差高达 50 个单位，这一差异在随机分配的背景下则锐减至仅 27 个单位。表 10-3 还详细列出了 43 所学校在两种不同分配机制下 VAs 的标准差。数据显示，NA 背景下学校 VAs 的标准差显著大于 RA 背景下的标准差，这进一步证实了非随机分配情境下学校 VAs 的离散程度远高于随机分配情境下的增值结果离散程度。

表 10-3　　　　　　**43 所高中学校的 VAs 描述性统计结果**

	SGP 中位数	SGP 平均数	VAM	SGP 中位数	SGP 平均数	VAM
	NA			RN		
坐标原点	(0.42, 49.22)	(0.42, 49.95)	(0.42, 0.00)	(0.56, 50.52)	(0.56, 49.97)	(0.56, 0.02)
最大值	74.00	73.28	0.93	63.00	59.27	0.31
最小值	24.00	32.85	-0.67	36.00	40.56	-0.33
最大值—最小值	50.00	40.43	1.60	27.00	18.71	0.64
标准差	11.52	8.34	0.31	5.98	3.87	0.11

为深入剖析 NA 背景下生源极端学校的 VAs，本章基于 $SSRs$ 精心选取了 10 所高中学校进行个案研究。在这 10 所学校中，5 所的生源状况极为优越（$SSR=1.00$），而另 5 所的生源状况则较差（$SSR=0.00$）。图 10-3、图 10-4 和图 10-5 直观地展示了这 10 所高中学校的 $SSRs$ 及其基于 VAs 的有效性排名。在图 10-3 中，我们详细展示了这 10 所高中学校的 $SSRs$ 及其依据 SGP 中位数得出的有效性排名。通过对比这些学校的效能排名，我们发现生源极佳的学校在 VAs 上呈现出两种截然不同的表现模式。

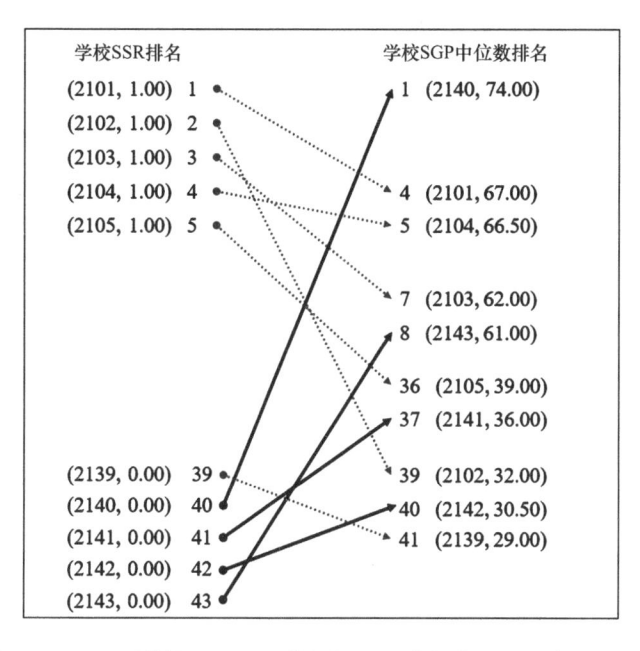

第十章 非随机学生分配导致的偏差：中国高中增值评价的适用性

学校SSR排名	学校SGP中位数排名
(2101, 1.00)　1	1　(2140, 74.00)
(2102, 1.00)　2	4　(2101, 67.00)
(2103, 1.00)　3	5　(2104, 66.50)
(2104, 1.00)　4	7　(2103, 62.00)
(2105, 1.00)　5	8　(2143, 61.00)
	36　(2105, 39.00)
	37　(2141, 36.00)
(2139, 0.00)　39	39　(2102, 32.00)
(2140, 0.00)　40	40　(2142, 30.50)
(2141, 0.00)　41	41　(2139, 29.00)
(2142, 0.00)　42	
(2143, 0.00)　43	

图 10-3　10 所学校的 SSR 及其依据 SGP 中位数得出的有效性排名

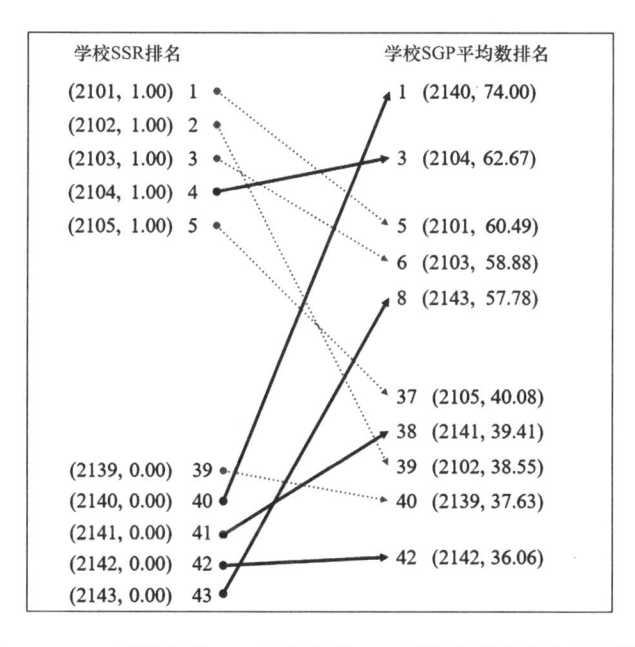

学校SSR排名	学校SGP平均数排名
(2101, 1.00)　1	1　(2140, 74.00)
(2102, 1.00)　2	3　(2104, 62.67)
(2103, 1.00)　3	5　(2101, 60.49)
(2104, 1.00)　4	6　(2103, 58.88)
(2105, 1.00)　5	8　(2143, 57.78)
	37　(2105, 40.08)
	38　(2141, 39.41)
(2139, 0.00)　39	39　(2102, 38.55)
(2140, 0.00)　40	40　(2139, 37.63)
(2141, 0.00)　41	42　(2142, 36.06)
(2142, 0.00)　42	
(2143, 0.00)　43	

图 10-4　10 所学校的 SSR 及其依据 SGP 平均数得出的有效性排名

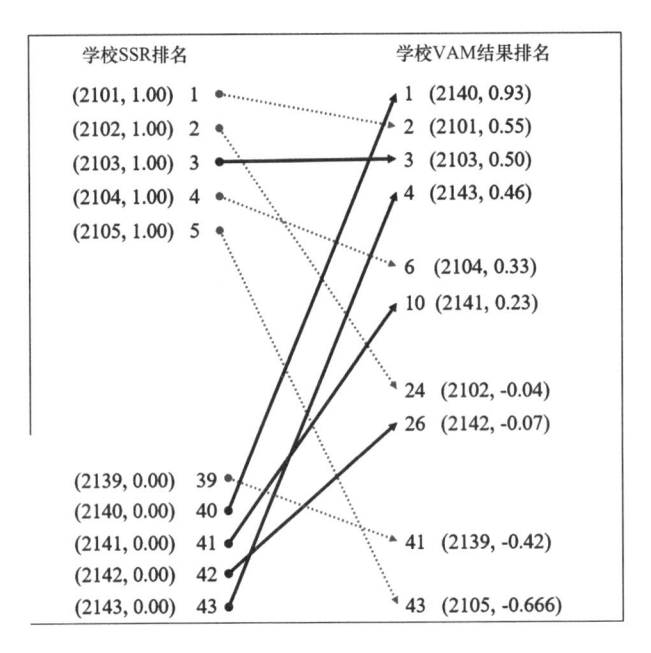

```
学校SSR排名                    学校VAM结果排名
(2101, 1.00)  1              1   (2140, 0.93)
(2102, 1.00)  2              2   (2101, 0.55)
(2103, 1.00)  3              3   (2103, 0.50)
(2104, 1.00)  4              4   (2143, 0.46)
(2105, 1.00)  5
                             6   (2104, 0.33)
                             10  (2141, 0.23)

                             24  (2102, -0.04)
                             26  (2142, -0.07)

(2139, 0.00)  39
(2140, 0.00)  40
(2141, 0.00)  41             41  (2139, -0.42)
(2142, 0.00)  42
(2143, 0.00)  43             43  (2105, -0.666)
```

图 10-5　10 所学校的 SSR 及其依据 VAM 结果得出的有效性排名

一方面，部分学校尽管拥有卓越的生源，但其 VAs 却并不理想，其效能排名相对靠后。例如，学校 2102（SGP 中位数 = 32；SGP 平均数 = 38.55；VAM = -0.04）在不同模型生成的 VAs 中排名分别为 39、39 和 24，显示出其在教学效能上的不足。同样，学校 2105（SGP 中位数 = 39；SGP 平均数 = 40.08；VAM = -0.67）的 VAM 排名分别为 36、37 和 43，也体现了类似的问题。

另一方面，也有部分学校在基于 VAs 的效能排名中表现持续出色。以学校 2101 为例（SGP 中位数 = 67；SGP 平均数 = 60.49；VAM = 0.55），它在不同模型生成的 VAs 中均名列前茅，分别列第 4、5 位和第 2 位。学校 2103 和 2104 也展示出了相似的优异表现，证明了这些学校在有效转化优质生源为卓越教学成果方面的卓越能力。

第十章　非随机学生分配导致的偏差：中国高中增值评价的适用性

三　讨论

先前的探究指出，学生的 NA 现象可能会显著影响增值估计的准确性，进而产生偏差。尽管模拟数据常被用作研究这一问题的工具，但针对实际教育环境中的非随机分配现象的深入探索仍然缺乏足够的经验证据。高中阶段学生的非随机分配现象及其对增值评价偏差的影响已成为教育领域的研究挑战之一。鉴于此，本章聚焦于中国的高中教育领域，通过收集和分析这些学校的实证数据，为中国背景下学生非随机分配所导致的增值评价偏差问题提供实证支持。此外，本章还旨在探讨现有的增值评价模型在评估非随机分配学生普遍存在的高中教育有效性方面的适用性和有效性。

在先前讨论的基础上，学生的分配遵循了"按批次按成绩录取"的准则，导致他们被分配到不同的高中学校。本章采用学校中高于平均水平的学生人数占总学生人数的比例（即 SSR）作为衡量学校生源水平的标准。结果表明，非随机分配学生的高中学校之间存在显著的生源水平差异，其中一些学校生源极佳（$SSR = 1.00$），而另一些学校的生源则极差（$SSR = 0.00$）。

在中国特定的招生原则下，生源极佳的高中学校倾向于集中大量成绩相近且分数较高的学生，这些学生的初始成绩往往接近成绩分布的顶端。相反，生源极差的高中学校则通常聚集了大量成绩相近但分数较低的学生，他们的初始成绩多位于成绩分布的底部。鉴于学生非随机分配可能导致的学校生源差异对 VAs 的影响，本章通过学区划分和就近入学政策实现了学生的随机分配，以最大限度地减少学生来源因素的干扰。

随后，本章采用 SGP 模型和 VAM 模型对两种学生分配机制下的学校效能进行了估计，并对比了两者之间的差异。研究结果表明，在非随机分配与随机分配机制下，学校的效能存在显著差异。

首先，我们的研究揭示了在学生随机分配的情境下，不同模型间的相关性显著提升，而在学生非随机分配的情境下，模型间的相关性则相对较低。这一发现与 Guarino 等人的研究结果相吻合，他们在模拟研究中通过控制学生分配机制，显著减少了影响学校和教师效能估计的背景特征变量[①]。值得注意的是，若未对学生分配机制进行有效控制，遗漏的背景特征变量可能会对教师或学校效能的估计产生不利影响。

本章在方法上严格控制了学生的分配和排除方式，以最大限度地降低学生来源因素这一背景变量对学校效果估计的潜在影响。然而，若未对学生分配方式进行妥善控制，未排除的背景变量可能导致不同模型间估计结果产生较大差异，特别是在非随机分配的情境下，这对模型的准确性和稳定性提出了更高要求。

进一步分析发现，当学生未随机分配到学校时，学校间的 VAs 分散程度存在显著差异。这一发现此前较少受到关注，但我们的研究揭示，学生在非随机分配后，学校间的学生来源水平差异显著，从而导致学校间 VAs 估计值的显著差异。尤其值得注意的是，这一现象在学生来源极端水平的学校中更为突出。因此，本章选择了学生来源极端水平的学校进行深入的案例研究，包括五个学生来源极好的学校（$SSR=1.00$）和五个学生来源极差的学校（$SSR=0.00$）。

通过深入的案例研究，我们观察到两组截然不同的学校效能评估结果：一部分拥有极佳生源的学校在绩效评估中获得了高度评价，而另一部分同样拥有极佳生源的学校却被评定为低绩效。首先，对于第一种情况，学校的高绩效评估结果可以援引 Baker 等人的研究进行解释。他们发现，位于成绩分布顶端的学生往往展现出更高的学习进步潜力，因为他们通常具备更强的自主学习能力和知识吸收能力。因此，这些高分学生在学业上更有可能实现显著的增值，进而推动学校整体绩效评级的提升。然而，对于第二种类型的学校效能评估结果，他们与 Baker 等人的解释存在显著的不一致性。我们分析认为，这种评估结果受到了"天花板效应"的影响。所谓"天花板效应"，是指当学生初始成绩已接近测试的最高限时，其后

[①] Cassandra M. Guarino, Mark D. Reckase, and Jeffrey M. Wooldridge, "Can Value-Added Measures of Teacher Performance Be Trusted?" *Education Finance and Policy*, Vol. 10, No. 1, January 2015, p. 117.

第十章　非随机学生分配导致的偏差：中国高中增值评价的适用性

续成绩提升的空间将受到结构性限制①。Resch 和 Isenberg 的研究进一步指出，高达 40% 的学生在测试中可能达到了"天花板"成绩，这直接影响了基于增值的评估准确性。对于第二种类型的学校，由于其生源质量极为出色，学生的入学成绩已接近测试的最高限。在这种情况下，学生进一步提升成绩的空间极为有限，难以实现显著的增值。因此，这些学校往往被归类为低绩效学校。

案例研究深入剖析了两所生源极差学校的效能评估差异，一所被归类为低效学校，而另一所则获得了高效评价。首先，第一种评估结果反映出当学生的初始成绩接近成绩分布的底部时，受限于其基础水平，它难以获得显著的增值，进而影响了学校的整体效能评价。然而，对于第二种评估结果，即尽管学生群体普遍拥有较低的初始成绩，学校的效能评价却呈现出积极态势，这可以归因于"地板效应"的影响。地板效应通常在学生成绩表现范围的低端显现，意味着低分学生因接近成绩下限而具备显著的提升空间和增值潜力。Resch 和 Isenberg 的研究指出，教授大量预考成绩接近零分学生的教师，往往能获得较高的增值评估②。因此，对于第二种类型的学校，其高效能评估的原因可归结为招收了初始测试成绩接近下限的学生。这些学生在学术上展现出了显著的提升潜力和增值收益，进而推动了学校的整体效能评价。

综上所述，天花板效应可能导致一些生源优质的学校被误评为低绩效，而地板效应则可能使一些生源贫瘠的学校获得高绩效的评价。这种对学校效能的不公平评价可能引发公众对增值评价有效性和准确性的质疑。事实上，已有学者提出了类似的观点。在评价学校效能时，区分是由于天花板效应导致的低绩效，还是由于学校本身对学生进步贡献不足，是一项复杂的任务。同样，判断高绩效学校是否仅因地板效应而获此评价，还是

---

① Cory Koedel and Julian R. Betts, "Value Added to What? How A Ceiling in the Testing Instrument Influences Value-Added Estimation", *Education Finance and Policy*, Vol. 5, No. 1, January 2010, p. 54.

② Alexandra Resch and Eric Isenberg, "How do Test Scores at the Ceiling Affect Value-Added Estimates?" *Statistics and Public Policy*, Vol. 5, No. 1, May 2018, p. 3.

学校确实对学生成长做出了重大贡献，也颇具挑战性。在中国高中普遍存在的非随机学生分配背景下，评估高中效能时必须审慎考虑学生来源层次等背景特征的影响。只有这样，才能确保评价结果的公平性、有效性和准确性。

四　小结

学生来源因素对学校的 VAs 评价具有显著影响，特别是在学生来源极端的情况下。鉴于中国高中普遍存在的学生来源集中现象，学校在进行 VAs 评价时应更侧重于内部自我评估和改进，而非作为高风险的问责工具。除非在高中教育阶段能够实施有效的随机入学机制，否则在使用增值评价模型时应当持谨慎态度。然而，鉴于中国高中教育阶段的现实情况和复杂性，彻底消除学生来源集中现象的难度较大。因此，中国高中在采用增值评价模型时，需经历一个"本土化"的适应过程。这一过程应充分考虑到学生来源差异、教育资源分配不均等实际因素，以确保增值评价模型在中国高中教育环境中的适用性和准确性。同时，这也要求相关研究人员和教育政策制定者在推广和使用增值评价模型时，需结合中国国情，进行深入的本土化研究和调整。

参考文献

一 中文

（一）著作

马晓强：《增值评价：学校评价的新视角》，北京师范大学出版社 2012 年版。

吴钢：《现代教育评价教程（第二版）》，北京大学出版社 2015 年版。

[美] 埃贡·G. 古贝、伊冯娜·S. 林肯：《第四代评估》，秦霖、蒋燕玲等译，中国人民大学出版社 2008 年版。

（二）论文

边玉芳、孙丽萍：《教师增值性评价的进展及在我国应用的建议》，《教师教育研究》2015 年第 1 期。

操太圣：《中小学教师评价改革的关键与路径》，《人民教育》2021 年第 6 期。

陈华：《教师评价制度与师德规范的人性假设冲突》，《湖南师范大学教育科学学报》2014 年第 6 期。

陈祖鹏：《教师改变：教师评价的关键维度与深度诉求》，《当代教育科学》2020 年第 2 期。

邓森碧、边玉芳：《教师效能增值模型的研究与应用》，《教育学报》2012 年第 4 期。

方杰、张敏强、邱皓政：《基于阶层线性理论的多层级中介效应》，《心理科学进展》2010 年第 8 期。

关丹丹、韩宁、章建石：《立足"四个评价"、服务"五类主体" 进一步深化高考评价改革》，《中国考试》2021 年第 3 期。

胡娟、徐鑫悦：《高等教育增值评价：缘起、争论及反思》《复旦教育论坛》2022 年第 6 期。

霍产福：《教育评价改革背景下的教师评价》，《新课程》2022 年第 25 期。

陆韵：《我国义务教育入学政策与择校行动的互构：历程、规律与启示》，《当代教育科学》2022 年第 16 期。

孙素英：《学校改进视角的考察与思考》，《中国教育学刊》2007 年第 12 期。

王娟、胡钦晓：《美国教师增值评价的实践经验及启示》，《中国考试》2024 年第 2 期。

王伟霞、孙明娟：《中小学实施教师增值性评价的优势与路径》，《西部素质教育》2022 年第 17 期。

王霞、毛秀珍、张丽：《教育增值评价：模型、应用及研究展望》，《教育学报》2023 年第 4 期。

谢维和：《结果评价及其改进思路》，《基础教育参考》2022 年第 5 期。

张辉蓉、刘丹：《基于改进的学生学习增值评价的模式构建及应用研究》，《中国考试》2023 年第 6 期。

张亮：《美国学校效能增值模型研究的进展与趋势》，《教育研究》2015 年第 11 期。

张晓琪、李先军：《英国中小学教师评价制度的演进及其启示》，《世界教育信息》2016 年第 3 期。

张志华、王丽、季凯：《大数据赋能新时代教育评价转型：技术逻辑、现实困境与实现路径》，《电化教育研究》2022 年第 5 期。

章勇、邹良、刘先发：《新高考增值评价两种模型估计效果的比较研究》，《中国考试》2023 年第 9 期。

周园、刘红云：《教育增值评价中嵌套数据增长百分位估计方法探析：多水平线性分位数回归模型的应用》，《中国考试》2020 年第 9 期。

朱立明、宋乃庆、罗琳等：《新时代教育评价改革的思考》，《中国考试》2020年第9期。

朱丽华、王凯：《以增值评价助推区域教育高质量发展》，《中小学管理》2023年第7期。

祝智庭、胡姣：《教育数字化转型的实践逻辑与发展机遇》，《电化教育研究》2022年第1期。

［英］萨丽·托马斯、彭文蓉：《运用"增值"评量指标评估学校表现》，《教育研究》2005年第9期。

二 英文

Alexandra Resch and Eric Isenberg, "How do Test Scores at the Ceiling Affect Value-Added Estimates?" *Statistics and Public Policy*, Vol. 5, No. 1, May 2018.

Anthony S. Bryk and Stephen W. Raudenbush, *Hierarchical Linear Models: Applications and Data Analysis Methods*, Thousand Oaks: Sage Publications, 1992.

Cassandra M. Guarino, Mark D. Reckase, and Jeffrey M. Wooldridge, "Can Value-Added Measures of Teacher Performance Be Trusted?" *Education Finance and Policy*, Vol. 10, No. 1, January 2015.

Christophe Chapman and Daniel Muijs, "Collaborative School Turnaround: A Study of the Impact of School Federations on Student Outcomes", *Leadership & Policy in Schools*, Vol. 12, No. 3, October 2013.

Chunlei Gao and Xueke Bi, "Stability and Consistency of School Effects: Evidence from Senior High Schools in China", *School Effectiveness and School Improvement*, Vol. 34, No. 3, May 2023.

Cory Koedel and Julian R. Betts, "Value Added to What? How A Ceiling in the Testing Instrument Influences Value-Added Estimation", *Education Finance and Policy*, Vol. 5, No. 1, January 2010.

DamianBetebenner, "Norm-and Criterion-Referenced Student Growth", *Educational Measurement: Issues and Practice*, Vol. 28, No. 4, December 2009.

Damian W. Betebenner, *A Technical Overview of the Student Growth Percentile Methodology: Student Growth Percentiles and Percentile Growth Projections/Trajectories*, National Center for the Improvement of Educational Assessment, Inc. (NCIEA), August 2011.

Daniel Muijs, "Improving Schools through Collaboration: A Mixed Methods Study of School-To-School Partnerships in the Primary Sector", *Oxford Review of Education*, Vol. 41, No. 5, July 2015.

Douglas N. Harris, William K. Ingle, and Stacey A. Rutledge, "How Teacher Evaluation Methods Matter for Accountability: A Comparative Analysis of Teacher Effectiveness Ratings by Principals and Teacher Value-Added Measures", *American Educational Research Journal*, Vol. 51, No. 1, February 2014.

Eugenia Ganea and Valentina Bodrug-Lungu, "Addressing Inequality in Vocational Technical Education by Eliminating Gender Bias", *Revista Romaneasca Pentru Educatie Multidimensionala*, Vol. 10, No. 4, December 2018.

Garrett K. Mandeville and Lorin W. Anderson, "The Stability of School Effectiveness Indices across Grade Levels and Subject Areas", *Journal of Educational Measurement*, Vol. 24, No. 3, September 1987.

Gary N. Marks, "The Size, Stability, and Consistency of School Effects: Evidence from Victoria", *School Effectiveness and School Improvement*, Vol. 26, No. 3, October 2014.

Henry F. Kaiser and John Rice, *Educational and Psychological Measurement*, Vol. 34, No. 1, April 1974.

Jacob Cohen, *Statistical Power Analysis for the Behavioral Sciences* (2nd ed.), New York: Routledge, 1988.

参考文献

James S. Coleman, et al., *Equality of Educational Opportunity*, Washington, D. C.: U. S. Government Printing Office, 1966.

Jessica Levy, Martin Brunner, Ulrich Keller, and Antoine Fischbach, "Methodological Issues in Value-Added Modeling: An International Review from 26 Countries", *Educational Assessment, Evaluation and Accountability*, Vol. 31, No. 3, August 2019.

Jian Li and Eryong Xue, "Reimaging the Panorama of International Education Development in China: A Retrospective Mapping Perspective", *Educational Philosophy and Theory*, June 2022.

Jiangping Chen, Chin-Hsi Lin, and Gaowei Chen, "A Cross-Cultural Perspective on the Relationships among Social Media Use, Self-Regulated Learning and Adolescents' Digital Reading Literacy", *Computers & Education*, Vol. 175, December 2021, Article 104322.

Jiesi Guo, Herbert W. Marsh, Philip D. Parker, and Theresa Dicke, "Cross-Cultural Generalizability of Social and Dimensional Comparison Effects on Reading, Math, and Science Self-Concepts for Primary School Students Using the Combined PIRLS and TIMSS Data", *Learning and Instruction*, Vol. 58, December 2018.

Junzo Ishii and Steven G. Rivkin, "Impediments to the Estimation of Teacher Value-Added", *Education Finance and Policy*, Vol. 4, No. 4, October 2009.

Karl L. Alexander, Doris R. Entwisle, and Linda Steffel Olson, "Lasting Consequences of the Summer Learning Gap", *American Sociological Review*, Vol. 72, No. 2, April 2007.

Kristin A. Gansle, George H. Noell, Gerlinde Grandstaff-Beckers, Angelle Stringer, Nancy Roberts, and Jeanne M. Burns, "Value-Added Assessment of Teacher Preparation: Implications for Special Education", *Intervention in School and Clinic*, Vol. 51, No. 2, April 2015.

Lena Hollenstein, Christine M. Rubie-Davies, and Christian Brühwiler, "Teacher Expectations and Their Relations with Primary School Students' Achievement, Self-Concept, and Anxiety in Mathematics", *Social Psychology of Education*, Vol. 27, October 2023.

Leona S. Aiken, Stephen G. West, and Steven C. Pitts, "Multiple Linear Regression", *Handbook of Psychology*, Second Edition, 2012.

Margaret L. Plecki, Ana M. Elfers, and Yugo Nakamura, "Using Evidence for Teacher Education Program Improvement and Accountability: An Illustrative Case of the Role of Value-Added Measures", *Journal of Teacher Education*, Vol. 63, No. 5, September 2012.

Mark Hoekstra, Pierre Mouganie, and Yaojing Wang, "Peer Quality and the Academic Benefits to Attending Better Schools", *Journal of Labor Economics*, Vol. 36, No. 4, February 2018.

Matthew A. Kraft, Eric J. Brunner, Shaun M. Dougherty, and David J. Schwegman, "Teacher Accountability Reforms and the Supply and Quality of new Teachers", *Journal of Public Economics*, Vol. 38, No. 2, August 2020.

Matthew T. Johnson, Stephen Lipscomb, and Brian Gill, "Sensitivity of Teacher Value-Added Estimates to Student and Peer Control Variables", *Journal of Research on Educational Effectiveness*, Vol. 8, No. 1, October 2014.

Munirah Shaik Kadir and Alexander Seeshing Yeung, "Academic Self-Concept", in J. Hattie and E. M. Anderman, eds., *International Guide to Student Achievement*, New York: Routledge/Taylor & Francis Group, 2012.

Noelle A. Paufler and Audrey Amrein-Beardsley, "The Random Assignment of Students into Elementary Classrooms: Implications for Value-Added Analyses and Interpretations", *American Educational Research Journal*, Vol. 51, No. 2, April 2014.

OECD, *Measuring Improvements in Learning Outcomes: Best Practices to Assess the Value-added of Schools*, Organization for Economic Co-operation and Development, October 27, 2008.

Ridwan Maulana, Marie-Christine Opdenakker, and Roel Bosker, "Teachers' Instructional Behaviors as Important Predictors of Academic Motivation: Changes and Links across the School Year", *Learning and Individual Differences*, Vol. 50, August 2016.

Sean P. Corcoran, *Can Teachers be Evaluated by Their Students' Test Scores? Should They Be? The Use of Value-Added Measures of Teacher Effectiveness in Policy and Practice*, Providence, RI: Annenberg Institute for School Reform, 2010.

Stephen W. Raudenbush, "A Crossed Random Effects Model for Unbalanced Data with Applications in Cross-Sectional and Longitudinal Research", *Journal of Educational Statistics*, Vol. 18, No. 4, December 1993.

Steven Dieterle, Cassandra M. Guarino, Mark D. Reckase, and Jeffrey M. Wooldridge, "How do Principals Assign Students to Teachers? Finding Evidence in Administrative Data and the Implications for Value Added", *Journal of Policy Analysis and Management*, Vol. 34, July 2014.

Steven Glazerman and Allison Seifullah, *An Evaluation of the Chicago Teacher Advancement Program (Chicago TAP) after Four Years. Final Report*, Mathematica Policy Research, Inc., March 2012.

Sucheera Mahimuang, "Factors Influencing Academic Achievement and Improvement: A Value-Added Approach", *Educational Research for Policy and Practice*, Vol. 4, No. 1, April 2005.

Suseela Malakolunthu and Vasundhara Vasudevan, "Teacher Evaluation Practices in Malaysian Primary Schools: Issues and Challenges", *Asia Pacific Education Review*, Vol. 13, No. 3, March 2012.

Tashia Abry, Crystal I. Bryce, Jodi Swanson, Robert H. Bradley, Richard A. Fabes, and Robert F. Corwyn, "Classroom-Level Adversity: Associations with Children's Internalizing and Externalizing Behaviors across Elementary

School", *Developmental Psychology*, Vol. 53, No. 3, March 2017.

Tashia Abry, Kristen L. Granger, Crystal I. Bryce, Michelle Taylor, Jodi Swanson, and Robert H. Bradley, "First Grade Classroom-Level Adversity: Associations with Teaching Practices, Academic Skills, and Executive Functioning", *School Psychology Quarterly*, Vol. 33, No. 4, December 2018.

Wei Li and Spyros Konstantopoulos, "Does Class-Size Reduction Close the Achievement Gap? Evidence from TIMSS 2011", *School Effectiveness and School Improvement*, Vol. 28, No. 2, January 2017.

William L. Sanders and Sandra P. Horn, "The Tennessee Value-Added Assessment System (TVAAS): Mixed-Model Methodology in Educational Assessment", *Journal of Personnel Evaluation in Education*, Vol. 8, October 1994.

Xin Che and Linhai Lu, "How Classroom Management and Instructional Clarity Relate to Students' Academic Emotions in Hong Kong and England: A Multi-Group Analysis Based on the Control-Value Theory", *Learning and Individual Differences*, Vol. 98, August 2022, Article 102183.

Xin Ma and Lingling Ma, "Modeling Stability of Growth between Mathematics and Science Achievement during Middle and High School", *Evaluation Review*, Vol. 28, No. 2, May 2004.

Xin Ma, Meng Fan, and Xingkai Luo, "Consistency of Science Achievement across Science Subjects among Chinese Students and Schools", *Studies in Educational Evaluation*, Vol. 56, March 2018.

Yunzi Xie, Yinqi Shen, and Jixia Wu, "Cumulative Childhood Trauma and Mobile Phone Addiction among Chinese College Students: Role of Self-Esteem and Self-Concept Clarity as Serial Mediators", *Current Psychology*, Vol. 43, May 2023.

Zita Oraveczand Chelsea Muth, "Fitting Growth Curve Models in the Bayesian Framework", *Psychonomic Bulletin & Review*, Vol. 25, No. 1, February 2018.